MAREK
# KRAJEWSKI

# koniec
# świata
# w Breslau

*Wrocław – drobny deszcz. Kościoły i kominy fabryk.*
*Tragizm tego miasta*

Albert Camus

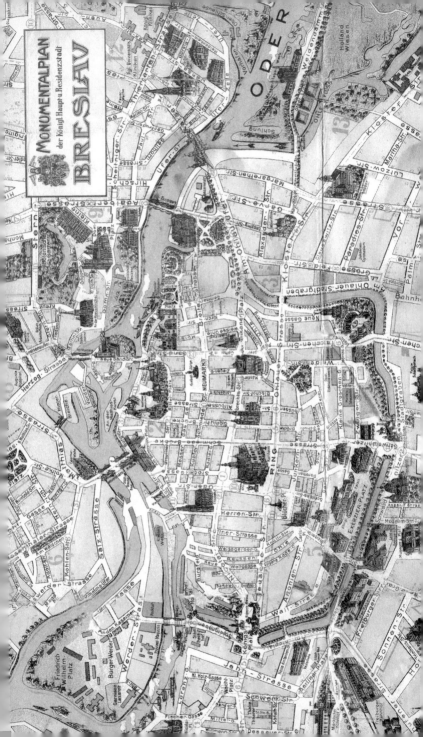

# MONUMENTALPLAN
### der Königl. Haupt u. Residenzstadt
# BRESLAU

*Nowy Jork, niedziela 20 listopada 1960 roku,*
*godzina dziesiąta wieczorem*

Czarnoskóry taksówkarz, James Mynors, zwiększył szybkość pracy wycieraczek. Dwa ramiona chciwie zgarniały z przedniej szyby płaty śniegu. Wycieraczki były swoistym taktomierzem, który podkreślał rytm bigbitowej piosenki Chucka Berry'ego *Maybellene* płynącej z radia. Ręce Mynorsa tańczyły na kierownicy i z klaskaniem opadały na kolana i uda. Na ponurym pasażerze taksówki piosenka nie robiła najmniejszego wrażenia. Przyciskał policzek do zimnej szyby i kręcił we wszystkie strony trzymaną w ręku gazetą, by nie uronić ani jednej jasnej plamy padającej z mijanych latarń i witryn sklepowych. Kiedy Mynors ustawił pokrętło głośności na maksimum, pasażer przesunął się na środek kanapy. Spojrzenia obu mężczyzn spotkały się w środkowym lusterku.

– Przycisz i przestań skakać za kierownicą – klient mówił z silnym niemieckim akcentem. Jego ponura, nalana twarz ocieniona rondem staromodnego kapelusza przybrała złośliwy wyraz. – Nie jesteśmy w Afryce, na plantacji bananów.

– Pieprzony rasista – słowa Mynorsa zostały zupełnie zagłuszone przez wesoły refren; ściszył radio i wjechał w boczną uliczkę, przy której stały piętrowe pseudowiktoriańskie domki. Było tu niewiele światła. Pasażer złożył starannie gazetę i schował ją do wewnętrznej kieszeni płaszcza.

– Tam na rogu – mruknął, starając się przebić wzrokiem brudną zasłonę śniegu z deszczem. Auto zatrzymało się we wskazanym miejscu. Pasażer burknął coś z dezaprobatą, otworzył drzwi i zatopił trzewiki w błotnistej mazi. Rozpiął parasol i ciężko sapiąc, podszedł do okna kierowcy.

– Proszę zaczekać.

Mynors w odpowiedzi potarł kciukiem o palec wskazujący i opuścił nieco szybę. Pasażer wyjął z portfela banknot i wsunął go w dłoń kierowcy. Zza szyby dobiegł go wesoły głos zdeformowany przez jakiś osobliwy akcent:

– Z powrotem pójdziesz sobie na piechotę, stary hitlerowcu.

Taksówka zatańczyła na śliskiej jezdni i odjechała, pogardliwie zarzucając tyłem w kontrolowanych poślizgach. Kierowca odkręcił szybę – Chuck Berry zaśpiewał pełnym głosem w cichej uliczce.

Mężczyzna powoli wszedł po schodkach na niewielki ganek, obtupał oklejone śniegiem buty i nacisnął przycisk dzwonka. Otworzono mu prawie natychmiast. W drzwiach stał młody ksiądz w grubych rogowych okularach. Nosił fryzurę à la Chuck Berry.

– Pan Herbert Anwaldt? – zapytał ksiądz.

– Dobry wieczór. To ja – Anwaldt wysapał zirytowany, śledząc wzrokiem skręcającą za rogiem taksówkę. – Czym ja teraz wrócę do domu?

– Ksiądz Tony Cupaiuolo z parafii św. Stanisława – przedstawił się Chuck Berry. – To ja do pana telefonowałem. Proszę wejść.

Znajomy trzask zamka, znajomy, wypełniony książkami salon i lampa z zielonym abażurem. Brakowało jedynie znajomego zapachu cygar i znajomego gospodarza tego domu. Oto zamiast niego zakłopotany ksiądz Cupaiuolo wie-

8

szał koło drzwi wejściowych przemoczony płaszcz i kapelusz Anwaldta, strząsając niezdarnie z parasola lepkie plwociny śniegu. Zamiast zapachu kubańskich cygar nozdrza Anwaldta wciągnęły ostrą woń medykamentów, żałosny smród kloaki, przenikliwy zapach śmierci.

– Pański przyjaciel jest umierający – stwierdził ksiądz. Anwaldt wziął potężny haust nikotynowego dymu. Z sypialni na piętrze wyszła młoda pielęgniarka. Z widoczną odrazą trzymała w dłoniach emaliowane pojemniki wypełnione przed chwilą przez chorego. Spojrzała na Anwaldta. Natychmiast uzyskał pewność, że darzy go taką samą sympatią jak niesiony przez siebie basen.

– Proszę tu nie palić – szczere oburzenie omal nie rozerwało guzików jej mocno opiętego na piersiach fartucha. Anwaldt, licząc właśnie na taki efekt, zaciągnął się jeszcze mocniej.

– Panie Anwaldt, pański przyjaciel umiera na raka płuc – szepnął ksiądz Cupaiuolo z troskliwym wyrzutem. – Palenie tytoniu w jego domu jest niewskazane.

Pielęgniarka weszła do łazienki. Anwaldt zdecydował się wobec tego na przerwanie palenia i wyrzucił papierosa do kominka. Spojrzał wyczekująco na księdza.

– Drogi panie, pielęgniarka pańskiego przyjaciela zadzwoniła dzisiaj do mnie i poprosiła o ostatnie sakramenty dla chorego – ksiądz Cupaiuolo nabrał tchu i pewności siebie. – Jak pan z pewnością wie, należy do nich także sakrament spowiedzi świętej. Kiedy usiadłem obok chorego, gotów wysłuchać jego grzechów i pobłogosławić go na ostatnią drogę, pan Mock powiedział mi, że ma na sumieniu jeden straszny grzech i nie wyzna go, dopóki pan się tu nie zjawi. Przystąpi do spowiedzi dopiero po waszej rozmowie. Przychodzi pan prawie codziennie rano i mógłbym zaczekać ze spowiedzią do jutra, ale chory domaga się jej

9

dzisiaj. *Salus aegroti suprema lex*[*]. Także dla księdza. Niech pan idzie teraz do niego. On wszystko panu wyjaśni – ksiądz Cupaiuolo spojrzał na zegarek. – Proszę się nie przejmować taksówką. Obawiam się, że nie wróci pan dzisiaj do domu.

Anwaldt ruszył na górę, lecz w połowie schodów zawrócił. Zdziwiony ksiądz Cupaiuolo obserwował, jak Anwaldt podchodzi do wieszaka i wyciąga z kieszeni płaszcza gazetę. Ksiądz przekrzywił głowę i przeczytał niemiecki tytuł. „Co to może znaczyć «Süddeutsche»? – zastanawiał się przez chwilę i usiłował kartkować w wyobraźni niewielki zeszyt, wypełniany niegdyś przez niego niemieckimi słówkami – *deutsche* to niemiecki, ale *süd*? Co to jest?"

Myśli księdza porzuciły niemczyznę i kiedy Anwaldt wchodził na szczyt schodów, powróciły do problemów, jakich mu nie szczędzili jego portorykańscy parafianie. Z łazienki dochodziły odgłosy torsji i bulgotanie instalacji klozetowej. Anwaldt uchylił lekko drzwi do sypialni. Smuga światła rozcięła na pół łóżko. Głowa Mocka spoczywała na szczycie białej góry poduszek. Obok posłania stały kroplówka i stolik zawalony lekarstwami. Wysmukłe buteleczki w pergaminowych kapturkach sąsiadowały z przysadzistymi słoikami pełnymi tabletek. Mock poruszył przebitą igłami dłonią i rzucił Anwaldtowi ironiczny uśmieszek.

– Widzisz, jakim jestem złośliwym staruchem. Nie dość, że byłeś u mnie dziś rano, to wzywam cię znów wieczorem – syk wydychanego przez Mocka powietrza przybrał głębszy ton. – Ale wybaczysz mi z pewnością, kiedy ci powiem, że chciałem pochwalić się przed tobą nową pielęgniarką. Jest zmienniczką tej, którą spotykasz tu co rano. Jak ci się podoba? Tydzień temu skończyła szkołę pielęgniarską. Ma na imię Eva.

---

[*] Dobro chorego najwyższym prawem.

– Godna tego imienia – Anwaldt usadowił się wygodnie w fotelu. – Niejednego by skusiła swoimi rajskimi jabłkami. Śmiech Mocka świstał przez dłuższą chwilę. Zwiotczała skóra napięła się na kościach policzkowych. Smugi reflektorów samochodowych przesunęły się po ścianach sypialni i na moment wydobyły z półmroku wiszący na jednej z nich i oprawiony w ramy plan jakiegoś miasta opasanego szeroką i poszarpaną wstęgą rzeki.

– Skąd ci przyszło do głowy to biblijne porównanie? – Mock uważnie spojrzał na Anwaldta. – Pewnie z powodu księdza.

Zapadło milczenie. Siostra Eva krztusiła się i kaszlała w łazience.

Anwaldt wahał się przez chwilę i wykręcał nerwowo palce. Potem rozłożył gazetę.

– Słuchaj, chciałem ci coś przeczytać... – Anwaldt rozpoczął poszukiwania okularów. Zamiast nich znalazł papierośnicę. Przypomniał sobie o zakazie palenia i schował ją natychmiast z powrotem.

– Niczego mi nie czytaj i pal. Pal tutaj, Herbercie, pal, kurwa, jednego za drugim i słuchaj mojej spowiedzi – Mock zaczerpnął tchu. – Opowiadałem ci o swojej pierwszej żonie Sophie, pamiętasz? O niej będzie ta historia...

– No właśnie... Chciałem... – powiedział Anwaldt i umilkł. Mock go nie słyszał i szeptał coś do siebie. Anwaldt natężył słuch.

– Przed trzydziestu trzema laty też była niedziela i śnieg lepił się do szyb zupełnie tak jak dzisiaj.

*Wrocław, niedziela 27 listopada 1927 roku, godzina druga po południu*

Śnieg lepił się do szyby miotany podmuchami wiatru. Eberhard Mock stał przy oknie i wyglądał na rozślizganą od śniegu i błota Nicolaistrasse*. Zegar na ratuszu wybił drugą. Mock zapalił pierwszego dziś papierosa. Kac powrócił nagłą falą mdłości. Obrazy wczorajszej nocy kłębiły się przed jego oczami: oto teatr *variétés* i trzech podpitych policjantów – komisarz Ebner w meloniku nasuniętym na ciemię, radca Domagalla wypalający dwudzieste cygaro „Sułtan" i on sam, radca Mock, szarpiący aksamitną wiśniową kotarę oddzielającą ich dyskretną lożę od reszty sali; oto właściciel restauracji hotelowej „Residenz" przynoszący z uniżonym uśmiechem pękate kufle na koszt firmy; oto fiakier usiłujący uspokoić Mocka wpychającego mu do ręki otwartą butelkę wódki; oto jego dwudziestopięcioletnia żona, Sophie, czeka na niego w sypialni – rozrzuca włosy i nogi, patrzy poważnie na wtaczającą się do sypialni pijaną belę. Mock zaczął spokojnie gasić papierosa w popielniczce o kształcie podkowy. Spojrzał przelotnie na wchodzącego do saloniku kelnera.

Heinz Rast, kelner z „Piwnicy Świdnickiej", wniósł do saloniku talerze i półmiski. Stawiając je na stole, rzucał na zebranych uważne spojrzenia. Znał już Franza Mocka, który kilka dni temu przyszedł onieśmielony do jego szefa Maksa Klugego, by zamówić uroczysty niedzielny obiad na cześć swojego brata. Wobec Rasta Franz Mock nie był tak uniżony i przy ustalaniu menu kłócił się o każdego feniga. Dziś kelner poznał jego żonę, Irmgard Mock, osowiałą kobietę o łagodnych oczach, która odebrała od niego wielkie termosy z jedzeniem i ustawiała je na węglowej kuchni.

---

* Słowniczek dawnych i obecnych nazw topograficznych znajduje się na końcu książki (przyp. red.).

– Znakomita peklowana głowizna z kminkiem. Specjalność naszej firmy, na zimno, w galarecie – zachwalał kelner, nie mogąc ukryć zachwytu na widok kształtnej blondynki o sennych, trochę nieprzytomnych oczach, która niedbałym ruchem podała kryształową cygarniczkę siedzącemu obok niej gimnazjaliście. Gimnazjalista wydłubał z cygarniczki dymiący niedopałek i zwrócił się do krępego bruneta po czterdziestce stojącego przy oknie:

– Stryju Eberhardzie, prosimy do stołu. Podano zimne zakąski.

Brunet pocałował w dłoń sennooką młodą damę i zajął obok niej miejsce. Naprzeciw nich usiedli Franz i Irmgard. Gimnazjalista tkwił niezgrabnie u szczytu stołu. Rast ponaglony ruchem dłoni Franza wpadł do kuchni i przyniósł pięć pękatych butelek piwa z wyrytym na porcelanowym zamknięciu napisem „E. Haase". Otworzył trzy i rozlał piwo do wąskich kufli. Następnie usiadł w kuchni i przez zamknięte drzwi przysłuchiwał się rozmowie przy stole.

– Niepotrzebnie wykosztowaliście się na ten uroczysty obiad. Irmgard tak dobrze gotuje, że jej wyroby mogłyby być ozdobą „Piwnicy Świdnickiej" – spokojny bas, wsysanie piwnej piany i westchnienie ulgi.

– Nie mogliśmy pozwolić, żeby taka dama jak Sophie jadła naszą niedzielną kaszankę z kwaszoną kapustą. A tutaj mamy to, co się je w dobrym... towarzystwie – nerwowy baryton zacinający się po każdym słowie. – Dziękujemy, że w końcu zgodziła się pani do nas przyjść. To zaszczyt dla prostego majstra.

– Zapewniam pana, Franz, że widziałam damy wylizujące smalec z salaterek – melodyjny, cichy i prawie dziecinny głos. – Choć pochodzę z arystokracji, już podczas studiów w konserwatorium pozbyłam się klasowych przesądów... – nuta zniecierpliwienia. – Poza tym nie rozumiem tego „w końcu". O ile wiem, nikt do tej pory mnie tu nie zapraszał.

– Erwinie, zdajesz w tym roku maturę – bas, trzask zapałki, dym wysapywany nozdrzami. – Jakie są twoje dalsze plany?

Rast zamieszał rosół, napełnił nim talerze. Na dużym półmisku kelner poukładał szparagi i polał je roztopionym masłem. Otworzył drzwi, wniósł wszystko do pokoju i zameldował wesoło:

– Oto coś na ciepło: bulion z żółtkiem i szparagi.

Eberhard Mock zgasił papierosa. Jego bratanek wbił wzrok w trzebnicki haft obrusa i powiedział powoli i dobitnie:

– Chcę studiować germanistykę na uniwersytecie.

– O, ciekawe – Eberhard Mock z widocznym zadowoleniem wlewał w siebie łyżki bulionu. – Pamiętam, że niedawno chciałeś zostać policjantem.

– Tak było, zanim poznałem poezję Heinego.

Kiedy Rast dotknął półmiska z galaretą, by go wynieść, Franz Mock przytrzymał kelnera za rękę i odkroił widelcem spory kawał głowizny.

– Zapłaciłem, to jem – Franz Mock pobladł na twarzy i przypominał Rastowi pewnego pijaka, który kiedyś w jego restauracji jednym ruchem wywrócił stół do góry nogami. – Ja wiem, że prosty majster na kolei nie może być wzorem dla swojego syna... Ale mówiłem ci tyle razy: Zostań inżynierem na kolei, będziesz dużo zarabiał i jeździł co roku do Sopotu... Nie słuchasz mnie i chcesz koniecznie studiować jakiegoś Żyda...

– Tato, ja jestem poetą – Erwin nerwowo wyłamywał palce. – Chcę robić to, co kocham...

Irmgard dała znak Rastowi, żeby wyszedł z pokoju. Rast chwycił za talerz z resztkami galarety, lecz Franz Mock znów przytrzymał go za rękę.

- Kocham, kocham - kawałeczki mięsa i śliny znalazły się na trzebnickim obrusie. - Jesteś jakimś pedałem czy co? Poeci to same pedały lub gudłaje. A ty jakie piszesz wiersze? Tylko o gwiazdach i maszynach. Czemu nie napiszesz wiersza miłosnego do kobity? Już wiem, wiem... Ten twój nowy belfer od literatury niemieckiej... To on próbuje cię spedalić...

- Franz, przestań, bo mnie popamiętasz - Irmgard spiorunowała wzrokiem najpierw męża, a potem kelnera. Ten wyrwał Franzowi Mockowi półmisek z resztkami głowizny w galarecie i wybiegł do kuchni. Na wielkiej patelni roztopił masło i ułożył na niej pokrojone w plasterki kartofle. Na drugim palenisku ustawił rondel z baraniną w gęstym sosie. W jadalni zapadła cisza. Przerwał ją za chwilę głos rozkapryszonego dziecka:

- Ebi, ty sam kiedyś zajmowałeś się literaturą łacińską. Chciałeś być profesorem. Czyżbyś był homoseksualistą?

Rast wniósł tacę z kolejnym daniem.

- Drodzy państwo, oto baranina z ziołami, pieczone kartofle, sałatka z selera i kompot wiśniowy - Rast zbierał sprawnie naczynia, popędzany złym wzrokiem Irmgard. Wyszedł do kuchni i przywarł uchem do drzwi: tylko przenikliwy stukot sztućców.

- Moja droga - spokojny głos po chwili. - O tym ty chyba wiesz najlepiej.

- Stryju Ebi, co złego jest w badaniu literatury? - niespokojny tenor przechodził chwilami w falset. - Niech stryj wytłumaczy mojemu ojcu, że to nic złego. Stryj najlepiej wie, ilu wzniosłych chwil dostarcza nam poezja, jakich dzięki niej zażywamy rozkoszy... Sam stryj studiował Horacego i napisał o nim artykuł po łacinie... Nasz łacinnik, rektor Piechotta, bardzo sobie ceni te stryja uwagi...

- Ja myślę - syk gazu z otwieranej butelki towarzyszył zachrypniętemu głosowi, nadwerężonemu przez dziesiątki

15

wczorajszych papierosów – że wykształcenie i wykonywany zawód nie zawsze idą ze sobą w parze, co widać na moim przykładzie...

– Przestań, Ebi, i mów po ludzku – stłumione beknięcie.

– Ty zostawiłeś te bzdury, o których mówił Erwin, i wybrałeś pracę policjanta. Mów krótko: co jest lepsze dla chłopaka – poeta czy inżynier kolejowy?

– No, powiedz nam – rozkaprysiło się dziecko. – Wszyscy czekamy na rozstrzygnięcie tego interesującego dylematu.

– Inżynier – kęs został głośno przełknięty.

Rast uskoczył od drzwi, których Erwin omal nie rozwalił, wybiegając z pokoju. Gimnazjalista wcisnął na głowę czapkę, wbił się w nieco za ciasny płaszcz i wybiegł z domu.

– Oto deser, drodzy państwo: śląski makowiec – Rast podawał ciasto i kawę. Kiedy zabierał nietknięte kotlety sprzed biustu Sophie, zauważył, że w jej dłoni mocno drży papierośnica. Spojrzał na Sophie i wiedział, że to nie koniec nieprzyjemnego obiadu.

– Ciekawe, znam swojego męża od dwóch lat i dziś go po raz pierwszy nie poznaję – na policzkach Sophie pojawiły się lekkie rumieńce. – Gdzie twoja plebejska siła, Eberhardzie, która sprawia, że przestępcy przed tobą pierzchają, która zmusiła mnie kiedyś, bym oszalała na twoim punkcie? Zabrakło ci dziś tej mocy, by obronić tego wrażliwego chłopca? W domu szydzisz z technokratów, z ludzi o horyzontach ograniczonych liczbami, a tutaj stawiasz kolejarza nad poetę? Szkoda, że twój subtelny brat nie widzi ciebie, gdy czytasz Horacego i wzruszasz się przy *Cierpieniach młodego Wertera*. Radca kryminalny Mock usypia w fotelu, w bezpiecznym kręgu lampy, a na jego okrągły brzuch, wydęty od piwa i golonki, osuwa się szkolne wydanie *Ód* Horacego; szkolne ze słowniczkiem, bo ten wybitny łaciński stylista nie pamięta już słówek.

– Zamknij ryj – powiedział cicho Eberhard Mock.

– Ty świnio! – Sophie gwałtownie wstała od stołu.

Mock popatrzył melancholijnie na wybiegającą z pokoju żonę, a następnie wsłuchał się w stukot jej pantofli na schodach. Zapalił papierosa i uśmiechnął się do Franza.

– Jak się nazywa ten belfer Erwina? Sprawdzimy, może rzeczywiście jest pedałem?


## Wrocław, niedziela 27 listopada, północ

Mock wyszedł chwiejnym krokiem z restauracji „Savoy" przy Tauentzienplatz. Wybiegł za nim boy i podał mu kapelusz, którego Mock nie włożył, pozwalając mokrym plackom śniegu osiadać na wilgotnych od potu włosach. Pod oknami restauracji Sängera chwiał się samotny pijak, który swe czynności fizjologiczne przerywał gwizdaniem na przejeżdżające dorożki. Gwizdanie boya najwyraźniej było bardziej przekonujące, ponieważ nie minęła chwila, a przed Mockiem zatrzymała się stara i połatana buda. Pijak ruszył z kopyta, lecz Mock był bliżej. Rzucił boyowi pięćdziesięciofenigówkę i opadł na siedzenie, omal nie miażdżąc jakiejś kruchej ludzkiej istoty.

– Szanowny pan raczy wybaczyć, tak szybko pan wsiadł, że nie zdążyłem szanownego pana poinformować, że już mam pasażera. Ja jestem fiakier Bombosch, a to moja córka Rosemarie. Ten kurs jest ostatni i zaraz jedziemy do domu – fiakier jowialnie podkręcał napuszone wąsy. – Jest tak mała, że szanownemu panu na pewno nie będzie za ciasno. To jeszcze takie młode...

Mock spojrzał na trójkątną twarz towarzyszki podróży. Wielkie, naiwne oczy, toczek z woalką i płaszczyk. Dziewczyna mogła liczyć osiemnaście lat, miała szczupłe, sine od zimna dłonie i dziurawe, podzelowane buty. Wszystko to

Mock dostrzegł w świetle latarni stojących wokół Muzeum Starożytności Śląskich.

Rosemarie obserwowała ogromny gmach muzeum przesuwający się po prawej stronie ulicy. Mock głośno liczył knajpy na Sonnenplatz, Gräbschenerstrasse i na Rehdigerstrasse, a wyniki swoich obliczeń oznajmiał Rosemarie ze szczerą radością.

Dorożka zatrzymała się na Rehdigerplatz przed okazałą kamienicą, w której Mock wraz z żoną Sophie zajmował pięciopokojowe mieszkanie na drugim piętrze. Mock wygramolił się z dorożki i rzucił fiakrowi pierwszy lepszy pognieciony banknot, który wyciągnął z kieszeni płaszcza.

– Za resztę kup buty i rękawiczki swojej córuni – cknął głośno i nie słysząc radosnych podziękowań dorożkarza, rozpostarł szeroko ramiona, pochylił głowę i przystąpił do szarżowania nią drzwi kamienicy.

Na szczęście dla głowy Mocka stróż kamienicy nie spał i zdążył na czas otworzyć drzwi. Mock uścisnął go wylewnie i nie spiesząc się, rozpoczął mozolną wędrówkę po schodach, wpadając na Scyllę poręczy i Charybdę ściany, straszony przez Cerbera, który z wyciem i szczekaniem rzucał się w przedsionkach Hadesu za jakimiś zamkniętymi drzwiami. Mock, niepowstrzymany nawet syrenim śpiewem służącej, która usiłowała zdjąć z niego płaszcz i kapelusz, ani dziką radością starego psa Argosa, dotarł do Itaki swej sypialni, gdzie czekała na niego wierna Penelopa w muślinowym szlafroczku i pantoflach na obcasach.

Mock uśmiechnął się do zamyślonej Sophie, z głową na oparciu szezlonga stojącego obok rozścielonego łóżka. Sophie przeciągnęła się lekko, a muślin szlafroka mocno przylgnął do jej obfitych piersi. Mock zrozumiał to jednoznacznie i zaczął się gorączkowo rozbierać. Kiedy mocował się z tasiemkami kalesonów, Sophie westchnęła:

– Gdzie byłeś?

- W knajpie.
- Z kim?
- Spotkałem dwóch kolegów, tych co wczoraj – Ebnera i Domagallę.

Sophie wstała i wsunęła się pod kołdrę. Nieco zdziwiony Mock uczynił to samo i przytulił się mocno do pleców żony. Nie bez wysiłku przecisnął ramię pod jej pachą i chciwie rozsunął palce na miękkiej piersi.

- Wiem, że chcesz mnie przeprosić. Wiem o tym doskonale. Bądź dalej dumny, twardy i nic nie mów. Wybaczam ci zachowanie u Franza. Wybaczam ci późne przyjście. Chciałeś się napić, byłeś zdenerwowany – mówiła monotonnym głosem, patrząc w lustro toaletki stojącej naprzeciwko łóżka. – Mówisz, że byłeś z kolegami. Nie kłamiesz. Na pewno nie byłeś z żadną kobietą – podniosła się na łokciu i spojrzała w oczy swojemu odbiciu. – W takim stanie nie dałbyś rady żadnej kobiecie. Ostatnio niewiele możesz z siebie wykrzesać. Po prostu jesteś słaby w alkowie.

- Teraz mogę, jestem w stanie cię ujarzmić. Będziesz mnie błagała, bym przestał – Mockowi płonęły policzki, jedną ręką szarpał muślin szlafroka, drugą – bawełnę kalesonów. – Dziś w końcu pocznie się nasze dziecko.

Sophie odwróciła się do męża i dotykając ustami jego ust, mówiła głosem rozespanego dziecka:

- Czekałam na ciebie wczoraj, byłeś z kolegami, czekałam na ciebie dzisiaj – też byłeś z kolegami, chcesz się teraz pierdolić?

Mock uwielbiał, kiedy była wulgarna. W podnieceniu rozerwał kalesony. Sophie oparła się o ścianę. Spod jej nocnej koszuli wysunęły się dwie wąskie zaróżowione stopy. Mock zaczął je gładzić i całować. Sophie wsunęła palce w gęste włosy męża i odsunęła jego głowę.

- Chcesz się pierdolić? – ponowiła pytanie.

19

Mock zamknął oczy i skinął głową. Sophie podciągnęła nogi ku sobie i obiema stopami dotknęła klatki piersiowej męża. Wyprostowała je gwałtownie, spychając go z łóżka. – Z kolegami się pierdol – usłyszał szept żony, gdy upadał na szorstki dywan.

*Wrocław, poniedziałek 28 listopada,*
*godzina druga w nocy*

Mock obudził się na biurku w swoim gabinecie. Jego prawą dłoń pokrywały skrzepy krwi. Lampa oświetlała flaszkę reńskiego spätburgundera i do połowy napełniony kieliszek. Przyjrzał się dłoni w świetle lampy. Z zaschniętej, brunatnej grudki krwi wystawało kilka jasnych włosów. Mock wyszedł do kuchni, przytrzymując rozerwane kalesony. Umył dokładnie ręce w żeliwnej umywalce. Potem nalał wody do emaliowanego kubka i wypił, wsłuchując się w odgłosy z podwórka: jakby metaliczne szczękanie sprężyn. Wyjrzał przez okno. Fiakier Bombosch nałożył koniowi na głowę worek z obrokiem i głaskał go po karku. Buda kiwała się na resorach na wszystkie strony. Rosemarie zarabiała na nowy płaszczyk.

*Wrocław, poniedziałek 28 listopada,*
*godzina szósta rano*

Mock otworzył oczy i nasłuchiwał przez chwilę nawoływań mleczarzy, które powtarzały się regularnie i uparcie. Poranny chłód przenikał jego wciśnięte w fotel ciało. Z trudem otworzył usta i przesunął wysuszonym językiem po tarce podniebienia. Ponieważ żadna pozycja na fotelu nie była bezbolesna, Mock postanowił wstać. Owinął się szlafrokiem i zaklaskał bosymi stopami po piaskowcu podłogi w przedpokoju. Pies Argos okazywał poranną szaloną radość, której jego pan nie podzielał w najmniejszym stopniu. W łazience Mock wetknął szczoteczkę do pudełka z proszkiem „Phönix" i rozpoczął ablucje jamy ustnej. Skutek był taki, że do kwasowo-alkoholowych wyziewów dołączył się cierpki posmak cementu. Mock z wściekłością wypluł do umywalki szarą maź i kremem „Peri" namydlił wielki pędzel z borsuczej sierści. Brzytwa była przedmiotem, którego powinien dziś używać tylko pod czyjąś baczną kontrolą. Mocne ukłucie uświadomiło mu, że się zaciął. Mała strużka krwi była bardzo jasna, jaśniejsza od krwi wypływającej wczoraj w nocy z nosa Sophie. Mock spojrzał uważnie w swe odbicie.

– Dlaczego mogę śmiało spojrzeć ci w oczy? – wycierał twarz i wklepywał w nią wodę kolońską od Welzla. – Dlatego że nic się wczoraj nie wydarzyło. Zresztą nic nie pamiętam.

Służąca Marta Goczoll krzątała się po kuchni, jej mąż, kamerdyner Adalbert, stał wyprostowany jak struna, w jednej ręce trzymając ponad tuzin krawatów, w drugiej zaś – wieszak z garniturem i białą koszulą. Mock ubrał się w pośpiechu i zawiązał na szyi bordowy krawat. Marta wepchnęła jego gruby węzeł między sztywne skrzydła kołnierzyka. Mock z trudem wcisnął na opuchnięte stopy świeżo wypastowane przez Adalberta trzewiki, narzucił na ramiona jasny płaszcz z wielbłądziej wełny, włożył kapelusz i wyszedł z mieszkania. Na korytarzu zaczął łasić się do niego duży szpic. Mock pogłaskał psiaka. Jego właściciel, mecenas Patschkowsky, spojrzał z pogardą na swojego sąsiada wydzielającego, jak co dzień, alkoholowo-kolońskie wonie.

– Wczoraj w nocy były u pana straszne hałasy. Moja żona nie mogła zasnąć do rana – wycedził Patschkowsky.

– Tresowałem psa – wybełkotał Mock.

– Chyba własną żonę – monokl Patschkowskiego zabłysnął w żółtym świetle żarówki. – Myśli pan, że mu wszystko wolno? Ten pański pies lamentował ludzkim głosem.

– Niektóre bydlęta mówią ludzkim głosem na miesiąc przed Wigilią – Mock zapragnął zrzucić sąsiada ze schodów.

– Doprawdy? – Patschkowsky uniósł w zdziwieniu łuki brwi.

– Właśnie rozmawiam z jednym z nich.

Mecenas stanął jak skamieniały i wpatrywał się przez chwilę w przekrwione białka oczu Mocka. Potem zszedł powoli po schodach, zdobywając się na kolejne błyskotliwe „doprawdy?".

Mock wrócił do mieszkania. Stwierdziwszy, że drzwi sypialni są zamknięte od wewnątrz, wtoczył się do kuchni. Adalbert i Marta siedzieli przy stole, mocno wylęknieni.

– Pan radca nie zjadł śniadania. Zrobiłam jajecznicę z kurkami – Marta ukazała braki w uzębieniu.

– Jedzcie na zdrowie – Mock uśmiechnął się wylewnie.

– Chciałem wam życzyć dobrego dnia. Oby był tak dobry jak wczorajsza noc, dobrze spaliście, prawda?

– Tak, panie radco – Adalbertowi zdawało się, że jeszcze teraz słyszy przeraźliwy krzyk Sophie i tępe drapanie psich łap po zamkniętych drzwiach sypialni.

Mock wyszedł z mieszkania, zaciskając powieki i zęby.


*Wrocław, poniedziałek 28 listopada,*
*godzina dziewiąta rano*

Wachmistrz kryminalny, Kurt Smolorz, należał do najlepszych pracowników wrocławskiego Prezydium Policji. Jego brutalność była przeklinana przez przestępców, a lakoniczność raportów wychwalana przez zwierzchników. Jeden z jego przełożonych najbardziej cenił w nim jeszcze inną cechę – domyślność. Cechę tę ujawnił Smolorz tego ranka w sposób oczywisty, i to dwukrotnie. Po raz pierwszy, kiedy wszedł do wyłożonego ciemnym drewnem gabinetu Mocka i zobaczył odbity na jego czole czerwony zarys sygnetu – niewątpliwy znak, że radca opierał na nim umęczone czoło. Smolorz nie zameldował wtedy o potwornej zbrodni w kamienicy „Pod Gryfami" w Rynku, gdzie miał się stawić bezzwłocznie – na rozkaz dyrektora kryminalnego Heinricha Mühlhausa – wraz ze swoim szefem. Wiedział, że Mock w tym momencie niczego nie zrozumie.

– Czekam na pana radcę w samochodzie – powiedział Smolorz i wyszedł, aby podstawić nowego czarnego adlera pod bramę Prezydium Policji.

Nie była to jedyna przyczyna tak szybkiego oddalenia się wachmistrza. Mock poznał inną, kiedy klnąc, wtoczył się na siedzenie pasażera. Zobaczył wówczas pokrytą rudymi włoskami dłoń Smolorza trzymającą butelkę mleka. Mock otworzył ją i wypił chciwie kilka łyków. Teraz był gotów do wysłuchania relacji Smolorza. Ten zapuścił silnik.

– Kamienica „Pod Gryfami", ósma rano – Smolorz jak pisał, tak i mówił. – Szewc Rohmig nie wytrzymał smrodu i rozbił ścianę w swoim warsztacie. Za ścianą trup.

Z Schuhbrücke, gdzie mieściło się Prezydium Policji, do Rynku było niedaleko. Mock wypijał ostatnie krople mleka, a Smolorz parkował adlera pod Zakładami Loteryjnymi na Nicolaistrasse. Na tyłach kamienicy „Pod Gryfami", na wewnętrznym podwórku, przed małym warsztatem szewskim czekał umundurowany policjant. Zasalutował na ich widok. Obok policjanta stał wąsaty suchotnik, który w heroicznym wysiłku dźwigał na sobie skórzany fartuch, i otyła jejmość niemogąca przyjąć do wiadomości, że na brudnym podwórku nie ma żadnej ławki. Magnezja rozświetlała co kilka sekund nędzną izbę, wypełnioną odorem przegniłego od potu obuwia oraz kleju kostnego. Mock i Smolorz weszli do środka i poczuli jeszcze inną, dobrze im znaną, jedyną w swoim rodzaju woń. Lepiąca się od kleju lada dzieliła warsztat na dwie części. Dwie ściany zastawione były piwnicznymi regałami, na których stały buty. Trzecia zaopatrzona była w małe okno i drzwi, natomiast od czwartej bił ów znany policjantom smród. W ścianie tej wyrąbany był nieregularny otwór metr na metr. Przed nim klęczał policyjny fotograf Ehlers i wpychał swój obiektyw w ciemną komorę. Mock, zatykając nos, zajrzał do środka. Latarka wyłowiła z ciemności małej niszy bezwłosą czaszkę obciągniętą rozkładającą się skórą. Ręce i nogi przywiązane były do haków na przeciwległej ścianie komory. Radca spojrzał jeszcze raz na twarz trupa i zobaczył tłustego robaka, który usiłował się wkręcić w zalane bielmem oko. Mock wyszedł szybkim krokiem z warsztatu, zdjął płaszcz, rzucił go mundurowemu i rozstawiwszy szeroko nogi, oparł ręce o ścianę. Smolorz, słysząc odgłosy wydawane przez szefa, nie mógł sobie wybaczyć, że nie przewidział skutków kaca, mleka i rozpływającego się trupa. Mock wyjął z kieszeni spodni chusteczkę ze swoimi inicjałami wyszytymi przez Sophie i wytarł usta. Wystawił twarz ku niebu i chciwie łykał krople padającego deszczu.

– Weźcie ten kilof – powiedział do mundurowego – i rozwalcie ścianę, tak by można było wyciągnąć tego umarlaka. Smolorz, zawiąż sobie chustę wokół ust i nosa i przeszukaj komorę i kieszenie trupa, a ty, Ehlers, pomóż Smolorzowi.

Mock włożył jasny płaszcz, poprawił kapelusz i rozejrzał się po podwórku.

– Kim pani jest? – wysłał promienny uśmiech w stronę tłustej damy, która przestępowała z nogi na nogę.

– Ernst Rohmig, mistrz szewski – gorliwie przedstawił się niepytany suchotnik. Wzruszył ramionami, aby poprawić swoją skórzaną zbroję.

– Zarządca kamienicy – fuknęła dama. Jej tłuste włosy nawinięte na papiloty obłaziły z taniej farby. – Szybciej, drogi panie, myśli pan, że mogę tu stać w nieskończoność i zamartwiać się, ile będę musiała dopłacić sprzątaczce za umycie ściany, którą pan zabrudził?! Teraz proszę mi się przedstawić! Ja jestem Mathilde Kühn, plenipotent właściciela, a pan?

– Eberhard Mock, damski bokser – mruknął radca kryminalny, odwrócił się gwałtownie i wcisnął z powrotem do izdebki. – Ehlers, zrób tu porządek i pozbieraj wszystko, co ważne. Smolorz, przesłuchaj ich.

Powiedziawszy to, Mock pobiegł truchtem do sieni kamienicy, mijając Smolorza, który stał z przesłuchiwanymi pod jednym parasolem i próbował uniknąć jadu żmii i prątków gruźlicy. W bramie Mock pozdrowił doktora Lasariusa z policyjnej kostnicy, za którym wolnym krokiem szło dwóch ludzi z noszami.

Mock stanął przed domem i obserwował bezmyślnie duży już o tej porze ruch uliczny. Jakaś para młodych ludzi była tak w siebie zapatrzona, że nie zauważyła go. Młodzieniec potrącił niechcący radcę i natychmiast przeprosił, uchylając grzecznie kapelusza. Dziewczyna spojrzała na Mocka i szybko odwróciła poszarzałą ze zmęczenia twarz. Rosemarie wyraźnie nie posłużyło nocne kołysanie dorożkarskiej budy.

Mock rozejrzał się dokoła i szybkim krokiem ruszył do kwiaciarni Apelta. W podmalowanych oczach pulchnej kwiaciarki dostrzegł cień zainteresowania. Zamówił kosz pięćdziesięciu herbacianych róż i polecił go przesłać na adres „Sophie Mock, Rehdigerplatz 2". Na kremowym kartoniku, który kazał dołączyć do bukietu, wykaligrafował: „Nigdy więcej, Eberhard", zapłacił i zostawił kwiaciarkę sam na sam ze wzrastającym zainteresowaniem.

Pod nogami zaplątał mu się jakiś gazeciarz. Mock pozbył się go, wciskając mu kilka fenigów i dzierżąc gazetę pod pachą, przeciął na skos zachodnią pierzeję Rynku. Po chwili siedział w adlerze, palił pierwszego tego dnia papierosa i czekał na Smolorza i Ehlersa. Czas skracał sobie czytaniem „Breslauer Neueste Nachrichten". Na jednej ze stron ogłoszeniowych jego wzrok przykuł niezwykły rysunek. Mandala, koło przemian, otaczała ponurego starca z wzniesionym do góry palcem. „Ojciec duchowy książę Aleksiej von Orloff udowadnia, że koniec świata jest bliski. Oto następuje kolejny obrót Koła Historii – powtarzają się zbrodnie i kataklizmy sprzed wieków. Zapraszamy na wykład mędrca z Sepulchrum Mundi*. Niedziela 29 listopada, Grünstrasse 14–16". Mock odkręcił szybę i pstryknął niedopałkiem wprost w nadchodzącego Smolorza. Ten strzepnął popiół z płaszcza i wsiadł do samochodu, pomijając milczeniem przeprosiny ze strony Mocka. Na tylną kanapę wgramolił się objuczony statywem Ehlers oraz asystent kryminalny Gustav Meinerer, specjalista od daktyloskopii.

– Rohmig wynajmował swój warsztat od miesiąca, dokładnie: od 24 października – Smolorz otworzył policyjny notes. – Od lipca do końca października, jak mówiło babsko, warsztat stał pusty. Każdy włamywacz mógł tam wejść. Stróż kamienicy jest często pijany i śpi, zamiast pilnować. Teraz gdzieś się zawieruszył. Leczy chyba kaca. Szewc skarżył się od początku na smród. Jego szwagier murarz powiedział mu o kawale, jaki robią murarze, gdy im się dobrze nie zapłaci. Wmurowują jajko w ścianę. Śmierdzi. Rohmig myślał, że za ścianą jest jajko. Dziś rano chciał je usunąć. Rozwalił ścianę kilofem. To tyle.

– Co znaleźliście? – zapytał Mock.

---

* Grobowiec Świata.

- To - Smolorz wyjął z kieszeni brunatną kopertę, wyciągnął z niej portfel z krokodylej skóry i podał go Mockowi.

Mock przejrzał zawartość portfela. Był w nim dowód osobisty na nazwisko Emil Gelfrert - urodzony 17 II 1876, muzyk, kawaler, zamieszkały przy Friedrich-Wilhelm-Strasse 21, notes z adresami i telefonami, kwit z pralni na to samo nazwisko, karta biblioteczna Biblioteki Miejskiej, kilka biletów tramwajowych oraz widokówka z Karkonoszy z napisem: „Mojemu słodkiemu najlepsze życzenia z gór, Anna, Jelenia Góra 3 VII 1925".

- To wszystko? - Mock przypatrywał się, jak ludzie z kostnicy wnoszą „słodkiego" do zaparkowanego tuż obok karawanu.

- Nie, jeszcze to. Ktoś przypiął mu to do kamizelki. - Smolorz trzymał w szczypczykach kartkę z kalendarza „Universal" z datą 12 września 1927. Żadnych notatek, po prostu zwykła kartka z kalendarza, jaką codziennie odrywają nieszczęśliwi, czyli ci, którzy liczą czas. Kartka przebita była małą agrafką.

- Żadnych odcisków palców - dodał Meinerer. - Doktor Lasarius z kostnicy ustalił przedział czasowy morderstwa: sierpień-wrzesień.

- Smolorz, jedziemy na Friedrich-Wilhelm-Strasse, do mieszkania muzyka. - Mock z ulgą przyjął ssanie pustego żołądka. To oznaczało, że organizm był gotów na piwo i bułkę przełożoną napaprykowaną słoninką. - Może spotkamy tam wierną Annę, która przy robótce czeka na powrót swego artysty z filharmonii?

*Wrocław, poniedziałek 28 listopada,*
*godzina dziesiąta rano*

Elisabeth Pflüger rozbierała się powoli, układając porządnie na krześle garderobę. Odpięła pończochy od podwiązek. Sophie Mock podziwiała jej wąskie, białe dłonie powoli rolujące śliskie pończochy. Elisabeth zdjęła pas, a potem zsunęła jedwabne majtki. Była całkiem naga. W wysmukłych palcach lewej ręki trzymała małe srebrne puzderko, w jej drugiej dłoni kołysała się rzeźbiona łyżeczka z długim uchwytem. Zanurzyła ją w puzderku i przysunęła do twarzy Sophie.

– To bardzo dobre kakao – szepnęła. Sophie pociągnęła nosem, wzdrygnęła się i przesunęła palcami po aksamitnych, lekko zaczerwienionych nozdrzach.

– Zakryj twarz woalką – powiedziała Elisabeth. – Ukryjesz siniec i zachowasz *incognito*. Nie musisz nikomu pokazywać swojej twarzy. Wszystko będziesz robiła całkiem dobrowolnie. Możesz również nie robić nic, tylko patrzeć. Możesz w każdej chwili stąd wyjść. Takie są zasady.

Elisabeth ujęła dłoń przyjaciółki i otworzyła drzwi, które z buduaru prowadziły do mauretańskiej sypialni. Sophie stała nieco bezradna, trzymając w wolnej ręce kosz herbacianych róż. Na łożu, pod żółtym baldachimem siedział nagi młody mężczyzna i pił jakiś napar. W pokoju pachniało miętą. Elisabeth podeszła do mężczyzny i odebrała od niego pustą filiżankę. Ze stojącego obok dzbanka nalała sobie naparu do pełna.

– To mięta – powiedziała do Sophie. – Napój Wenus.

Napój Wenus najwyraźniej zaczął działać na mężczyznę.

– Pamiętaj – Elisabeth udawała, że tego nie widzi, i dmuchała w filiżankę. – Możesz w każdej chwili opuścić to miejsce. Z buduaru wychodzi się wprost na schody.

Sophie nigdzie nie wyszła.

28

*Wrocław, poniedziałek 28 listopada,
godzina jedenasta rano*

Gelfrert zajmował mały pokój na poddaszu okazałej kamienicy na Friedrich-Wilhelm-Strasse 21. Pokój ten oprócz taboretu, miednicy, lustra, wieszaka i żelaznego łóżka wypełniały równo poustawiane pod oknem butelki po likierze z ziół alpejskich Guttentaga. Na parapecie stało kilka książek i futerał z waltornią.

– Miał delikatne podniebienie – zauważył Ehlers, rozstawiając statyw.

Mock wydał odpowiednie polecenia swoim ludziom, zszedł na dół, przeszedł przez ulicę i poszedł w stronę Königsplatz. Deszcz przestał padać, pojawiło się słońce i oświetliło jaskrawy szyld gospody Grengla. Za chwilę Mock pochłaniał tam upragnioną bułkę ze słoniną, zapijając piwem jej ostry paprykowy smak. Z ulgą wypił ostatnie krople piwa i poczuł lekki zawrót głowy. Rzucił kilka drobnych sympatycznemu buldogowi, który wycierał kufle za barem, i zamknął się w kabinie telefonicznej. Przez chwilę przypominał sobie własny numer telefonu. Adalbert podniósł słuchawkę po pierwszym sygnale.

– Dzień dobry, czy jest pani? – Mock długo wymawiał sylaby.

– Niestety, panie radco, pani Sophie wyszła godzinę temu – Adalbert mówił bardzo szybko, wiedział, że jego panu trzeba relacjonować wszystko, bez oczekiwania na pytania. – Poszła na zakupy z panną Pflüger, krótko po tym, jak przysłano jej kosz róż. Ten kosz wzięła ze sobą.

Mock odwiesił słuchawkę i opuścił knajpę. Jego ludzie siedzieli w adlerze i wypełniali wnętrze auta nikotynowym dymem. Przyłączył się do nich.

– Gelfrert kiedyś miał narzeczoną, dużą blondynę koło trzydziestki. Odwiedzała go z dwuletnim chłopcem –

relacjonował Smolorz przesłuchanie dozorcy. – Panna z dzieckiem. Cieć od dawna jej nie widział. Gelfrert pracował w jakiejś orkiestrze i chodził do uczniów. Lekcje pianina. Ostatnio było z nim źle. Pił. Nikt go nie odwiedzał. Sąsiedzi się skarżyli, że zostawia po sobie gnój w kiblu. Nic więcej od ciecia.

– Znaleźliśmy rewers z Biblioteki Miejskiej – Ehlers podsunął Mockowi pod nos kawałek zadrukowanego papieru.

– 10 września Gelfrert oddał książkę pod tytułem *Antiquitates Silesiacae*. W bibliotece wydano mu kwit potwierdzający zwrot tej książki.

– Czyli 10 września jeszcze żył. Wziąwszy pod uwagę ustalenia doktora Lasariusa, nasz muzyk między 10 a 30 września został zamurowany w szewskim warsztacie, na podwórzu kamienicy „Pod Gryfami".

– Ktoś go tam zwabił albo przytaskał nieprzytomnego – Smolorz otworzył okno, aby wpuścić trochę świeżego powietrza.

– Potem go zakneblował i przywiązał do haków na przeciwległej ścianie komory, by się nie rzucał i nie rozwalił świeżego zamurowania – dodał Mock. – Jedno mnie ciekawi: czy nasz Sinobrody nie bał się, że następnego dnia do warsztatu wprowadzi się nowy najemca i odkryje dopiero co murowaną ścianę albo, co gorsza, usłyszy nieartykułowane dźwięki wydawane mimo knebla przez ofiarę?

Mężczyźni milczeli. Mock pomyślał o kolejnym kuflu piwa, rozsiadł się szeroko na fotelu pasażera i odwrócił do siedzących z tyłu policjantów. Nasunięty na tył głowy kapelusz dodał mu zawadiackiego wyglądu.

– Smolorz, wydostaniecie spod ziemi tego stróża pijaczka z kamienicy „Pod Gryfami" i przesłuchacie go. Sprawdzicie w naszych papierach denata i wszystkich jego znajomych z notatnika. Wy, Ehlers, zabierzecie się do badania przeszłości Gelfrerta. Gdzie się urodził, jakiego był wyznania i tak dalej. Potem przesłuchacie znajomych truposza, którzy mieszkają we Wrocławiu. Raport pojutrze w południe.

– A ja co mam robić? – zapytał Meinerer. Mock zastanawiał się przez chwilę. Meinerer był ambitny i pamiętliwy. Kiedyś się zwierzył przy wódce Ehlersowi, że nie rozumie, dlaczego Mock faworyzuje takiego tępaka jak Smolorz. Meinerer nie zdawał sobie sprawy, że krytyka dobrodusznego Smolorza jest trudnym do zmazania przewinieniem w oczach Mocka. Od tego momentu Meinerer napotykał na drodze swojej kariery mnóstwo przeszkód.

– Was, Meinerer, chcę odkomenderować do zupełnie innego zadania. Podejrzewam, że mój bratanek wpadł w złe towarzystwo. Macie go śledzić przez dwa tygodnie, codziennie. Erwin Mock, Nicolaistrasse 20, dziewiętnaście lat, gimnazjalista od św. Macieja. – Mock, udając, że nie widzi zawodu na twarzy Meinerera, wysiadł z samochodu. – Pójdę na piechotę, muszę jeszcze załatwić coś ważnego.

Ruszył szybkim krokiem w stronę szynku Grengla.

– Panie radco, panie radco, proszę zaczekać – za plecami usłyszał głos Meinerera. Odwrócił się i czekał na swojego podwładnego z obojętną miną.

– Ten pański asystent Smolorz jest zbyt małomówny – Meinerer triumfował. – Nie powiedział, że na ścianie wisiał kalendarz „Universal", taki z wyrywanymi kartkami. Wie pan, jaka kartka była ostatnio wyrwana?

– Z 12 września? – Mock spojrzał z uznaniem na potakującego Meinerera. – Ta, którą morderca przypiął agrafką do kamizelki zmarłego? Macie ten kalendarz przy sobie?

– Tak, oto on – rozpromienił się Meinerer i podał Mockowi jeszcze jedną brunatną kopertę.

– Dobra robota – Mock schował ją do kieszeni płaszcza. – Ja się tym zajmę. Sprawdzę, czy kartka z kamizelki pochodzi z tego właśnie kalendarza.

Następnie spojrzał z rozbawieniem na milczącego podwładnego, a potem nieoczekiwanie poklepał go po policzku.

– Idź śledzić Erwina, Meinerer. Mój bratanek jest dla mnie ważniejszy niż wszystkie zamurowane i niezamurowane trupy tego miasta.


*Wrocław, poniedziałek 28 listopada,*
*godzina pierwsza po południu*

Sympatyczny buldog co chwilę opuszczał miejsce za barem, by dołożyć do pieca. Uśmiechał się przy tym miło i kiwał głową, zgadzając się ze wszystkim, co mówił Mock. Akceptował w pełni antyamerykańskie i antysowieckie poglądy swego rozmówcy. Nie wypowiedział przy tym ani jednego słowa.

Mock wlał w siebie trzecie dziś piwo i postanowił przejść na mocniejszy trunek. Nie miał zwyczaju pić samotnie, toteż zamówił dwa kieliszki jałowcówki i podsunął jeden w stronę barmana, poza którym w knajpie nie było nikogo. Barman chwycił kieliszek brudnymi palcami i opróżnił go jednym haustem.

Do lokalu wszedł niewysoki domokrążca z pudłem towarów pierwszej potrzeby.

– Drodzy panowie, noże z Solingen tną wszystko, nawet gwoździe i haki – rozpoczął tyradę.

– To jest gospoda. Albo coś pan zamawiasz, albo droga wolna – warknął buldog, udowadniając, że potrafi mówić.

Domokrążca sięgnął do kieszeni i nie znalazłszy ani feniga, rozpoczął odwrót.

– Hola! – ożywił się Mock. – Ja tego pana zapraszam. Proszę podać jeszcze po jałowcówce.

Domokrążca zdjął płaszcz, postawił pudło na podłodze i przysiadł się do Mocka. Barman spełnił swą powinność. Po chwili po obu kieliszkach zostały jedynie mokre ślady na pseudomarmurowym blacie stolika.

– To naprawdę świetne noże – domokrążca powrócił do przerwanego wątku. – Można nimi szybko i sprawnie pokroić cebulę, chleb i kiełbasę oraz – tu człeczyna zrobił do Mocka perskie oko – poszatkować teściową!

Nikt się nie roześmiał, nawet sam dowcipniś. Mock zapłacił za jeszcze jedną kolejkę jałowcówki i nachylił się do swojego towarzysza.

– Niczego od pana nie kupię. Niech mi pan powie, jak idzie interes, jak się do pana odnoszą ludzie i tak dalej. Jestem pisarzem i interesują mnie różne historie – Mock mówił prawdę, gdyż pisywał charakterystyki osób, z którymi się często stykał. Niejeden wrocławianin wiele by zapłacił za informacje zawarte w tych „żywotach sławnych mężów".

– Opowiem panu historię, jak te noże tną żelazo – domokrążca wpadł w niekłamany zachwyt.

– Przecież nikt nie będzie nimi kroił żelaza – wrzasnął ze złością barman. – Po co komu takie noże?! Przychodzą, ścierwa, i wciskają mi coś, czego nie potrzebuję. Masz szczęście, że ten pan cię zaprosił, bobym cię wziął na obcasy.

Domokrążca posmutniał. Mock wstał, ubrał się i podszedł do barmana.

– Twierdzę, że te noże właśnie panu mogą się przydać – powiedział.

Sprzedawca noży aż pokraśniał z zadowolenia.

– Niby do czego? – zapytał zdezorientowany barman.

– Można nimi popełnić harakiri – Mock, widząc, że barman nie zrozumiał, dodał – albo wydłubać brud zza paznokci.

Sympatyczny buldog przestał być sympatyczny.

Jeszcze mniej sympatyczna była pogoda. Silny wiatr szarpał budami dorożek stojących na Wachtplatz i ciął po nich deszczem ze śniegiem. Mock, przytrzymując kapelusz, wskoczył do dorożki i kazał się wieźć na Rehdigerplatz 2. Fiakier poślinił ołówek i powoli zanotował adres w potłuszczonym zeszycie. Nacisnął na głowę staromodny cylinder i krzyknął na konia. Mock czuł, że nadszedł ten moment, kiedy alkohol staje się najbardziej przymilny i zdradliwy: człowiek pęka od euforii, a jednocześnie czuje się trzeźwy, myśli precyzyjnie, nie bełkoce i się nie chwieje. Golnij sobie jeszcze, podpowiada demon. Mock dostrzegł w kącie dorożki różę na krótkiej łodyżce. Sięgnął po nią i zmartwiał: herbaciana, nieco nadwiędnięta róża. Rozejrzał się wokół siebie w poszukiwaniu karteczki z napisem „Nigdy więcej, Eberhard". Nie znalazł niczego. Po przyjacielsku klepnął fiakra w ramię.

– Hej, panie woźnico, przyjemnie w waszej dorożce. Nawet są kwiaty.

Fiakier odkrzyknął coś, co zostało zagłuszone przez wiatr i tramwaj sunący ruchliwą ulicą koło Dworca Fryburskiego. Mock – ku zaskoczeniu dorożkarza – usadowił się obok niego.

– Zawsze tak ozdabiacie kwiatami powóz? – bełkotał, udając bardziej pijanego, niż był w rzeczywistości. – To mi się podoba, dobrze płacę za taką jazdę.

– Wiozłem dziś dwie klientki z koszem tych róż. Jedna znaczy wypadła – uprzejmie odpowiedział fiakier.

– Zatrzymaj tę budę – Mock przytknął swoją legitymację pod nos zdziwionego woźnicy. Dorożka skręciła w prawo, blokując wjazd na wewnętrzne podwórko zabudowań dworcowych przy Siebenhufenerstrasse. – Skąd i dokąd wiozłeś te kobiety? – Mock zupełnie wytrzeźwiał i rozpoczął serię pytań.

34

- Na Borek. A skąd? A juźci stąd, dokąd jedziemy – z Rehdigerplatz.

- Masz dokładny adres tego miejsca na Borku?

- Tak. Muszę się rozliczać przed szefem – fiakier wyjął brudny zeszyt i śliniąc palce, walczył z kartkami miotanymi przez wiatr. – Tak, Eichenallee na Borku.

- Jak wyglądały te kobiety? – Mock szybko zapisywał adres w notesie.

- Jedna czarna, druga blond. W woalkach. Fajne kobity.


*Wrocław, poniedziałek 28 listopada,*
*godzina szósta po południu*

Mocka obudziły radosne, dziecinne okrzyki. Zapalił lampę stojącą przy łóżku. Przetarł oczy, przygładził włosy i rozejrzał się po sypialni, jakby szukając dzieci, które zburzyły jego niespokojny sen po mącznym, tłustym i zawiesistym obiedzie. Spojrzał w ciemne okno: sypał pierwszy śnieg, który zachęcał dzieci do zabawy na dziedzińcu żydowskiej szkoły ludowej. Słysząc głos Sophie, zdjął pikowaną bonżurkę, szare spodnie z grubej wełny i na powrót włożył garnitur i krawat oraz skórzane pantofle błyszczące od pasty. Przyjrzał się w lustrze swej twarzy z dwupiętrowymi balkonami pod oczyma i sięgnął po dzbanek z nieosłodzoną miętą, która – jak poradził mu dziś Adalbert – była najlepszym lekarstwem na przepicie. Wklepał w nadwiędłe policzki wodę kolońską i wraz z dzbankiem wyszedł do przedpokoju, gdzie natknął się na Martę dźwigającą tacę z zastawą do kawy. Udał się do salonu za służącą. Sophie w błękitnej sukience siedziała przy stole. Jej prawie białe włosy, wbrew panującej modzie, sięgały do ramion, a były tak gęste, że z trudem obejmowała je błękitna przepaska. Trochę za małe, zielone oczy nadawały jej twarzy zdecydowany i nieco ironiczny wyraz. „Kurewskie oczy", pomyślał Mock, kiedy – przedstawiany jej na balu karnawałowym w Regencji Śląskiej trzy lata temu – z trudem zmusił się, by wznieść wzrok wyżej, ponad jej pełne piersi. Teraz oczy Sophie były oczami udręczonej kobiety, zmęczonej i zawiedzionej. Siniec wokół jednego z nich był nieco ciemniejszy niż jasne łuki niebieskich cieni do powiek. Mock stał w drzwiach i starał się nie patrzeć na jej twarz. Kontemplował wrodzoną elegancję jej ruchów – kiedy bojaźliwie przechylała mlecznik, podziwiając, jak mleko łamie czarną barwę kawy, kiedy ostrożnie podnosiła do ust kruchą filiżankę, kiedy z lekkim zniecierpliwieniem kręciła gałką radia, szukając w eterze ulubionego Beethovena. Mock usiadł przy stole i wpatrywał się w Sophie.

– Nigdy więcej – powiedział dobitnie. – Przebacz.

– Nigdy więcej czego? – Sophie powoli przesunęła palcem wskazującym w górę i w dół po uszku mlecznika. – Nigdy więcej czego? Alkoholu? Przemocy? Próby gwałtu? Udawania przed bratem prawdziwego mężczyzny, który swą kobietę trzyma pod butem?

– Tak. Nigdy więcej tego wszystkiego – Mock, by nie patrzeć na Sophie, obserwował obraz, prezent, który podarował na jej dwudzieste czwarte urodziny. Był to dyskretny pejzaż pędzla Eugena Spiro, z dedykacją artysty „Wszystkiego najlepszego dla melancholijnej Sophie".

– Masz czterdzieści cztery lata. Myślisz, że jesteś w stanie się zmienić? – w spojrzeniu Sophie nie było ani cienia melancholii.

– Nie zmienimy się nigdy, jeżeli będziemy dalej sami, we dwójkę – Mock był szczęśliwy, że Sophie w ogóle z nim rozmawia. Nalał sobie mięty i sięgnął do kredensu, wyjął stamtąd pudełko z drewna sandałowego. Metaliczny odgłos szczypczyków do obcinania cygar i zgrzyt zapałki. Mock usiłował miętą i wybornym aromatem cygara od Przedeckiego wypędzić ostatnie opary kaca. – Zmienimy się obydwoje, kiedy będziemy we trójkę, kiedy w końcu urodzisz dziecko.

– Od początku naszego małżeństwa marzę o dziecku – Sophie przesunęła palcem po dzióbku mlecznika. Potem wstała i z lekkim westchnieniem przytuliła się do pieca. Mock podszedł do niej i opadł na kolana. Przycisnął głowę do jej brzucha i wyszeptał: – Będziesz mi się oddawała co noc i poczniesz. Zobaczysz, co noc. – Sophie nie oddała mu uścisku. Mock poczuł, że jej brzuch faluje. Wstał i spojrzał w oczy Sophie, które pod wpływem śmiechu stały się jeszcze mniejsze niż zwykle.

– Choćbyś pił cysterny mięty, nie będziesz mógł mnie posiąść codziennie – Sophie ocierała łzy śmiechu z podsiniaczonego oka.

– A co, mięta dobrze działa na męskie siły? – zapytał.

– Podobno – Sophie wciąż się śmiała.

Mock powrócił do palenia cygara. Wielkie koło dymu opadło na puszysty dywan.

– Skąd wiesz? – zapytał nagle.

– Gdzieś czytałam – Sophie przestała się śmiać.

– Gdzie?

– W jakiejś książce z twojej biblioteki.

– Może u Galena? – Mock, jako niedoszły filolog klasyczny, miał prawie wszystkie wydania autorów starożytnych.

– Nie pamiętam.

– To musiało być u Galena.

– Możliwe – Sophie usiadła i kręciła filiżanką po spodku. W jej oczach błysnął gniew. – Co ty sobie wyobrażasz? Nie dość, że mnie maltretujesz fizycznie, to jeszcze próbujesz znęcać się nade mną psychicznie?

- Przepraszam - Mock spokorniał. - Po prostu chcę oczyścić atmosferę z wszelkich niejasności. Gdzie dzisiaj byłaś?

- Nie chcę żadnych pytań, żadnych podejrzeń - Sophie wkręciła papierosa w kryształową lufkę i przyjęła od Mocka ogień. - Dlatego opowiem ci o moim dniu jako mężowi, który wstępuje na drogę poprawy i który jest ciekaw, jak minął dzień jego ukochanej żonie, a nie jako wściekłemu z zazdrości śledczemu. Jak wiesz, niedługo występuję wraz z Elisabeth na koncercie adwentowym. Przyszła do mnie rano, niedługo po tym, jak przysłałeś mi róże. Pojechałyśmy dorożką na Eichenallee do barona von Hagenstahla, fundatora i organizatora tego koncertu. Musiałyśmy wziąć od niego plenipotencje, potrzebne do wynajęcia Domu Koncertowego na Gartenstrasse. Jadąc do niego, zboczyłyśmy z drogi, a ja zostawiłam róże w kościele Bożego Ciała. Byłam na ciebie wściekła i nie chciałam kwiatów. Potem ćwiczyłyśmy z Elisabeth. Obiad zjadłam u niej. To wszystko. A teraz przepraszam na chwilę. Jestem zmęczona, a Marta przygotowała mi kąpiel. Za kilka chwil będę z powrotem.

Sophie dopiła kawę i wyszła z salonu. Mock wyjrzał do przedpokoju i zobaczył, jak zamyka za sobą drzwi łazienki. Podszedł szybko do telefonu i wykręcił numer Smolorza. Rzucił do słuchawki krótką komendę.

Sophie siedziała nago na brzegu wanny i zastanawiała się, do kogo Eberhard dzwoni. Woda barwiła się na różowo pod wpływem różanych soli Hagera, dzięki którym - jak zachwalali domokrążcy - „zmniejsza się ból i znika zmęczenie". Sophie nie zmywała makijażu. Wiedziała, że jej mąż lubi, gdy kobieta jest umalowana - zwłaszcza w alkowie. Opuszkami palców już czuła świeżą sztywną pościel i bliskość Eberharda. Zanurzyła się w wannie do połowy napełnionej wodą i z przyjemnością przyglądała się

38

kafelkom, na których wesoły wędrowiec dokądś zmierzał, dźwigając na kiju niewielki tobołek. Nagle zagryzła wargi. Sole kąpielowe uwolniły lekki ból w podbrzuszu i wspomnienia dzisiejszego przedpołudnia.

– To była tylko zemsta – szepnęła do wędrowca. – Gdybym się nie zemściła, nie mogłabym mu wybaczyć. A tak zaczynamy dziś od nowa. Co noc będziemy razem.

Argos się rozszczekał. Sophie usłyszała szmer krzątaniny w przedpokoju, jakiś znajomy męski głos, a potem trzaśnięcie drzwiami. Drżąc ze zdenerwowania, wyszła z wanny.

– Marto, kto to przyszedł? – zawołała przez drzwi.

– Pan wyszedł z wachmistrzem kryminalnym Smolorzem – odkrzyknęła służąca. Sophie ze złością zmyła makijaż.


*Wrocław, poniedziałek 28 listopada,
godzina siódma wieczorem*

Mock i Smolorz siedzieli w adlerze zaparkowanym na Rehdigerplatz, pod domem Mocka. Szyby i dach samochodu szybko pokrywały się dywanem śniegu. Mock milczał z powodu zalewającej go zazdrości, Smolorz – zgodnie ze swą naturą.

– Czego się dowiedzieliście? – zapytał w końcu Mock.

– Stróż był pijany. Nie znał Gelfrerta. Gelfrert był nazistą...

– Nie mówię o Gelfrercie – Mock rozjarzył mocno końcówkę papierosa. – Mówię o kościele.

– Nikt nie przynosił dziś kwiatów do kościoła.

Mock przyjrzał się oknom swojej sypialni, w których właśnie przed chwilą zgasło światło.

39

– Smolorz, dostajesz nową sprawę – w chwilach wzburzenia Mock mówił do swojego podwładnego na „ty".
– Chcę wiedzieć wszystko o niejakim baronie von Hagenstahlu z Eichenallee. Zostawiasz sprawę Gelfrerta. Ja sam się nią zajmę. Poza tym nie odstąpisz na krok mojej żony. Nie musisz się specjalnie kryć. Ona zna ciebie tylko z nazwiska i z głosu. Codziennie wieczorem o ósmej raport, w knajpie Grajecka na Gräbschenerstrasse. – Mock zapalił nowego papierosa. – Posłuchaj, Smolorz, moja żona powiedziała mi dziś, że o mięcie czytała u Galena. W mojej bibliotece. Owszem, mam Galena w wydaniu Kühna. Wydanie dwujęzyczne, grecko-łacińskie. A moja żona nie zna ani jednego z tych języków.

Smolorz patrzył osłupiały na swojego szefa, nie rozumiejąc, o czym on mówi. Nie zadał jednak żadnego pytania.

I za to Mock najbardziej go cenił.


*Wrocław, wtorek 29 listopada, godzina siódma rano*

Mock przełknął ślinę i po raz pierwszy od wielu dni nie poczuł palenia w przełyku i poalkoholowych protestów żołądka. Jedynie lekkie pragnienie przypominało mu, że nie wszystkie spożyte wczoraj płyny były równie niewinne jak wypijane właśnie świeże mleko, które jeszcze oddawało bezpieczne krowie ciepło. Odstawił kubek, wyszedł z jadalni do przedpokoju i stanął przed dużym lustrem. Kolońska mgiełka, którą rozpylił za pomocą gumowej gruszki, osiadła na jego policzkach. Wtedy uchyliły się drzwi do sypialni i Mock dostrzegł na klamce długie palce Sophie. Przestał rozcierać po twarzy korzennie pachnący kosmetyk, szybkim ruchem chwycił za klamkę, nie dopuszczając do ponownego zamknięcia drzwi. Sophie nie próbowała się z nim szamotać. Usiadła przed masywną toaletką z dwuskrzydłowym lustrem i usiłowała – z lekkim sykiem zniecierpliwienia – rozczesać kościanym grzebieniem poranne sploty włosów. Jasne kosmyki opadały ukośnie na jej twarz, zakrywając podsiniałe oko.

– Myślisz, że codziennie będę spał w swoim gabinecie? – zapytał podniesionym głosem. – Że codziennie będziesz się po prostu zamykała przede mną w sypialni?

Sophie nawet na niego nie spojrzała. Mock opanował się i chrząknął, wiedząc, że w ten sposób przywróci swojemu głosowi ten tembr, który jego żona lubiła: miękki, lecz zdecydowany, przyjazny, lecz nie sentymentalny.

– Musiałem wyjść na chwilę. Smolorz miał do mnie ważną sprawę.

Zdawało mu się, że dostrzegł cień zainteresowania w lekko podkrążonych z niewyspania oczach Sophie. Podszedł do niej i oparł delikatnie dłonie na jej ramionach, nie mogąc się nadziwić – po raz nie wiadomo który – ich kruchości. Sophie otrząsnęła się gwałtownie, a Mock splótł ręce na brzuchu.

– Wiem, wiem... Przebaczyłaś mi. Byłaś wspaniałomyślna. Nie powinienem był nigdzie wychodzić. Ani na chwilę. Powinienem był każdą minutę tego wieczoru spędzić z tobą. A potem miała być pierwsza z szeregu nocy, naszych nocy, kiedy nastąpi poczęcie. A tu wyszedłem. Na krótko. Taką mam pracę.

W przedpokoju zadzwonił telefon.

– Teraz też pewnie dzwonią do mnie – Mock spojrzał lękliwie w półprzymknięte oczy żony. – Jakieś wezwanie, może trup...

Sophie usłyszała oddalające się kroki męża i jego głos dochodzący z przedpokoju:

– Tak rozumiem, Taschenstrasse 23–24, mieszkanie na trzecim piętrze.

Trzask słuchawki, kroki, znów ręce na ramionach, gładko wygolony, nieco wilgotny policzek przy jej policzku.

– Porozmawiamy wieczorem – szepnął. – Teraz jadę. Jestem potrzebny.

– Mnie nie jesteś potrzebny. Jedź – Sophie udowodniła, że wciąż jest obdarzona zdolnością wydawania głosu. Podeszła do okna i przyglądała się fruwającym płatkom śniegu. Mocka rozbolała głowa. Zaczął powoli rozmyślać nad ilością wypitego wczoraj alkoholu. Było tego stanowczo za mało jak na gwałtowny atak kaca, który go ogarniał. Policzki płonęły, w skroniach miarowo stukały małe wahadła.

– Ty wywłoko – chciał, by zabrzmiało to beznamiętnie.

– Prowokujesz mnie? Lubisz, jak ci się przywali w gębę, co?

Sophie dalej podziwiała lekki taniec płatków śniegu.

*Wrocław, wtorek 29 listopada,*
*godzina wpół do ósmej rano*

Mock jeszcze nigdy nie widział poćwiartowanego człowieka. Nie zdawał sobie sprawy, że mięśnie szyi tak ciasno ściskają z trzech stron sztywną i podzieloną na segmenty rurkę krtani, że w ludzkich stawach zawarty jest żółtawy lepki płyn, że rozpiłowana kość wydziela przeraźliwą woń. Nie widział dotąd odciętych palców pływających w wypełnionej krwią balii, otwartej na oścież klatki żeber, mięsa łydek, które odskrobano od goleni, ani potrzaskanych głowic kolana, w które wepchnięto stalowy przecinak. Mock jeszcze nigdy nie widział poćwiartowanego człowieka. Teraz zobaczył.

Zobaczył też mnóstwo zakrzepłych strug krwi, które pokrywały ściany, wilgotne deski podłogi, wystający spod łóżka nocnik, skłębioną, brudną pościel, pokryte sadzą krzesła i zatłuszczony piec kuchenny. Nie uszedł jego uwagi leżący na stole kieszonkowy kalendarzyk Liebesa, w którym na dacie 17 listopada krzyżowały się dwie smugi krwi. Nie mógł nie zauważyć poszarzałej twarzy Ehlersa oraz zarumienionych policzków swojego szefa, dyrektora kryminalnego Heinricha Mühlhausa.

Dobrotliwe zwykle oblicze tego ostatniego wykrzywione było tym razem szyderczym uśmieszkiem, który – jak wiedział Mock – był zwiastunem najwyższego wzburzenia. Mühlhaus nacisnął na czoło sztywny melonik i ruchem głowy nakazał Ehlersowi opuścić pokój. Kiedy fotograf uwolnił przełożonych od widoku swej zbolałej twarzy, Mühlhaus utkwił wzrok w klatce piersiowej Mocka. To unikanie wzroku Mocka nie wróżyło niczego dobrego.

– Makabryczne morderstwo, prawda, Mock? – zapytał cichym głosem.

– Istotnie, *Herr Kriminaldirektor.*

– Nie dziwi pana moja obecność, Mock?

– Istotnie, dziwi mnie, *Herr Kriminaldirektor.*

– A nie powinna pana dziwić – Mühlhaus wyjął z kieszeni fajkę i zaczął ją nabijać. Mock również zapalił. Intensywny smak mocnych papierosów „Bergmann Privat" stłumił fetor porąbanych członków. – Musiałem przyjechać, Mock – kontynuował Mühlhaus – bo nie widzę tu pańskich ludzi. Nie ma tu ani Smolorza, ani Meinerera. Przecież ktoś oprócz pana musi być na miejscu tak strasznej zbrodni. Ktoś musi panu pomóc w wypełnianiu obowiązków. Zwłaszcza kiedy jest pan na kacu.

Mühlhaus wypuścił gęstą bombę dymu i podszedł do Mocka, mijając ostrożnie balię z pływającymi w niej palcami, których paznokcie zaszły brudną galaretą krwi. Stał tak blisko Mocka, że ten poczuł żar bijący z jego fajki, przymkniętej metalowym wieczkiem.

43

- Od wielu dni pan pije, Mock - ciągnął beznamiętnym tonem Mühlhaus. - Podejmuje pan osobliwe decyzje. Pańscy ludzie zostali odkomenderowani na pański rozkaz do innych spraw. Jakich spraw? Może ważniejszych od dwu makabrycznych mordów? - Mühlhaus próbował energicznymi pociągnięciami na nowo rozżarzyć gasnący tytoń.

- Co jest teraz ważniejsze od zamurowanego muzyka Gelfrerta i porąbanego na kawałki bezrobotnego czeladnika ślusarskiego Honnefeldera?

Mock otworzył usta w niemym zdziwieniu, wywołując złośliwe rozbawienie na twarzy Mühlhausa.

- Tak. Zrobiłem wywiad. Wiem, kim był denat - Mühlhaus ssał wygasłą fajkę. - Ktoś musiał to zrobić. Dlaczego nie szef Wydziału Kryminalnego?

- *Herr Kriminaldirektor...*

- Milczeć, Mock! - krzyknął Mühlhaus. - Milczeć! Dyżurny, który dziś rano odebrał meldunek o zabójstwie, nie mógł znaleźć ani Smolorza, ani Meinerera. Dobrze, że znalazł skacowanego radcę Eberharda Mocka. Proszę mnie posłuchać, Mock. Nie interesują mnie pańskie prywatne śledztwa. Ma pan wykryć sprawców tych dwóch zbrodni. Tego chce to miasto, tego chcą również pańscy i moi przyjaciele. Jeżeli jeszcze raz się dowiem, że pan, zamiast pracować, idzie na piwo, spotkam się z ludźmi o niewzruszonych zasadach moralnych, którym zawdzięcza pan awans, i opowiem im pewną historię o bijącym żonę alkoholiku. Jak pan widzi - dodał spokojnym tonem - wiem wszystko.

Mock zadeptał dokładnie niedopałek i pomyślał o masonach z loży „Horus", którzy pomogli mu w karierze, pomyślał też o podwładnym Meinererze, który - czując się niedoceniony - wyżalał się przed Mühlhausem; także o wiernym Smolorzu, który krył się teraz w jakiejś dorożce i wbijał załzawione od wiatru oczy w bramę kamienicy

44

na Rehdigerplatz, oraz o młodym malarzu Jakobie Mühl-
hausie, który - wyrzucony z domu przez nieskazitelnego
moralnie ojca - szukał szczęścia w jednopłciowym, artystycznym towarzystwie.

- Jeśli pan wie wszystko, *Herr Kriminaldirektor* - Mock
postukał kolejnym papierosem w denko papierośnicy - to
chętnie dowiem się czegoś o czeladniku ślusarskim Honnefelderze, zanim spotkał na swej drodze rozżalonego
i sfrustrowanego drwala.

- Ten drwal - Mühlhaus uśmiechnął się kwaśno - sądząc po zamiłowaniu do kalendarzy, musi być także
niezłym murarzem.

*Wrocław, wtorek 29 listopada, godzina dziesiąta rano*

Zrobiło się cieplej i roztopiony śnieg zaczął płynąć uli-
cami. Brudne płaty zsuwały się po budzie dorożki, do której wsiadły Sophie i Elisabeth Pflüger. Obie kobiety ubrane
były w futra, a twarze skrywały za woalkami.

- Proszę jechać na Menzelstrasse 49 - Elisabeth poleciła
woźnicy, po czym odwróciła się do Sophie. - Nie masz
dziś ochoty na powtórkę?

Sophie milczała, wsłuchując się w ponure dźwięki
*III Symfonii* Mahlera, która rozbrzmiewała w jej głowie.
Ocknęła się po kilku chwilach, gdy Elisabeth przytuliła się
do niej.

- Och, proszę, tylko nie dzisiaj - Sophie, wyraźnie roz-
strojona, myślami była przy mężu. - Wiesz, co ten cham
powiedział mi rano? Że specjalnie go prowokuję, by
oberwać po gębie. Że muszę to lubić! On mnie uważa za
zboczoną!

- A czy nie ma trochę racji? - Elisabeth położyła głowę
na ramieniu Sophie i obserwowała mokre grudy śniegu

spadające z rozłożystych kasztanów przy szkole na Yorck-strasse. – Czy nie jesteś małą zboczulą?

– Przestań – Sophie odsunęła się zdecydowanie od przyjaciółki. – Jak on śmie mnie tak traktować? To codzienne obcowanie z trupami powoduje u niego jakieś aberracje. Jednego dnia mnie bije, drugiego błaga o wybaczenie, a kiedy mu wybaczam, zostawia mnie wieczorem samotną, by trzeciego dnia znów żebrać o przebaczenie, a kiedy już chcę mu wybaczyć, ubliża mi ordynarnie. Co ja mam zrobić z tym prostakiem?

– Zemścić się – powiedziała słodko Elisabeth, obserwując zgrzytający tramwaj na Gabitzstrasse. – Przecież sama stwierdziłaś, że to ci pomaga i że potrafisz dzięki temu łatwiej znosić doznane od niego upokorzenia. Zemsta jest rozkoszą bogiń.

– Tak, ale on mnie upokarza każdego dnia – Sophie patrzyła na biedaka, który ciągnął do miejskiego składu kamieni na Menzelstrasse dwudyszlowy wózek. – Mam się na nim mścić codziennie? Wtedy zemsta stanie się rutyną.

– No to musisz mścić się coraz mocniej, coraz dotkliwiej.

– Ale on może mi nawet to odebrać. Wczoraj stał się bardzo podejrzliwy, kiedy nieopatrznie wspomniałam coś o naparze z mięty.

– Jeżeli on odbierze ci możliwość zemsty – powiedziała poważnie Elisabeth, stukając lekko parasolką w ramię fiakra. Dorożka zatrzymała się przed domem Elisabeth – to pozostaniesz sama ze swoim upokorzeniem. Zupełnie sama.

Sophie rozpłakała się. Elisabeth pomogła przyjaciółce wysiąść z dorożki i objęła ją w talii. Wchodząc do bramy, napotkały przyjazne i pełne troski spojrzenie stróża Hansa Gurwitscha.

46

Pięć minut później tym samym spojrzeniem dozorca obdarzył krępego rudowłosego mężczyznę, który za pomocą dziesięciomarkowego banknotu usiłował wydobyć od niego informacje na temat panny Elisabeth Pflüger i towarzystwa, w jakim się obracała.

*Wrocław, wtorek 29 listopada,*
*godzina druga po południu*

W „Piwnicy Biskupiej" przy Bischofstrasse panował ożywiony ruch. Pierwszą salę wypełniali brzuchaci właściciele składów, którzy z apetytem połykali ogromne kluski ozdobione twardymi, podsmażonymi skwarkami. Zanim siedzący nieopodal Mock zdążył się zastanowić, czy te kluski były daniem głównym, czy tylko dodatkiem, grzeczny kelner Max, stukając obcasami, przygładził wypomadowanego wąsa i zmiótł sztywno nakrochmaloną białą chustą niewidzialne pozostałości po biesiadzie innych kupców, którzy przed chwilą – zagryzając pulchne ciasto twardymi skwarkami – poddawali ciężkiej próbie swój układ trawienny. Mock postanowił również zaryzykować i – z wyraźną aprobatą Maksa – zamówił owe kluski do pieczeni wieprzowej i białej kapusty na gęsto. Kelner bez pytania postawił przed radcą kryminalnym kufel piwa świdnickiego, stopkę czystej wódki i galaretkę z kurczaka ozdobioną wianuszkiem grzybków w occie. Mock nabił na widelec trzęsącą się żelatynową kostkę i rozgryzł chrupiącą skórkę bułki. Mdłe mięso kurczaka zostało doprawione odrobiną octu spływającego z kapelusza borowika. Następnie przechylił kufel i z prawdziwą przyjemnością spłukał uporczywy posmak nikotyny. Wierny maksymie *primum edere deinde philosophari** nie myślał ani o Sophie, ani o śledztwie

---

* Najpierw jeść, potem – filozofować.

i zabrał się do oblanych sosem klusek oraz do grubych plastrów pieczeni.

Po chwili Mock siedział, paląc papierosa, z pustym kieliszkiem i z mokrym kuflem, po którego ściankach spływała piana. Sięgnął po stojak z serwetkami. Wytarł usta, z wewnętrznej kieszeni marynarki wyjął notes i zaczął go wypełniać nerwowym ukośnym pismem.

„Dwie makabryczne zbrodnie. Jeden morderca?" – napisał. W myślach odpowiedział twierdząco na to pytanie. Podstawowym argumentem przemawiającym za tą hipotezą nie było wcale okrucieństwo obu zbrodni ani zwyrodniała ekstrawagancja mordercy, lecz przywiązanie do datacji, chęć zaznaczenia dnia zbrodni w kalendarzu, próba zapisania swego czynu w historii. Jak poinformował Mocka szef magazynu dowodów rzeczowych, specjalista od naukowej kryminalistyki, doktor Fritz Berger, kartka z kalendarza z dnia 12 września 1927 roku, znaleziona przy Gelfrercie, została wydarta ze ściennego kalendarza ofiary. Doktor Lasarius stwierdził, że mogła być to data śmierci Gelfrerta. Dzisiaj w pokoju dwudziestodwuletniego bezrobotnego ślusarza, Bertholda Honnefeldera, leżał kieszonkowy kalendarzyk, w którym morderca zakreślił krwią ofiary datę 17 listopada. Doktor Lasarius nie miał najmniejszej wątpliwości, że wtedy nastąpił zgon Honnefeldera. „Oto znaleziono dwóch sadystycznie zamordowanych ludzi – tłumaczył Mock w myślach potencjalnemu adwersarzowi. – Przy jednym i drugim odkryto zaznaczoną w kalendarzu datę śmierci. Jeżeli przy dwóch podobnie wymyślnych mordach ktoś zostawia różę, kartkę z Biblii lub z kalendarza, to sprawcą obu jest ten sam człowiek".

Mock z wdzięcznością przyjął od Maksa szarlotkę, kawę i kieliszek likieru kakaowego. Po wstępnych raportach i ustaleniach było jasne, że nic nie łączyło zamurowanego alkoholika i wirtuoza waltorni, zwolennika brunatnych koszul, historyka amatora z porąbanym na kawałki abstynentem i działaczem partii komunistycznej. Jedynie wyraźna i skwapliwie odnotowana przez mordercę data śmierci. „Morderca chce nam powiedzieć: «Zabiłem go dokładnie tego dnia. Ani wcześniej, ani później. Tylko wtedy» – myślał Mock, połykając delikatny jabłecznik przykryty pierzynką bitej śmietany. – Przyjmijmy zatem: człowiek jest przypadkowy, nieprzypadkowa jest tylko data jego śmierci. Pytanie: dlaczego jest nieprzypadkowa? Dlaczego w jedne dni morderca zabija, a w inne nie? Może po prostu czeka na sprzyjającą okazję: kiedy na przykład można przenieść związanego człowieka w miejsce kaźni – obok pijanego dozorcy. I wtedy triumfalnie zostawia kartkę, jakby chciał powiedzieć: «Dziś jest wielki dzień. Dziś mi się udało». Ale przecież – na dobrą sprawę – okazja trafia się na każdym kroku. Codziennie można kogoś zabić, przylepić mu na czole kartkę z kalendarza i gdzieś zamurować lub porąbać. Jeżeli ta okazja nie jest czymś niezwykłym, to czy warto dumnie oznajmiać światu, kiedy ona nastąpiła?"

Mock starannie zapisał w notesie przemyślenia i zorientował się, że znalazł się w punkcie wyjścia. Nie był jednak przygnębiony. Wiedział, że oczyścił pole poszukiwań i jest gotów do prowadzenia śledztwa. Poczuł podniecenie łowcy, który w czystym rześkim powietrzu ładuje dubeltówkę i przypina pas z nabojami. „Mylił się stary Mühlhaus – pomyślał. – Tu nie potrzeba wielu ludzi. Niech Smolorz i Meinerer dalej prowadzą zlecone przeze mnie sprawy".

Ta myśl go tak ucieszyła, że – po słodkim likierze – zamówił kieliszek wytrawnego czerwonego wina. Jednak Maks, zamiast trunku, podał mu do stołu aparat telefoniczny. W słuchawce zachrzęścił głos radcy Herberta Domagalli z Wydziału Obyczajowego:

– Eberhardzie, przychodź natychmiast do „czekoladowni". Jest Ebner, Völlinger i ja. Zagramy kilka roberków.

Mock skonstatował, że do punktu wyjścia może równie dobrze wrócić jutro, i postanowił wypić wytrawne wino w sklepie czekoladowym Schaala.

*Wrocław, wtorek 29 listopada,*
*godzina druga po południu*

Zimowe słońce zalewało biały salon. Ściany pyszniły się pomalowaną na biało boazerią, meble błyszczały białym lakierem i kusiły miękkością białej tapicerki, a szklistobiały fortepian unosił wytwornie swe skrzydło. Biel salonu łamały kremowe gobeliny na ścianach i nienaturalne rumieńce na policzkach Sophie, która uderzała namiętnie w klawisze, zamieniając fortepian w instrument perkusyjny. Skrzypce Elisabeth łkały i piszczały, chcąc – nadaremnie – przebić się przez *crescendo* fortepianu. Szarpana przez wiatr bezlistna gałąź klonu wtórowała mu, uderzając w okno, z którego spływały żałosne resztki śniegu. Spływały one również po źle wytartych butach stróża Gurwitscha, który – po otwarciu swoim kluczem drzwi wejściowych – bezceremonialnie, bez pukania, otworzył drzwi do salonu. Kobiety z ulgą przerwały grę i zaczęły rozcierać zmarznięte nieco palce. Mała, brudna węglarka potoczyła się na kółkach po białym parkiecie. Dozorca otworzył drzwiczki pieca i sypnął weń hojnie kilka szufelek węgla. Potem wyprostował się jak struna i spojrzał wyczekująco na Elisabeth, którą błotniste zacieki pozostawione na podłodze przez jego buciory przyprawiły nieomal o ból głowy. Skrzypaczka sięgnęła po pugilares, wręczyła Gurwitschowi pół marki i uprzejmie mu podziękowała. Obdarowany najwyraźniej nie zamierzał wyjść.

– Ja wiem, panno Pflüger – uśmiechnęła się szczerze najważniejsza persona w kamienicy – że pół marki starczy za przyniesienie węgla. Zawsze tyle dostaję – wyjaśnił zamyślonej Sophie – gdy panna Pflüger daje wolne służbie. Ale dzisiej – spojrzał znów na Elisabeth – należy mi się więcej.

– A dlaczegóż to, mój dobry człowieku? – Sophie, zirytowana tym przekomarzaniem, wstała od fortepianu.

– Bo dzisiej... – Gurwitsch podkręcił sumiastego wąsa i spojrzał lubieżnie na przyjaciółkę panny Pflüger. – Bo dzisiej mogłem powiedzieć wiele prawdy o pannie Pflüger, a nagadałem samych łgarstw.

– Jak macie czelność! – afektowany ton Sophie nie wywarł najmniejszego wpływu na zachowanie Elisabeth, która szybko zapytała:

– Nałgaliście? Komu? Kto o mnie pytał?

Gurwitsch złożył ręce na wydatnym brzuchu i robił młynka kciukami. Mrugał przy tym porozumiewawczo do Sophie, którą jego impertynencja powoli wyprowadzała z równowagi. Elisabeth znów sięgnęła po pugilares i Gurwitschowi wróciła chęć do dalszej rozmowy.

– Pytał tajniak, który dziś rano przyjechał za paniami.

– I co mu powiedzieliście? – dopytywała się Elisabeth.

– Pytał, kto odwiedza pannę Pflüger, czy przychodzą do niej mężczyźni, czy nocują u niej, czy panna Pflüger pije, czy wącha śnieg, w jakim stanie i o której wraca do domu. Pytał też o drugą panią. Czy często przychodzi do panny Pflüger i czy są z nią jacyś mężczyźni – stróż uśmiechnął się do banknotu pięciomarkowego, z którego palce Elisabeth zrobiły wąską rurkę. – I powiedziałem, że panna Pflüger jest niezwykle obyczajną panną, którą czasami odwiedza mama.

Gurwitsch wyciągnął rękę po pieniądze, nie mogąc się nadziwić własnej przenikliwości i inteligencji, dzięki której zarobił na tygodniowy karnet w jadłodajni.

- Poczekaj - Sophie wyjęła z dłoni przyjaciółki zrolowany banknot. - Skąd wiemy, że to wszystko nie jest kłamstwem, że nasz dobry człowiek kogokolwiek spotkał, a jeśli to prawda i był indagowany przez policjanta, to skąd wiemy, że opowiedział mu właśnie to, a nie coś zupełnie innego?

- Nie kłamię, paniusiu - Gurwitsch podniósł głos. - Znam tego szpicla. On mnie kiedyś zamknął na komisariacie, chociaż nie byłem zbytnio wypity. Znam go. Nazywa się Bednorz czy Ceglorz. Tak do niego mówiły inne gliny.

- Może Smolorz? - Sophie nagle pobladła, tracąc tym samym wiele w oczach stróża, któremu podobały się duże, rumiane kobiety.

- A jużci, Smolorz, Smolorz - dozorca szybko schował pieniądze do kieszeni drelichowych spodni.


*Wrocław, wtorek 29 listopada,*
*godzina wpół do czwartej po południu*

W sklepie z czekoladą Schaala, znajdującym się w narożnej kamieniczce kwartału domów w centrum Rynku, siedzieli trzej mężczyźni. Zajmowali duży stół pod oknem, gdzie zazwyczaj klienci sklepu zaraz po kupieniu słodkości dawali upust swojemu łakomstwu. W ten sposób postępowali Mock *et consortes* - zajadali słodycze, popijali je kawą i palili nader obficie. Schaal gratulował sobie tak znamienitych gości i kiedy jeden z nich skrytykował brak w najbliższej okolicy jakiegokolwiek klubu skatowego, sam zaproponował, by zagrali u niego. Karciarze przyjęli tę propozycję z radością i od tego czasu grali w brydża lub skata przy czekoladzie i likierze, a właściciel sklepu zacierał ręce. Tak było i teraz. Szef „obyczajówki", czyli Wydziału II Prezydium Policji, dawny kolega Mocka, radca Herbert

Domagalla zginał i odginał karty, posłusznie sypiące się pod jego dłońmi w regularną kupkę. Komisarz Klaus Ebner, funkcjonariusz sipo, przerzucał karty z ręki do ręki, tworząc z nich wachlarz. Jedynie Helmut Völlinger, astrolog i jasnowidz, z którego wielu podrwiwało, lecz z którego niezwykłych umiejętności korzystali niemal wszyscy policjanci, nie tasował ani nie ugniatał kart. Jego dłonie zajęte były obracaniem dużego kieliszka wina dokoła własnej osi, a oczy utkwione były w okno wychodzące na zachodnią pierzeję Rynku.

Mock przywitał się z kolegami wylewnie i – powiesiwszy płaszcz i kapelusz na nowoczesnym wieszaku – usiadł przy zielonym stoliku. Za chwilę stał przed nim kieliszek likieru orzechowego i leżało trzynaście kart odliczonych wprawną ręką Völlingera, który w pierwszym robrze był jego partnerem.

– Jedno pik – zaczął Völlinger. Ebner, siedzący po prawej ręce Mocka, grzecznie spasował, Mock zaś, widząc czterokart pikowy z mariażem oraz trzeciego asa z waletem kier, podniósł kolor partnera do wysokości czterech. Pas Domagalli zakończył licytację. Domagalla zawistował w atu. Mock szybko ściągnął atuty, zaimpasował damę kier „pod siebie" i pokazał przeciwnikom karty.

– W nagrodę za dobry kierunek impasu otrzymuje pan żądaną przez siebie ekspertyzę – Völlinger podsunął w stronę Mocka ciemnoniebieską kopertę ozdobioną pieczęcią „H. Völlinger. Usługi i porady astrologiczne".

– Dziękuję – uśmiechnął się Mock – za pochwałę i za ekspertyzę.

Völlinger nie zareagował. Z niepokojem wyglądał za okno i bębnił palcami po zielonym aksamitnym obiciu stołu. Mock schował kopertę do teczki obok materiałów dowodowych obu zbrodni i kartonowego skoroszytu z raportami swoich podwładnych. Ebner rozdał szybko karty. Po chwili musiał powtórzyć czynność, ponieważ Völlinger pomylił się i wziął, jako swoje, dwie karty Domagalli.

Obiegły trzy pasy.

– Dwa bez atu – otworzył Völlinger. Rozległ się szmer niekłamanego podziwu.

– Dawno nie miałem karty na taką odzywkę. Na takie *dictum* pozostaje mi tylko „pas" – westchnął Ebner.

Mock przyjrzał się uważnie swoim trzem trzecim królom i czwartemu waletowi pik.

– Szlemik bezatutowy – zamknął licytację, słysząc po lewej stronie gromką kontrę. Po dwóch pasach odwinął rekontrą, a po trzech kolejnych wyłożył karty na stół.

Domagalla zawistował królem pik i ta figura wzięła lewę. „Dlaczego nie zabił – pomyślał Mock. – Czyżby nie miał asa?" Domagalla walnął z całej siły asem pik. Po wzięciu kładącej lewy niedbale rzucił damę tego koloru. Mock zamknął oczy i nie otworzył ich do końca rozgrywki.

– Bez czterech – podsumował Ebner. – Dlaczego, na miłość boską, nie impasował pan damy karo, tylko grał pan z góry?

Völlinger jeszcze raz spojrzał w okno.

– Przepraszam pana, Mock – powiedział cicho. – Nie powinienem grać w tym miejscu.

– Dlaczego? – ironizował Domagalla. – Czyżby tędy przechodziły kosmiczne fluidy?

– Jest pan ignorantem w tych sprawach, Domagalla. Niechże pan zatem nie zabiera głosu.

– Możemy zamienić się miejscami i my będziemy grać na krótkim stole – zaproponował Ebner.

– Nie chodzi o miejsce przy stole. Chodzi o ten sklep.

– Co też pan opowiada, Völlinger – Domagalla zaczął tasować karty. – Przecież nieraz graliśmy u Schaala.

– Ale najczęściej na zapleczu – Völlinger rozerwał sztywny, zaokrąglony kołnierzyk i poluzował krawat.

– Jestem dziś pańskim partnerem, Völlinger – Mock zapalił hawańskie cygaro. – Nie mam zamiaru przegrać masy pieniędzy tylko dlatego, że pan jest niedysponowany. Ma pan kaca czy co? Herbercie – zwrócił się do Domagalli – ty mnie tutaj zaprosiłeś. Może wpadłeś na genialny pomysł – tu zaczął naśladować jego falset – damy Mockowi niedysponowanego partnera, a potem w trzech podzielimy się pieniędzmi. Tak? Chcieliście zagrać „na jelenia", a tym jeleniem miał być dzisiaj Mock? – zajrzał pod stół. – Może tam zostawiłem swoje rogi?

Ebner i Domagalla wybuchnęli śmiechem, natomiast Völlingerowi daleko było do wesołości kolegów.

– To poważne oskarżenie – wysyczał. – Mock, czy pan mnie oskarża o oszustwo?

– Proszę się uspokoić, drogi panie Völlinger – Mock odkręcił w swoją stronę umocowaną pod blatem popielniczkę. – To dopiero drugie rozdanie. Przejęzyczył się pan. Powinien pan otworzyć „jedno bez atu", nie „dwa".

– Jeżeli będziemy dalej tu grali, będę popełniał jeszcze gorsze błędy. Ponieważ oskarża mnie pan, choćby w żartach, winien jestem panu wyjaśnienie. To przez ten dom naprzeciwko. Kiedyś tu graliśmy, to prawda, ale na zapleczu. Stamtąd nie widziałem tego domu.

Mock spojrzał przez okno i poczuł dziwne ukłucie w przeponie. Przez deszcz obmywający szybę zobaczył kamienicę „Pod Gryfami". Przy stole zapadła cisza. Żaden z partnerów Völlingera nie lekceważył w głębi duszy jego przeczuć i transów. To dzięki nim bardzo często doprowadzali śledztwo do szczęśliwego końca.

– Völlinger, bardzo pana proszę, niech pan coś bliżej mi opowie o tym domu i o pańskich związanych z nim niepokojach – Mock pobladł wyraźnie. – Prowadzę sprawę o morderstwo, którego dokonano na tyłach tego domu.

- Czytałem o tym w gazecie - Völlinger wstał od stolika.
- Wybaczcie mi, panowie, ale nie mogę tu zostać ani chwili dłużej.

Völlinger ukłonił się i wyszedł do szatni.

- Trudno - Domagalla po przedpołudniowej wizycie u pewnej młodej damy, która w archiwum kierowanego przez niego wydziału miała pokaźną kartotekę, był wyjątkowo wyrozumiały. - Zaraz znajdziemy czwartego.

- Będziecie musieli znaleźć trzeciego i czwartego - powiedział Mock i rzucił się za Völlingerem, odprowadzany złorzeczeniami Ebnera.

Astrologa już nie było w sklepie. Mock otworzył pugilares, wcisnął jakąś monetę w dłoń Schaala, przyjął od niego płaszcz i kapelusz i wybiegł na ulicę. Porywisty wiatr chlusnął ostrymi szpilkami deszczu. Radca kryminalny rozłożył parasol, lecz niedługo cieszył się tą osłoną. Wiatr szarpnął parasolem i wykręcił go na drugą stronę, wyginając druciane żebra. Jakiś mężczyzna w jasnym płaszczu borykał się z podobnym problemem. Był to Völlinger. Mock podbiegł do niego.

- Koniecznie muszę z panem porozmawiać - Mock starał się przekrzyczeć zakręcający na rogu tramwaj. - Wejdźmy gdzieś, gdzie nie będzie pan widział tego przeklętego domu. Tu jest mała knajpa - wskazał ręką na zadaszone łukowatym sklepieniem przejście do Stockgasse.

Uciekając przed wiatrem, który szalał w wąskich uliczkach koło ratusza, weszli do knajpy na Stockgasse 10 pod szyldem „Petruske Gastwirt". Lokal wypełniony był po brzegi burszami, furmanami, złodziejami i jakimiś rzezimieszkami, którzy szybko pierzchnęli na widok Mocka. Dla radcy było w tej chwili istotne nie to, skąd oni mogli go znać, lecz to, że zwolnili jeden stolik. Wraz z Völlingerem zajął przy nim miejsce i kiwnął na ponurego kelnera, który swoją pracę uważał najwidoczniej za dopust boży. Ponurak postawił przed nimi dwie dymiące szklanice grzanego wina i udał się z powrotem za bar, wbijając udręczony wzrok w wielki słój wypełniony mętną zawiesiną, w której pływały śledzie, cebula i inne trudne do zidentyfikowania zakąski.

– Drogi panie Mock – Völlinger z widoczną przyjemnością pociągnął goździkowy specjał. – Dałem panu ekspertyzę astrologiczną. Po analizie kosmogramu pana i pańskiej żony wyznaczyłem kilka dat możliwego poczęcia państwa potomka. Pierwsza z nich jest za kilka dni.

– Bardzo panu dziękuję – powiedział Mock. – Ale wróćmy do brydża i kamienicy „Pod Gryfami"...

– Zapewniam pana, że nigdy bym pana... – Völlinger nie mógł wydusić słowa „oszukać". – Nie śmiałbym...

– Niech pan przestanie – przerwał mu Mock. – I opowie mi o pańskich lękach przed kamienicą „Pod Gryfami".

– Pierwszy raz zobaczyłem ją na fotografii – Völlinger przesunął wzrokiem po wiszących na ścianie obrazkach, których treść była równie oczywista jak zawartość słoja. – Zdałem maturę i wybierałem się na studia medyczne do Wrocławia. Ponieważ nigdy jeszcze nie byłem w tym mieście, chciałem się czegoś bliżej o nim dowiedzieć. W sklepie w Lubaniu obejrzałem fotograficzny album *Stare Miasto we Wrocławiu*. Kiedy zobaczyłem kamienicę „Pod Gryfami", poczułem przypływ panicznego strachu i zamknąłem album. Wtedy przeżyłem *déjà vu* i uświadomiłem sobie, że ten dom widziałem często w koszmarnym śnie. Śniło mi się często, że uciekałem przed kimś do góry wielką klatką schodową, a kiedy wydostawałem się na zewnątrz, na dach, patrzyłem w dół, widziałem wizerunki wielkich, białych ptaków i doznawałem zawrotu głowy. Nie spadałem w dół, lecz ten zawrót głowy zamieniał się w ból czaszki, który mnie wtedy zwykle budził. Toteż kiedy zobaczyłem tę fotografię, poczułem strach tak przenikliwy, że porzuciłem nawet myśl o podjęciu nauki w tym mieście. Jak pan wie, studiowałem w Lipsku i w Berlinie. Ostatnie dwa semestry spędziłem jednak we Wrocławiu, ponieważ stąd miałem najbliżej do Lubania, gdzie w okropnych mękach dokonywał swoich dni mój świętej pamięci ojciec. Kiedyś po wyjściu z winiarni „Lamli" czekałem wraz z kilkoma kolegami na dorożkę. Byłem na dobrym rauszu, lecz nie zapomnę tego dojmującego lęku, kiedy uświadomiłem sobie, że stoję pod tym przeklętym domem. Koledzy szybko zorientowali się w moich fobiach i zaczęli mi płatać małpie figle. A to zagadywali mnie i prowadzili wprost pod ten dom, a to podrzucali mi pocztówki z jego widokiem... Próbowałem walczyć z tymi lękami autohipnozą. Bezskutecznie. To wszystko, panie radco. Ja się po prostu boję tej kamienicy.

Völlinger wypił ostatnie krople wina i zaczął mocować się z parasolem. Mock wiedział, że pytanie, które chciał zadać, może podać w wątpliwość jego inteligencję, lecz nie mógł się od tego powstrzymać.

– Czy pan potrafi wyjaśnić swój lęk przed tym domem? – zapytał, oczekując ze strony astrologa jakiejś kpiny, wyrazów ubolewania, a, w najlepszym razie, powtórzenia kwestii o bezskuteczności autohipnozy. To, co usłyszał, wprawiło go w zdumienie.

– Tak, potrafię to wyjaśnić metempsychozą, czyli wędrówką dusz. Prawdopodobnie moja dusza zamknięta była w ciele człowieka, który spadł z tej kamienicy. Moje koszmary to wspomnienia z poprzedniego wcielenia.

Völlinger włożył kapelusz i zaczął zapinać płaszcz.

– Chyba mnie pan okłamuje, Völlinger – ton głosu Mocka był równie przyjazny jak syrena fabryki wzywająca robotników na pierwszą zmianę. – Nie znam się na reinkarnacji, natomiast doskonale wiem, kiedy ktoś usiłuje coś przemilczeć. Latem, zdaje się w lipcu, graliśmy w brydża u Schaala. Pan, jacyś dwaj pańscy znajomi – dziennikarz i profesor gimnazjalny – i ja. Siedzieliśmy wówczas przy tym samym stoliku co dzisiaj, pod oknem, i nie miał pan wtedy żadnych napadów lęku. Przypominam sobie doskonale te trzy bez atu, które pan psychologicznie rozegrał. Nie miał pan zatrzymania treflowego i po jakimś dość przyjaznym wiście zagrał pan właśnie trefla. Przeciwnicy wzięli i – nie chcąc grać w longer, który pan niby wyrabiał – poszli bokiem, i pozwolili nam ugrać ten chory kontrakt. Pamięta pan to znakomite psychologiczne zagranie?

– Słusznie, tak było – przytaknął zakłopotany Völlinger. Zdjął melonik i zaczął się nim wachlować. – Rzeczywiście... Wie pan co? Może zaaferowany grą nie spojrzałem w okno... Po prostu...

– Po prostu chciał pan dzisiaj ze mnie zrobić jelenia, Völlinger – Mock uśmiechnął się drwiąco. – I to po tylu latach znajomości, wspólnych szlemów i wpadek...

– Proszę mi uwierzyć! – krzyknął astrolog. – Nie kłamię, nie wymyślam wymówek *ex post*! Zawołajmy Ebnera i Domagallę i zagrajmy tutaj, przy tym stoliku. Zobaczy pan, że będę grał bez popełniania grubszych błędów. Nie wiem, do jasnej cholery, dlaczego w lipcu nie bałem się tego domu, a dziś tak... że nie odróżniałem honoru od blotki. Może dlatego, że jesienią jestem bardziej rozstrojony, wpadam w melancholię...

Völlinger, nie czekając na reakcję Mocka, wstał, kiwnął mu głową, otworzył drzwi szynku i wszedł w wichurę, deszcz i mgłę, która powoli spowijała melancholijne miasto.

59

*Wrocław, wtorek 29 listopada,*
*godzina piąta po południu*

Smugi papierosowego dymu obracały się powoli w słupie światła padającego z projektora. Na ekranie najpierw pojawił się napis „Rozstrzeliwanie szpiegów rosyjskich", a potem rząd ludzi w białych rubaszkach. Wszyscy mieli związane ręce. Biegli, podrygując nogami w przyspieszonym tempie. W podobnym rytmie poruszali się żołnierze w pikielhaubach. Popychali więźniów kolbami w stronę niskiej chaty krytej słomą. Więźniowie nie zdążyli się ustawić pod ścianą, kiedy wykwitły dymy wystrzałów. Żaden z rozstrzeliwanych nie padł na twarz ani na plecy. Wszyscy składali się jak marionetki, którym nagle przecięto sznurki. Nastąpiło zbliżenie. Jeden z żołnierzy podszedł do zabitego, schylił się, podniósł głowę trupa i włożył mu do ust zapalonego papierosa.

Młody brunet rozparty wygodnie w fotelu przed projektorem wybuchnął śmiechem. Siedzący obok niego starzec ze sterczącą brodą nie zawtórował mu.

– Śmieszy to pana, baronie? – zapytał starzec.

– A pana nie, książę? – baron patrzył uważnie w przestrzelone oko trupa. – Może dlatego, że zabitymi są pańscy rodacy? Jeżeli tak, to przepraszam.

– Myli się pan – odpowiedział książę. – To jest kolejna zbrodnia, która już kiedyś była. Pokazuję ją panu baronowi po to, aby go przekonać...

– Ja nie wierzę w pańską teorię. Ona mnie po prostu bawi. Bawią mnie też pańskie filmiki. Dzięki panu się nie nudzę... A pan – baron zwrócił się do trzeciego siedzącego w pokoju mężczyzny, który z przejęciem wpatrywał się w ekran, zaciskając z całej siły mocne, kościste palce – a pan, doktorze, czy pan jako znakomity historyk wierzy w tę teorię... Czy może pan na jej poparcie dorzucić jakieś argumenty?

– Podobnie jak pan, baronie, mam do niej stosunek emocjonalny – odparł zagadnięty. – Pana ona bawi, mnie – przeraża. Nie jestem teraz historykiem, jestem wyznawcą... Kinomani nie zwrócili uwagi na ciche kroki wytłumione przez gruby dywan. Baron drgnął dopiero wtedy, gdy zobaczył przed swoim nosem aparat telefoniczny. Jedna wielka dłoń dzierżyła widełki, druga – słuchawkę.

– Hallo? – baron zaakcentował ostatnią sylabę. Projektor, wyłączony przez osobnika o wielkich dłoniach, przestał terkotać, dzięki czemu głos kobiety dobiegał wyraźnie ze słuchawki. Nie na tyle jednak, by odprężony wyszukanymi rozrywkami mózg mógł wszystko dobrze zarejestrować.

– Proszę powtórzyć – mruknął. – Kurt Smolorz, tak? Proszę się niczym nie martwić.

Odłożył słuchawkę i spojrzał uważnie na łysą głowę i wielkie wąsy atlety ubranego w trykotowy kostium.

– Słyszałeś, Moritz? Policjant Kurt Smolorz, krępy, silnie zbudowany, rudawy.

– Słyszałem wszystko, panie baronie – zameldował Moritz. – I wiem, co mam robić.

*Wrocław, wtorek 29 listopada,*
*godzina szósta po południu*

Zafrasowany barman z gospody Petruskego postawił przed Mockiem talerz z grubymi plastrami przysmażonego boczku. Kiedy Mock wskazał palcem na swój pusty kufel, zrobił on minę człowieka, któremu ktoś bardzo dokucza. Mock postanowił jeszcze bardziej go skrzywdzić i zażądał chleba i chrzanu. Barmana ogarnął ból istnienia.

Mock odczuwał działanie alkoholu i złość wyzierającą z oczu nędznie ubranych pijaków tłoczących się przy stołach i pod ścianami. Najsympatyczniejszym człowiekiem w lokalu wydał się Mockowi niewidomy akordeonista, który wygrywał jakąś sentymentalną melodię. Gdyby nie był ślepcem, patrzyłby na Mocka równie przyjaźnie jak robotnicy budowlani, furmani, fiakrzy i bandyci wypełniający knajpę.

Mock oderwał oczy od współbraci w alkoholowej niedoli i zabrał się do jedzenia. Najpierw ozdobił plastry boczku górkami chrzanu, następnie ugniótł i uformował za pomocą noża ostrą maź, po czym z lekkim westchnieniem pochłonął podwędzone i przypieczone mięso, zagryzając je czarnym razowym chlebem. Piwo od Haasego spłukało zdecydowany smak chrzanu i wędzonki.

Wodząc po knajpie przekrwionymi oczyma, słuchał przekleństw i złorzeczeń. Przodowali w nich zwłaszcza bezrobotni i rozgoryczeni na cały świat robotnicy. Nagle do lamentów dołączył się jakiś rzeźnik, żaląc się na kapitalistów wyzyskiwaczy, którzy nijak nie chcieli docenić jego rzadkiej umiejętności odcinania jednym cięciem krowiej głowy od tułowia.

Mocka olśniło: kolacja była niesmaczna nie dlatego, że składało się na nią podłe i źle przyrządzone żarcie, lecz dlatego, że jego usta zakwasiła zgaga niespełnionego obowiązku. Wypowiedź bezrobotnego rzeźnika znaczyła dla niego tyle, co łajanie Mühlhausa: była znakiem i ponagleniem.

Wypluł na klepisko gorycz wypełniającą usta, wyjął policyjny notes i wieczne pióro i zabrał się do pracy, nie przejmując się lekkim rauszem ani bywalcami lokalu, którzy nie mieli już żadnych wątpliwości co do tego, jaki zawód wykonuje ten elegancki, krępy brunet o gęstych falujących włosach.

Mock spojrzał na notatki poczynione w „Piwnicy Biskupiej". Przeczytał: „Przyjmijmy zatem: człowiek jest przypadkowy, nieprzypadkowa jest tylko data jego śmierci. Pytanie: dlaczego jest nieprzypadkowa? Dlaczego w jedne dni zabija, a w inne nie?"

– Te zbrodnie nie są przypadkowe, bo są popełniane w te, a nie inne dni – szepnął do siebie – nic nie jest przypadkowe. To, że spotkałem Sophie na balu w Regencji, to, że jeszcze nie mamy dzieci – pomyślał o ekspertyzie astrologa Völlingera. – Według astrologów przypadek nie istnieje. Völlinger, chociaż nie wie, dlaczego tego domu bardziej się boi jesienią niż latem, jednego jest pewien: to nie jest przypadek. W fobiach Völlingera elementami koniecznymi są miejsce i czas, ponieważ ta kamienica przeraża go niekiedy mocniej, niekiedy słabiej. Nieprzypadkowy jest również sam Völlinger – jasnowidz, somnambulik, człowiek odbierający nieznane innym sygnały.

Mock czuł, że zbliża się długo oczekiwana chwila olśnienia, że oto – jak niegdyś Kartezjusz – przeżywa swoją filozoficzną noc i filozoficzny poranek, kiedy po głuchym, dławiącym mroku nagle wszystko staje w jaskrawym blasku oczywistości. „W światopoglądzie Völlingera te trzy elementy – człowiek, miejsce i czas – nie są przypadkowe, są konieczne – zapisywał szybko w notesie. – Czy mój przypadek, sprawa Gelfrerta-Honnefeldera, może mieć tylko jeden element konieczny: czas? Ofiary nie mają ze sobą nic wspólnego: członek partii Hitlera z komunistą, subtelny muzyk ze ślusarzem, miłośnik historii z analfabetą! Tyle wiem od moich ludzi i od Mühlhausa. Zatem człowiek, ofiara zbrodni jest – na tym etapie śledztwa – czymś nieistotnym. Jeśli przyjmiemy, że morderca nas nie oszukuje, to wiemy na pewno, że istotna jest data, bo na nią sam morderca zwraca nam uwagę".

Ręka w brudnym zarękawku postawiła przed Mockiem zamówiony kufel piwa. Mock przewrócił kartkę notesu i momentalnie zapełnił ją dwoma wyrazami: „A miejsce? A miejsce? A miejsce? A miejsce? A miejsce?"

– Nie może być przypadkowe – powiedział Mock do barmana udręczonego przez *Weltschmerz*. – Do jasnej cholery, miejsca morderstw nie mogą być przypadkowe.

*Wrocław, wtorek 29 listopada,*
*godzina ósma wieczorem*

Restauracja Grajecka przy Gräbschenerstrasse w niczym nie przypominała szynku Petruskego. Był to solidny i porządny lokal, zwykle zapełniony spracowanymi mieszczanami i spracowanymi prostytutkami. O tej wczesnej stosunkowo godzinie córy Koryntu nie były zmęczone, lecz świeże, pachnące, pełne nadziei i najlepszych planów na przyszłość. Dwie z nich doznały ciężkiego zawodu ze strony Mocka i Smolorza, którzy – wzgardziwszy ich wdziękami – konferowali przy podokiennym stoliku ozdobionym dwoma baniastymi kieliszkami koniaku. Jedna z odrzuconych prostytutek usiadła niedaleko od nich i usiłowała wsłuchać się w rozmowę mężczyzn.

Mock słuchał, Smolorz mówił:
– Od dziewiątej do drugiej pańska żona przebywała u Elisabeth Pflüger. Grały. Był u nich stróż kamienicy, niejaki Gurwitsch. Ma u nas papiery. Handluje śniegiem. Kiedyś go przymknąłem. Był pijany. Nie wiem, czy mnie nie rozpoznał. Według niego ta Pflüger to cnotliwa Zuzanna. Nie odwiedzają jej żadni mężczyźni, tylko czasami matka. Od trzeciej do ósmej pani w domu. Grała. Tak minął dzień.
– Nie miałeś chyba czasu, by dowiedzieć się czegoś o baronie von Hagenstahlu.

– Ja nie. Ale mój kuzyn Willy tak. (Mock pogratulował sobie w myślach tego, że kiedyś polecił bezrobotnego górnika Wilhelma Smolorza na stójkowego na Starówce). Baron Philipp von Hagenstahl to bogacz – Smolorz spojrzał do swojego notesu. – Ma pałac na Borku, na Eichenallee, willę w Karłowicach, przy An der Klostermauer, posiadłość ziemską pod Strzelinem i stajnię koni wyścigowych, które często wygrywają na Partynicach. Organizator balów dobroczynnych. Kawaler. Doktor filozofii. Prawie nieskazitelna opinia. Psuje mu ją były atleta cyrkowy, Moritz Strzelczyk. Przed dwoma laty deportowany do Polski. Wrócił. Niezły bydlak. Podejrzany o morderstwo. Zawsze jest przy von Hagenstahlu. Mamy zeznanie pewnej dziwki. Pobita przez Strzelczyka. Złamane palce. Następnego dnia oskarżenie odwołane.

Umilkli, myśląc o nieodłącznym towarzyszu von Hagenstahla i o sposobach utrudnienia mu życia. Tego wieczoru Moritz Strzelczyk nie towarzyszył jednak swojemu panu. Stał pod klasztorem i kościołem Elżbietanek na Gräbschenerstrasse i obserwował rozświetlone okna restauracji Grajecka.

## Wrocław, środa 30 listopada, godzina dziewiąta rano

Sophie przeciągnęła się leniwie, wyglądając przez okno sypialni. Chora na artretyzm staruszka mieszkająca w oficynie wyszła przed kamienicę. O jej wydatny brzuch oparta była wielka drewniana stolnica, której brzegi, zaopatrzone w listewki, uniemożliwiały zsunięcie się zawartości. Skomplikowany system parcianych pasków obejmujących szyję i ramiona podtrzymywał stolnicę w pozycji horyzontalnej. Pod niezbyt czystym obrusem stygły na niej pączki berlinki osypane cukrem pudrem. Poczłapała w stronę

Rehdigerstrasse, zachwalając swoje domowe wypieki. Nikt nie zwracał na nią uwagi. Schorowani starcy ciągnęli strzaskane przez podagrę nogi, drobni pijaczkowie liczyli fenigi, fiakrzy przysypywali piachem koński nawóz. Nikt nie chciał jeść berlinek.

Słońce biło wprost w okno, rozbłyskując w małych kroplach – śladach po nocnym deszczu. Po wczesnozimowym śniegu pozostały brudne wspomnienia na trotuarach. Sophie zanuciła pod nosem sentymentalne tango *Ich hab dich einmal geküsst** i wyszła do przedpokoju. Marta była na targu, Adalbert wrzucał węgiel do piwnicy, Argos drzemał po drzwiami. Sophie nie mogła się oprzeć pięknu tego sennego przedpołudnia. Jeszcze teraz czuła poranne pocałunki i gwałtowne pieszczoty męża, jeszcze teraz jej usta smakowały chrupiącą skórkę bułek od Frömla, a jej gładka skóra reagowała na przyjazne ciepło różanej kąpieli. Postanowiła podzielić się z Elisabeth swoją euforią. Usiadła w fotelu stojącym w przedpokoju i wykręciła numer przyjaciółki. Cieszyła się na długą, szczebiotliwą pogawędkę.

– Hallo? – usłyszała zniecierpliwiony głos Elisabeth.

– Dzień dobry, kochanie, chciałam ci powiedzieć, jak mi dobrze. – Sophie zaczerpnęła tchu. – Eberhard zachowywał się dziś rano jak młodożeniec w noc poślubną. Był nieśmiały i tulił się do mnie tak namiętnie, jakby to był ostatni raz. Był jednocześnie silny i trochę *brute*, jeżeli wiesz, co mam na myśli...

– To dobrze – westchnęła Elisabeth. – Oby ten stan trwał jak najdłużej. Boję się, kochanie, że jest to po prostu kolejny szczyt, po którym znajdziesz się ponownie w ciemnym wąwozie.

– Najciemniejsze wąwozy są niczym wobec takich szczytów – rozmarzyła się Sophie. – Poza tym Ebi coś mi

---

* Raz kiedyś cię pocałowałem.

dziś przyrzekł. Przestaje pić i spędza ze mną wieczory. Nie opuszcza mnie ani na chwilę. Mam nadzieję, że dotrzyma słowa.

– Wiesz, najdroższa, że kiedy już znajdziesz się w dole, możesz na mnie liczyć. Pamiętaj, jeżeli ten nowożeniec znów cię upokorzy, jestem do twojej dyspozycji. Zawsze czekam na telefon od ciebie – niezależnie od tego, czy jesteś szczęśliwa, czy smutna.

– Dziękuję ci, Elisabeth. Jeżeli jest dla mnie zły, spotykam się z tobą i z baronem. Mszczę się na nim. Kiedy się zemszczę, czuję się czysta wewnętrznie; moje serce jest wtedy tak niewinne, że nie mogę się gniewać i przebaczam mu – Sophie zaśmiała się cicho. – Wyobraź sobie, że te gorszące rzeczy, które robiłyśmy, uczyniły ze mnie wzór chrześcijańskiego miłosierdzia. Bez nich byłabym złośliwą, sfrustrowaną, zamkniętą w sobie *Hausfrau*...

– Cieszę się, że traktujesz to jak terapię. Och, to straszne, Sophie, ale ja chciałabym powtórzyć kiedyś to, co robiłyśmy u barona... – głos Elisabeth się załamał. – Czyli życzyłabym sobie, by ci się nie układało z mężem... Och, to straszne...

– Proszę cię, przestań!

– Nie mogę przestać – rozpłakała się Elisabeth. – Bo teraz, jeśli ci coś złego powiem o Eberhardzie, pomyślisz, że cię okłamuję, że chodzi mi tylko o powtórkę poniedziałku. A ja nie mogę milczeć, gdy coś wiem o twojej krzywdzie... Poza tym ty jesteś wobec mnie nieuczciwa. Wczoraj czułaś się dotknięta, skrzywdzona, gdy mój stróż powiedział, że ten Smolorz nas śledzi, a dziś rano oddałaś się mężowi... Czyli nie potrzebujesz żadnej psychoterapii!

– No więc nie musisz mieć wyrzutów sumienia – Sophie rozbolała głowa od wywodów przyjaciółki. Poczuła wzbierającą złość. – Nie wiem, o co ci chodzi. Czepiasz się, bo byłam dziś szczęśliwa, a ty jesteś ciągle nieszczęśliwa i nie masz nikogo, z kim czułabyś się dobrze i bezpiecznie? Poza tym, o ile pamiętam, Smolorz pytał o ciebie, o twoich kochanków, nie o mnie. Nie mogę więc gniewać się na Eberharda, że mnie śledzi, ponieważ nie wiem tego na pewno.

– Mylisz się – krzyknęła Elisabeth – jeśli sądzisz, że Mock ciebie nie śledzi. Wieczorem spotkał się z tym człowiekiem, Smolorzem, w restauracji. Wiem o tym od barona.

– No i co z tego, że się spotkał – powiedziała Sophie drwiąco. – Smolorz jest jego podwładnym. Może się z nim spotykać, gdzie chce.

– Nic nie rozumiesz! Posłuchaj mnie uważnie. Moritz zapłacił pewnej kobiecie siedzącej w tej restauracji, by ich podsłuchiwała. Niewiele słyszała, ale zapamiętała jedno. Wiesz, jakie słowa powtarzał ten podwładny? Chcesz wiedzieć?

– Tak – Sophie zmartwiała. – Chcę wiedzieć.

– Ten człowiek powtórzył kilkakrotnie „pańska żona" – Elisabeth aż krztusiła się ze wzburzenia. – Rozumiesz? Oni mówili o tobie. Smolorz cię śledził i relacjonował to, co wczoraj widział.

Sophie również się zakrztusiła i odłożyła słuchawkę na stolik. Wczesne przedpołudnie było równie piękne jak przed chwilą, Argos spał równie spokojnym snem, słońce ani na chwilę nie przestało świecić, tylko Sophie nie czuła już efektów miłosnego przebudzenia, smaku chrupiącej bułki ani zbawiennych skutków ciepłej kąpieli. Podniosła słuchawkę do ucha.

– Spotykasz się dzisiaj z baronem? – zapytała spokojnie.

– Tak. Moritz przyjedzie po mnie za dwa kwadranse – Elisabeth również się uspokoiła. – Jedziemy popływać.

– Lubię pływać – szepnęła Sophie.

*Wrocław, środa 30 listopada,*
*trzy kwadranse na dziesiątą rano*

Stara artretyczka traciła już nadzieję na sprzedaż swojej *spécialité de la maison*. Zupełnie niepotrzebnie. Oto bowiem ze stojącego przy krawężniku czarnego adlera wychyliła się dłoń z wystawionymi dwoma palcami. Rozpromieniona staruszka wręczyła dwa pączki Kurtowi Smolorzowi. Wachmistrz kryminalny zapłacił, odkręcił kurek termosu i nalał sobie trochę kawy, która była wystarczająco dobra, by zabić drożdżowy posmak niedopieczonych berlinek.

Smolorz zaczął żuć wolniej, kiedy pod kamienicę Mocka podjechał piaskowy mercedes, z którego wyskoczyła Elisabeth Pflüger. Podziwiał rozkołysaną grację jej bioder, które zniknęły w bramie, cudem unikając zderzenia z futryną. Po chwili obie przyjaciółki, jedna rozweselona, druga smutna i zadumana, wypełniły zapachem perfum wnętrze mercedesa. Kierujący autem baron von Hagenstahl podniósł do ust dłoń Sophie i zapuścił silnik. Smolorz bez żalu odłożył na siedzenie pasażera nadgryzioną berlinkę. Baron ruszył gwałtownie w zatłoczoną Rehdigerstrasse. Smolorz stał przez chwilę, nie mogąc włączyć się do ruchu. W końcu dostrzegł małą lukę, ryknął zaworami silnika i omal nie rozjechał przerażonego konia, który rzucił się z dyszlem na krawężnik. Smolorz, śmiejąc się ze smagnięcia biczem po dachu, jakie wymierzył adlerowi rozwścieczony woźnica, dodał gazu, skręcił w prawo, w Gräbschenerstrasse, i wjechał pod wiadukt kolejowy. Zza dorożkarskich bud i dostawczych furgonów dostrzegł tył piaskowego mercedesa, który mijał właśnie skrzyżowanie z Hohenzollernstrasse. Kierujący ruchem policjant zatrzymał sznur pojazdów jadących od strony wiaduktu, wśród nich adlera. Smolorz zaczął gorączkowo analizować, czy jest w stanie dogonić mercedesa. Założył, że baron skręci na Sonnenplatz w prawo, i postanowił pojechać koło cyrku Buscha, by dogonić ściganych koło Domu Koncertowego na Gartenstrasse. Nie było to jednak konieczne. Mercedes zatrzymał się na rogu Gräbschenerstrasse i Zietenstrasse.

Policjant dał znak „droga wolna". Smolorz ruszył powoli. Baron znów wsiadł do samochodu, chowając pudełko z cygarami do kieszeni płaszcza. Smolorz przyhamował i znalazł się wprost za kołem zapasowym z piaskowym kołpakiem. Na Sonnenplatz pozwolił staremu daimlerowi wcisnąć się między siebie i mercedesa. Ten ostro przyśpieszył na Neue-Graupner-Strasse, skręcił w prawo i pojechał wzdłuż fosy staromiejskiej. Smolorz dzielił swoją uwagę pomiędzy mercedesa a nowo budowany, potężny gmach Prezydium Policji przy Schweidnitzer Stadtgraben. Przed domem towarowym Wertheima baron von Hagenstahl skręcił w lewo, a przed kościołem Bożego Ciała – w prawo. Minąwszy resursę kupiecką, zatrzymał się przed Zakładami Kąpielowymi na Zwingerstrasse. Smolorz zahamował gwałtownie przed resursą i wjechał na jej podjazd. Zatrzasnął drzwi automobilu, przebiegł ze sto metrów i ciężko dysząc, ukrył się za żywopłotem placu zabaw. Przez bezlistne gałęzie obserwował bramę masywnego budynku Zakładów Kąpielowych, w której przed chwilą zniknął baron von Hagenstahl z Sophie Mock i Elisabeth Pflüger. Smolorz wszedł do przedsionka, rozejrzał się dokoła. W westybulu było pusto. Umundurowany bileter był czujny. Podszedł szybko do Smolorza i oznajmił:

– Basen numer jeden wynajęty osobie prywatnej. Do dwunastej. Na basen numer dwa zaraz przyjdą uczniowie ze szkoły realnej. Może pan życzy sobie do łaźni parowej?

Smolorz odwrócił się i wyszedł. Było zimno. Bruk Zwingerstrasse pokrywał się wodnym pyłem. Od strony Wzgórza Liebicha zbliżała się dwójkami kolumna uczniów, którą zamykał wyprężony człowiek, z wyglądu – nauczyciel gimnastyki. Uczniowie przymaszerowali do bramy i wypełnili ją, burząc swój misterny szyk. Smolorz podszedł do nauczyciela i pokazał mu legitymację wrocławskiego Prezydium Policji.

– Wchodzę z wami – powiedział. Nauczyciel nie okazał najmniejszego zdziwienia.

Smolorz zrobił to, co zapowiedział, i kilka minut później tłoczył się w męskiej szatni basenu numer dwa. Zostawiwszy tam płaszcz, kapelusz i parasol, wyszedł na klatkę schodową i ostrożnie rozejrzał się za bileterem. Ten właśnie tłumaczył facetowi o byczym karku, gdzie jest szatnia dla gości łaźni parowej. Smolorz przebiegł szybko po ozdobionej kolumienkami galerii i stanął przed dwuskrzydłowymi drzwiami prowadzącymi na basen numer jeden. Były zamknięte. Wyjął wytrych i zrobił z niego użytek. Znalazł się na galerii dla publiczności. Lekko się wychylił i zlustrował basen. Wśród nagich nimf baraszkujących w wodzie nie zauważył ani Sophie Mock, ani Elisabeth Pflüger. Wspiął się po kilku schodkach i rozejrzał dokoła. Był na galerii biegnącej wzdłuż dłuższego boku basenu. Po jego prawej ręce rozciągał się rząd drzwi do szatni, po lewej biegła barierka zabezpieczająca przed wpadnięciem do wody. Galeria dochodziła do małej sali gimnastycznej. Dobiegały z niej dźwięki fortepianu i skrzypiec. To pomieszczenie szczególnie zainteresowało Smolorza, ponieważ dostrzegł w nim nagie ciała dwóch artystek. Niezauważone przejście do sali gimnastycznej graniczyło z cudem. Gdyby ruszył galerią, byłby widoczny jak na dłoni zarówno dla ćwiczących w sali, jak i dla pływających w basenie. Smolorz postanowił schować się na galerii dla publiczności i czekać na pojawienie się żony swojego szefa.

Niestety, również i to było niewykonalne. Odwrót tarasował łysy, wąsaty olbrzym, w którego wielkiej dłoni prawie ginęła lufa przedwojennego lugera. Smolorz przeklinał

71

własną głupotę. Zupełnie go nie zastanowiło, dlaczego baron sam kierował autem i gdzie się podział jego szofer.

– Jestem z policji – wachmistrz powiedział to bardzo powoli. – Teraz wyjmę legitymację z kieszeni.

– Niczego nie wyjmiesz, bracie – olbrzym uśmiechnął się łagodnie. – Idź prosto do tamtej sali gimnastycznej. Tylko uważaj, byś nie wpadł do basenu. Bardzo łatwo się utopić. Zwłaszcza jak się jest obciążonym ołowiem.

Smolorz się nie ruszał. Był pewien, że łysy nie zaryzykuje strzelaniny.

– Jestem z policji – powtórzył. – Mój szef wie, że tutaj jestem.

Olbrzym wykonał gwałtowny ruch. Smolorz dostrzegł jego rozczapierzoną dłoń na swojej kamizelce i poczuł silne pchnięcie. Upadł na zimne kafle galerii. Atakujący wykonał zamach nogą i Smolorz poczuł, że sunie po kaflach podłogi w stronę sali gimnastycznej. Próbował się podnieść, chwycić za barierkę lub drzwi od szatni. Po kolejnym kopniaku w krocze nie mógł tego uczynić. Obie dłonie zacisnął na zmaltretowanych jądrach. Olbrzym wciąż machał nogami. Smolorz toczył się jak kula w kręgielni po torze wyznaczonym przez barierę i ścianę szatni. Kiedy został dokopany do sali gimnastycznej, przyznał sobie rację. Łysy nie zaryzykował strzelaniny wśród rykoszetujących ścian.


*Wrocław, środa 30 listopada, południe*

Mock wyszedł bocznymi drzwiami z Archiwum Budowlanego Wrocławia przy Rossmarkt i przeciągnął się tak mocno, aż zatrzeszczały mu stawy. Stał na chodniku wąskiej uliczki i z irytacją wpatrywał się w toń kałuż ciętych ostrymi strugami deszczu.

Rozłożył parasol i przeskoczył ruchliwą Schlossstrasse, walając sobie błotem świeżo wypastowane zimowe buty. Sklął pod nosem daremną nadzieję na śnieg i zimę i spojrzał na zegarek. Głód przypomniał mu o porze obiadowej, co jeszcze bardziej go poirytowało. Ubliżył całemu światu pełnym głosem i poszedł dalej wzdłuż wschodniej pierzei Blücherplatz w stronę Rynku. Poruszał się w wartkim strumyku przechodniów, którzy przytrzymywali kapelusze lub miotali się wśród straganów, łapiąc wiatr w żagle parasoli. Kiedy znalazł się w Schmiedebrücke, wiatr stał się mniej dokuczliwy. Mock skręcił w Ursulinenstrasse i wszedł do Prezydium Policji.

Ciężko sapiąc, wspiął się po szerokich schodach na trzecie piętro, gdzie za oszkloną ścianką działową znajdowały się dwa gabinety: Mühlhausa i jego własny. Bladolicy sekretarz, praktykant Ernst von Stetten, zerwał się usłużnie na widok Mocka.

– Było co? – zapytał Mock, wieszając przemoczoną odzież w sekretariacie.

– Ehlers zostawił dla pana radcy wszystkie zdjęcia. Poza tym nic nowego – odparł von Stetten, ustawiając parasol Mocka w stojaku z ciemnego drzewa, za mosiężną obejmą.

– Nic nowego, nic nowego – przedrzeźniał go Mock po wejściu do gabinetu. – W śledztwie też nic nowego. Ani na krok nie posunąłem się naprzód w sprawie Gelfrerta-Honnefeldera.

Mock zapalił cygaro i podsumował dzisiejsze przedpołudnie, wypełnione kurzem starych dokumentów budowlanych, schematami instalacji sanitarnych, niezrealizowanymi projektami osobowych i węglowych wind oraz suchymi objaśnieniami architektów i inżynierów. W ciągu trzech godzin nie znalazł niczego, co by mu się przydało w dalszym śledztwie. Najgorsze w tym wszystkim było to, że Mock właściwie nie wiedział, czego szuka.

- Co powiesz Mühlhausowi - mówił do siebie zdenerwowany - kiedy cię zapyta, co dzisiaj robiłeś?

Akurat na to pytanie odpowiedź była prosta: przejrzał
wszystkie dokumenty dotyczące obu miejsc zbrodni. Poznał plany wszystkich kondygnacji, łącznie z piwnicami
i strychem. Dowiedział się, co było wcześniej na miejscu
obu kamienic, jak nawarstwiały się na siebie fundamenty,
kto i komu odsprzedawał grunt i działki budowlane.
Mühlhaus mógł postawić znacznie gorsze pytanie: po co?
Usłyszałby wtedy skomplikowany filozoficzny wywód
o triadzie: osoba-czas-miejsce. Ofiary są przypadkowe, czas
nie jest przypadkowy. A zatem do sprawdzenia pozostaje
tylko miejsce. Nie może być przypadkowe. „Coś musi łą-
czyć oba miejsca - taką odpowiedź usłyszałby Mühlhaus.
- Ale mimo przekopania Archiwum Budowlanego jeszcze
nie wiem co". Mock nie musiał się bardzo wysilać, by
w wyobraźni usłyszeć ironiczny śmiech Mühlhausa. Przypomniał sobie w tym momencie, że Mühlhaus przebywał
na naradzie u prezydenta policji Kleibömera i było mało
prawdopodobne, iż spotka dziś Mocka i zada mu to trudne
pytanie.

Śledczy odetchnął z ulgą i za pomocą żelaznego uchwy-
tu biegnącego wzdłuż ramy okna otworzył lufcik. Potem
zdjął marynarkę, rozpiął sztywny kołnierzyk, usiadł przy
biurku i zaczął pisać na nowej maszynie do pisania „Olympia" nieistniejące wyrazy - przypadkowe zbitki liter. Mockowi najlepiej się myślało przy regularnym rytmie uderzeń
czcionek. Na papierze pojawiły się pięcioliterowe wyrazy.
Pięć uderzeń - spacja. Pięć uderzeń - spacja. Ernst von
Stetten wiedział, że - dopóki maszyna „Olympia" będzie
wygrywała ten osobliwy rytm - Mocka nie ma dla nikogo
z wyjątkiem jego pięknej żony Sophie i starego Mühlhausa.

Trwało to długo. Sekretarz kilku interesantów odpędził, kilku okłamał, innych uprzejmie przeprosił. Równo z dwoma uderzeniami zegara na kościele uniwersyteckim von Stetten usłyszał wykręcanie papieru z wałka spracowanej maszyny. Potem zapadła cisza.

„Stary myślał i wymyślił" – doszedł do wniosku. Był to wniosek słuszny. Mock siedział wśród rozrzuconych kartek zapisanych równymi odcinkami liter, maczał stalówkę w dużym kałamarzu i pisał na odwrocie jednej z nich: „Badałeś miejsca mordu z punktu widzenia sztuki budowlanej – małe litery zaczerniały papier. – To był błąd. Jakie wyjaśnienie może być w planach i schematach? Ważna jest historia budynku. Nie historia rur, cegieł, piwnic, cementu, remontów i renowacji. Ważna jest historia ludzi, którzy tam mieszkają i mieszkali".

– To co, mam badać drzewa genealogiczne mieszkańców? Kiedy ciocia Truda poznała wujka Jörga? – zapytał samego siebie.

Po chwili rzucił się do kałamarza i na kartki błyszczące świeżym atramentem. „Dlaczego ktoś zabija bestialsko w danym dniu? Tylko w tym ściśle określonym dniu? Dlatego, że ten dzień jest dla niego ważny. Może mści się za coś, co wydarzyło się właśnie tego dnia? Za co ten człowiek się mści? Za coś złego, co go spotkało. Za co ten człowiek mści się sadystycznie? Za coś bardzo złego, co go spotkało".

Ktoś zapukał do drzwi.

– Moment! Proszę zaczekać! – krzyknął Mock i zabrał się do pisania. „Gdzie można się dowiedzieć o bardzo złych rzeczach? – zanotował niewyraźnie. – W kartotece policyjnej". Pękła stalówka. Von Stetten zapukał ponownie. Mock mruknął coś wściekły, widząc, jak kropelki atramentu osiadają na mankiecie jego koszuli. Sekretarz wziął to mruknięcie za zgodę na wejście do gabinetu.

- Dzwoni pańska małżonka, panie radco – von Stetten wiedział, że zaraz zobaczy uśmiech na twarzy swego szefa. Nie pomylił się.

Mock odebrał telefon i usłyszał słodki głos Sophie.

- Dzień dobry, kochanie.

- Dzień dobry. Skąd dzwonisz?

- Z domu. Chciałam ci przypomnieć o dzisiejszym koncercie dobroczynnym. Rozpoczyna się o ósmej. Ja pojadę wcześniej razem z Elisabeth. Musimy jeszcze przećwiczyć jedno miejsce z Beethovena. Gramy na samym początku.

- Dobrze. Dziękuję za przypomnienie. Jadłaś już obiad? Co Marta przyszykowała na dzisiaj?

- Jadłam u Elisabeth. Ćwiczyłyśmy cały ranek i przedpołudnie. Marta nie ugotowała dziś obiadu. Przecież powiedziałeś jej rano, że zjesz coś na mieście.

- Jasne. Zapomniałem o tym.

- To wszystko – Mock usłyszał wahanie w głosie Sophie. – Wiesz, mam wielką tremę...

- Nie martw się. Trzymam za ciebie kciuki.

- Mówisz tak jasno i prosto... Tak pewnie...

Mock milczał. Obrazy porannych uniesień stanęły mu przed oczami. Poczuł wzruszenie i wypełniła go nagła fala szczęścia.

- Wiem, wiem, kochanie, powinnam już kończyć.

- Tak, Sophie. Tak, kochanie – powiedział miękko. – Mam coś pilnego do zrobienia. Spotkamy się na koncercie.

Mock odłożył słuchawkę. Po upływie sekundy znów ją podniósł. Zdawało mu się, że przez jednostajny sygnał słyszy poranne westchnienia Sophie.

Otrząsnął się ze wspomnień, zapiął kołnierzyk i zaciągnął krawat.

- Von Stetten! – krzyknął. – Proszę do mnie!

Bladolicy sekretarz wszedł bezgłośnie. W dłoni trzymał notatnik i czekał na polecenia.

– Notujcie – Mock założył ręce na kark. – Punkt pierwszy. Od dziś przez kilka dni muszę pracować do późna w naszym archiwum. Proszę napisać odpowiednie pismo w tej sprawie do Kluxena, administratora budynku. Archiwista Scheier ma mi jak najszybciej przynieść zapasowy klucz do archiwum, bym mógł tam pracować w dzień i w nocy. Wzór pisma znajdziecie wśród papierów sprawy Lebersweilera z grudnia dwudziestego piątego. Punkt drugi. Jutro, o ósmej rano, mają być u mnie Kleinfeld i Reinert, zaufani ludzie Mühlhausa. Będą ze mną pracować w archiwum. Rano proszę zapytać o pozwolenie naszego szefa. Jestem pewien, że nie będzie miał nic przeciwko temu, ale *pro forma*... Punkt trzeci. Przekażecie mojemu służącemu Adalbertowi dwa polecenia. Należy odebrać zamówioną wcześniej etolę z norek ze sklepu Beckego i mój frak z pralni na Topfkram. Ma mi to przywieźć tutaj o siódmej. Punkt czwarty. Kupcie mi coś do jedzenia i przynieście do archiwum. Tam będę. To wszystko.

*Wrocław, środa 30 listopada,*
*trzy kwadranse na siódmą wieczorem*

Mock wsiadł do taksówki na Blücherplatz i kazał się wieźć do Domu Koncertowego na Gartenstrasse. Taksówkarz nie był zachwycony tak krótkim kursem, toteż nawet nie próbował bawić rozmową pasażera. Byłoby to zresztą bezskuteczne. Mock, wbity w przyciasny frak i rozdrażniony nikłymi efektami archiwalnej kwerendy, palił się do rozmowy równie gwałtownie jak jego cicerone. Humoru nie poprawił Mockowi nawet zdecydowany atak zimy. Zapatrzony w pęczniejący od śniegu dach Teatru Miejskiego, rozważał wyniki poszukiwań. W policyjnym archiwum było około tysiąca teczek dotyczących morderstw. Mock przejrzał prawie sto z nich. Była to żmudna i jałowa robota. Żaden z policyjnych archiwistów nigdy nie przypuszczał, że ktoś może szukać w kartotece jakichkolwiek toponimów, i akta nie były zaopatrzone w indeksy nazw miast i ulic. Oprócz indeksu nazwisk – wykonanego niedawno przez wynajętych w tym celu archiwistów – nie było dla eksploratora archiwaliów żadnej pomocy. Mock musiał zatem czytać archiwa, licząc, że natrafi na adres Rynek 2 lub Taschenstrasse 23–24 i że znajdzie datę jakiejś zbrodni, która została przypomniana rok później. Tylko raz spotkał się z adresem kamienicy, w której mieszkał Gelfrert. W aktach opisany był przypadek pedofila, który w maju zgwałcił ośmioletnią dziewczynkę w piwnicy w Kocim Zaułku. Ten zboczeniec mieszkał na parterze Friedrich-Wilhelm-Strasse 21, czyli był sąsiadem Gelfrerta. Nic więcej Mock nie znalazł.

Teraz, kiedy jechał przez obsypane śniegiem miasto, targały nim gwałtowne uczucia. Irytowała go własna ciekawość i dociekliwość, które kierowały jego myśli w stronę dawnych zbrodni i nieszczęść, a studiował je z takim zaangażowaniem, że zapominał o sprawie Gelfrerta-Honnefeldera. Przeklinał po raz tysięczny tego dnia samego siebie za to, że wychodził z jakichś pseudofilozoficznych, deterministycznych założeń, opierając całą sprawę na osobliwym analizowaniu tego, co przypadkowe i konieczne. Wściekał się na siebie za prowadzenie śledztwa, w którym przedmiot poszukiwań nie był jasno określony. Ponadto nie dawała mu spokoju kara piętnastu lat więzienia, na jaką skazał owego pedofila pruski wymiar sprawiedliwości. Był jeszcze jeden powód zdenerwowania Mocka: nie miał dziś w ustach nawet kropli alkoholu.

Nic dziwnego, że w takim stanie ducha nie dał ani feniga napiwku małomównemu taksówkarzowi, który zatrzymał się przy Gartenstrasse, naprzeciwko Domu Koncertowego, ozdobionego wielkim napisem „Adwentowy koncert dobroczynny". Dźwigając pod pachą pudło z prezentem dla Sophie, Mock wszedł do ogromnego przedsionka wspaniałego gmachu zaprojektowanego niedawno przez Hansa Poelziga. W szatni zostawił wierzchnią garderobę oraz prezent, następnie ruszył w stronę dwuskrzydłowych drzwi, przy których wyelegantowani bileterzy kłócili się z jakimś człowiekiem.

– Nie ma pan imiennego zaproszenia! – krzyczał bileter.

– Proszę stąd odejść!

– Nie zależy wam na moich pieniądzach? – Mock rozpoznał głos Smolorza. – Są gorsze od pieniędzy innych ludzi? Może mam je wam zostawić, żebyście poszli na piwo? Może wam się nie podoba, że jestem bez fraka?

Mock podskoczył do Smolorza i ujął go pod rękę.

– Ten pan nie ma do was zaufania – Mock, rozbawiony nieoczekiwanie całą sytuacją, rzucił kpiące spojrzenie bileterom. – I słusznie, bo, sądząc po waszych ryjach, podawano wam już w podstawówce wódkę zamiast tranu.

Mock odciągnął Smolorza na bok, nie zwracając uwagi na zdumionych portierów.

– No i co? – zapytał.

– W porządku. Przedpołudnie u panny Pflüger. Potem u pana w domu. Obie. Cały czas ćwiczyły – bąkał Smolorz.

– Dziękuję wam, Smolorz – Mock spojrzał przyjaźnie na podwładnego. – Jeszcze niecałe dwa tygodnie. Wytrzymajcie. Potem w nagrodę za dobrą robotę dostaniecie tydzień nieewidencjonowanego urlopu. Przed samymi świętami. Dziś jesteście już wolni.

Smolorz uchylił kapelusza i powłócząc nogami, udał się do wyjścia, w którym błyszczały śnieżnobiałe wykrochmalone gorsy, cekiny, chińskie wachlarze i kolorowe pióra. Mock wyjął zaproszenie i ustawił się w kolejce za pewną chudą damą, która w jednej dłoni dzierżyła *lorgnon*, w drugiej zaś długą cygarniczkę z dymiącym papierosem. Bileterzy nie żądali od niej zaproszenia, lecz pełni szacunku opuścili brody na piersi.

– Och, kogo ja widzę?! – zakrzyknęła dama. – Czy to naprawdę pan, panie markizie? Och, co za zaszczyt! – afektowana dama odwróciła się do stojących za nią ludzi, by podzielić się z nimi swoim wspaniałym odkryciem. Jej uwagę przykuł stojący za nią Mock. – To niewyobrażalne, drogi panie – damie pomyliło się i zamiast *lorgnon* do oka przyłożyła cygarniczkę. – Bileterem na dzisiejszym balu jest sam markiz Żorżyk de Leschamps-Brieux!

Najwyraźniej dotknięta niewielkim wrażeniem, jakie wywarła na radcy jej informacja, popłynęła w stronę foyer, wypuszczając dym jak parowiec, natomiast sam Żorżyk, oskarżony przez Mocka o picie wódki w szkole powszechnej, spojrzał pogardliwie na jego zaproszenie.

– A waszej ekscelencji, radcy kryminalnemu – Żorżyk powoli odczytywał z zaproszenia tytuły – przekazał swoje datki ów awanturnik, który usiłował wejść bez zaproszenia?

– Tak, ponieważ jestem abstynentem – odparł Mock i minął zdegustowanego Żorżyka.


*Wrocław, środa 30 listopada,*
*godzina dziewiąta wieczorem*

Koncert dobroczynny miał się ku końcowi. Sophie, uszczęśliwiona owacjami, brakiem alkoholowej woni u męża oraz wyrazami podziwu, jakimi ją obdarzało w czasie antraktu najlepsze wrocławskie towarzystwo, zsunęła z dłoni rękawiczkę i pozwoliła, by suche i silne palce Eberharda przesuwały się lekko po gładkiej skórze jej dłoni.

Mock zamknął oczy i rozpamiętywał występ Sophie, jej nieporuszony spokój przy fortepianie, jej zachowanie pełne powściągliwej elegancji, bez egzaltacji i dzikiego podrzucania głowy. Podziwiał nie tyle grę żony, ile linie jej ciała, wyeksponowane przez czarną obcisłą suknię. Zachwycał go profil Sophie z dumnym wzniesieniem koka, lekko wklęsła linia szyi, kruchość ramion, bliźniacza krągłość pośladków. Rozpierała go samcza duma. W czasie antraktu patrzył z góry na innych mężczyzn i nieustannie okrążał żonę, jakby chciał powiedzieć: „Nie zbliżać się – oznaczam swoje terytorium".

Zabrzmiały ostatnie akordy *Popołudnia fauna* Debussy'ego. Zahuczały brawa. Mock, zamiast patrzeć na kłaniających się muzyków, podziwiał grację, z jaką Sophie składała dłonie do klaskania, wznosząc je wysoko ponad głowę. Szepnął jej kilka słów do ucha i opuścił szybko widownię. Pobiegł do garderoby, odebrał i wyłożył na ladę futro i toczek żony oraz swój płaszcz i kapelusz. Otworzył pudło z etolą z norek i wsunął ją do rękawa pachnącego perfumami okrycia Sophie. Potem ubrał się i czekał, przewiesiwszy przez ramię jej futro. Po chwili pojawiła się obok niego. Wypięła obfite piersi i wsunęła ręce w rękawy futra podawanego jej przez Eberharda.

– To nie jest moje futro – powiedziała przestraszona, wyjmując etolę z rękawa. – Ebi, portier się pomylił. Dał ci jakieś inne. Ja nie miałam etoli.

– To twoje futro – Mock miał minę gimnazjalisty, który rozsypał pinezki na krześle nielubianego nauczyciela. – I twoja etola.

– Dziękuję, kochany – Sophie podała mu dłoń do pocałowania.

Mock objął ją w talii i wyprowadził z Domu Koncertowego. Rozejrzał się dokoła i spostrzegł zaparkowanego adlera. Zatrzasnął drzwi za Sophie i usadowił się w fotelu kierowcy. Sophie głaskała etolę opuszkami palców. Mock objął żonę i namiętnie pocałował. Ona oddała mu pocałunek, po czym odsunęła się i wybuchła niepohamowanym śmiechem.

– Świetnie powiedziałeś temu Leschamps-Brieux – płakała ze śmiechu. – I, co najlepsze, trafiłeś w sedno. On rzeczywiście dużo pije... O niczym innym nie będzie się teraz we Wrocławiu mówiło... Tylko o twoim *bon mot*... Żorżyk pił w przedszkolu wódkę zamiast tranu... Już wszyscy się z tego śmiali w foyer.

Mock, nie panując nad sobą, przytulił Sophie tak mocno, że przez miękką etolę wyczuł drobny kształt jej ucha.

– Chodź, zrobimy to w samochodzie – szepnął.

– Oszalałeś, jest za zimno – zadyszała mu lekko do ucha.

– Jedźmy do domu. Zrobię dla ciebie coś specjalnego.

Automobil z trudem ruszył z wilgotnej i lepkiej pościeli śniegu. Mock jechał bardzo powoli ulicą Höfchenstrasse, wlokąc się za potężnym furgonem, z którego jakiś opatulony w szynel człowiek sypał piasek na jezdnię. Mock wyprzedził go dopiero przed skrzyżowaniem z Moritzstrasse i ślizgając się po ubitej przez końskie kopyta Augustastrasse, dojechał bezpiecznie do Rehdigerplatz.

Śnieg przestał padać. Mock wyskoczył z auta i otworzył drzwi od strony pasażera. Jego żona bojaźliwie wetknęła obutą w pantofel stopę w lśniący zimny puch. Cofnęła nogę do samochodu.

– Zaraz przyniosę ci jakieś buty, kochanie – Mock podbiegł do bramy kamienicy. Nie wszedł jednak, lecz odwrócił się i podszedł znów do auta. Otworzył drzwi i ukucnął. Jedno ramię podłożył pod kolana Sophie, drugim otoczył jej plecy. Sophie roześmiała się, obejmując go za szyję. Mock sapnął i uniósł lekko żonę. Zachwiał się od jej ciężaru i przez chwilę łapał równowagę, rozstawiwszy szeroko nogi. Kiedy już mu się to udało, zaniósł Sophie do bramy

82

i postawił ją na stopniu z napisem *Cave canem*\*. Zamknął auto i wrócił do żony. Zatopił się na chwilę w miękkim futrze, przyparł do kremowych kafelków delikatne ciało, jego biodra zostały opasane przez mocne uda, a szyja przez śliską etolę.

Nagle zapaliło się światło i rozległo się szczekanie psa doktora Patschkowskiego. Państwo Mock weszli na swoje drugie piętro, szokując wychodzącego z psem adwokata: ona obciągała suknię w dół na biodrach, on poprawiał włosy i ściągał z szyi etolę.

Marta otworzyła im drzwi i – widząc ich nastroje – natychmiast udała się do służbówki, gdzie rozlegało się już chrapanie Adalberta.

Eberhard i Sophie wtoczyli się do sypialni zwarci ciałami. Zaskoczony pies najpierw zaczął się cieszyć, a potem – widząc coś w rodzaju walki – warczeć. Sophie zamknęła mu drzwi przed nosem, pchnęła męża na tapczan i zabrała się do rozpinania licznych guzików jego garderoby. Zaczęła od płaszcza. Potem kapelusz poszybował w stronę drzwi. Następne w kolejności były spodnie.

Wtedy zadzwonił telefon.

– Marta odbierze – powiedziała Sophie. – Wie, co robimy, i na pewno powie, że nie ma nas w domu. – Telefon dzwonił uparcie. Marta nie odbierała.

– Nic nie może być teraz ważniejsze od ciebie – szepnął Mock. – Ktokolwiek dzwoni, spławię go.

Wstał i wyszedł do przedpokoju. Podniósł słuchawkę i milczał.

– Dobry wieczór, poproszę z radcą Mockiem – usłyszał nieznany sobie głos.

– Przy aparacie – mruknął.

– Panie radco, tu Willibald Hönness z kasyna hotelu „Cztery Pory Roku" – Mock rozpoznał teraz zniekształcony

---

\* Uważaj na psa.

przez telefon głos jednego ze swoich informatorów. – Jest tu jakiś pijany młodzieniec. Dużo przegrywa w ruletkę. Przedstawił się jako Erwin Mock. Twierdzi, że jest pańskim bratankiem. Na tej podstawie udzielono mu kredytu. Jeżeli dalej będzie tak ostro grał, źle się to skończy. Wygląda na to, że przegrywa pieniądze, których nie ma.

– Posłuchaj, Hönness – Mock wyjął pistolet ze ściennej szafki i wsunął go do wewnętrznej kieszeni płaszcza. – Zrób coś, by nie grał. W najgorszym wypadku przywal mu w ryj tak, by stracił przytomność. Ja zaraz będę.

Mock wszedł do sypialni i sięgnął po leżący na podłodze kapelusz, który wzbudzał nadzwyczajne zainteresowanie psa.

– Zaraz wrócę. Erwin jest w dużym niebezpieczeństwie.

Sophie ściągała sukienkę. Smuga tuszu do rzęs płynęła po jej policzku.

– Możesz nie wracać – jej głos brzmiał tak, jakby wcale nie płakała.


*Wrocław, środa 30 listopada,*
*godzina wpół do dziesiątej wieczorem*

Willibald Hönness, strażnik w kasynie hotelu „Cztery Pory Roku" przy Gartenstrasse 66–70, zastosował się do wskazówek Mocka, lecz wyeliminował Erwina z gry bez użycia przemocy. Postąpił w sposób bardzo prosty – dosypał mu do piwa środek powodujący gwałtowne wymioty. Toteż kiedy Mock wtargnął w rozwianym płaszczu do kasyna i – kierując się wskazówkami portiera i podobnego do małpy strażnika – wbiegł do męskiej toalety, młodzieniec klęczał u stóp muszli klozetowej, a jego głowa tkwiła w troskliwych dłoniach Hönnessa. Ten widok uspokoił nieco Mocka. Zapalił papierosa i zapytał, przy którym stole grał Erwin.

– Czwartym, stryju – padła odpowiedź z głębi muszli.

– Zaraz przyjdę – Mock wsunął Hönnessowi dziesięcio-markowy banknot do kieszeni.

Opuścił toaletę i podszedł do strażnika, stojącego w hallu przy ogromnej fontannie między dwiema potężnymi palmami. Żadne inne miejsce nie byłoby dla niego bardziej odpowiednie. Małpa wlepiała w niego małe oczy.

– Chciałbym się widzieć z kierownikiem kasyna – powiedział Mock i odruchowo sięgnął po legitymację; powstrzymał się jednak; wolał jeszcze nie odkrywać wszystkich swoich kart. – Nazywam się Eberhard Mock. Dokąd mogę się udać?

– Reklamacje załatwiane są przy stoliku. Tam trzeba było wezwać szefa – mruknął strażnik. – Zapraszamy jutro od trzeciej.

– Ja w innej sprawie. Bardzo ważnej sprawie.

Mock powiedział to i zastosował niezawodną metodę uspokajania nerwów: zaczął recytować w myślach odę Horacego *Exegi monumentum...*[*]. Pod niskim sklepieniem czaszki strażnika trwała wytężona praca małego mózgu. Kiedy Mock doszedł do słynnego *non omnis moriar*[**], strażnik rzekł:

– Proszę powiedzieć, jaka to sprawa. Przekażę szefowi i może pana przyjmie...

– Niczego mu nie przekażesz – powiedział Mock – ponieważ musiałbyś powtórzyć dziesięć słów, a to znacznie przekracza twoje możliwości.

– Spierdalaj stąd. I to migiem – strażnik ściągnął brwi i zacisnął wielkie pięści. Niewiele brakowało, a zacząłby nimi dudnić po wypukłej klatce piersiowej.

---

[*] „Wzniosłem pomnik..."
[**] „Nie wszystek umrę".

Mock recytował w myślach słynną odę o nieśmiertelności wybrańca muz. Nagle zaciął się i sam już nie wiedział, kto w milczeniu wchodził na Kapitol: kapłan czy westalka? Wtedy odwrócił się gwałtownie i zadał z półobrotu pierwszy cios. Zaskoczony strażnik chwycił się za szczękę i stracił równowagę. To Mockowi wystarczyło. Schylił się, złapał przeciwnika za kostki u nóg i pociągnął w swoją stronę. Bryzgi wody pokazały, gdzie znalazł się strażnik, pozbawiony podparcia krótkich kończyn. Woda przelała się z fontanny i wypłynęła na czerwony chodnik. Strażnik miotał się bezradnie w marmurowym zbiorniku. Oparł się na rękach i próbował usiąść. Wodospad lał się po jego białej koszuli i oślepiał go. Mock, analizując w myślach kolejne wersy Horacego o huczącej rzece Aufidus, założył kastet i wymierzył cios – w podbródek strażnika. Łokieć gwardiana pośliznął się po dnie basenu, a jego głowa znów opadła w bulgocącą topiel. Mock zrzucił płaszcz, jeszcze raz chwycił strażnika za kostki u nóg i mocnym pociągnięciem wywlókł go z basenu. Głowa małpy gruchnęła o kamienne obramowanie fontanny, po czym ciało wylądowało na miękkim chodniku. Mock zaparł się jedną ręką o palmę i wziął leżącego na szpice i obcasy. Niepotrzebnie. Strażnik po wyciągnięciu z fontanny był już nieprzytomny.

Mock z irytacją spoglądał na swoje przemoczone rękawy marynarki i poplamione krwią nogawki. Zorientował się, że ma w ustach zgasły niedopałek. Wypluł go do fontanny i spojrzał uważnie na gości kasyna, którzy wyszli z sali i z przerażeniem patrzyli na nieprzytomnego strażnika. Ich uczucia podzielał portier, który, nie czekając na pytanie ze strony Mocka, powiedział:

– Biuro kierownika jest na pierwszym piętrze. Pokój 104.

Pokój 104 wydawał się zbyt ciasny dla potężnego, tłustego ciała zakończonego łysą głową, które siedziało rozparte w fotelu i uważnie przeglądało raporty krupierów. Norbert

Risse swą posturą wzbudzał nieopisaną radość restauratorów i krawców. Dziesięciodaniowe posiłki i bele materiału zużytego na jego wykwintne ubrania pozwalały przedstawicielom obu tych profesji choć na chwilę zapomnieć o codziennych materialnych troskach.

Mock wykonywał zupełnie inny zawód, toteż widok Rissego wzbudził w nim niewiele entuzjazmu. Jeszcze mniej zainteresował go jedwabny fular kierownika kasyna, jego pikowany szlafrok, a najmniej zestaw chińskiej porcelany stojący na stoliku do kawy oraz zobojętniała papuga, która znała jedynie język migowy.

– Nazywam się Eberhard Mock – powiedział. – Radca kryminalny Eberhard Mock. Jestem petentem. Skromnym petentem.

Risse przyjrzał się uważnie przemoczonemu ubraniu Mocka, który stał, przestępując z nogi na nogę. Odebrał dzwoniący telefon i słuchał przez chwilę szybkiej i urywanej relacji. Pobladł, odłożył słuchawkę i wskazał gościowi fotel.

– Może skromnym, ale dość niecierpliwym – zauważył Risse. – Słucham pana, panie radco.

– Mój bratanek Erwin Mock przegrał dziś trochę pieniędzy w pańskim kasynie. Chciałbym wiedzieć ile – Mock zaczął skręcać w palcach papierosa. – Od tego zależą moje dalsze prośby.

Risse podsunął Mockowi porcelanowe chińskie naczynko wypełnione papierosami w błękitnej paskowanej bibułce. Mock zapalił podanego mu papierosa i zapatrzył się na piękny zestaw do kawy. Delikatny motyw pędów bambusa wijących się wokół filiżanek, dzbanka i cukiernicy przypominał mu jego dawne, przelotne orientalne fascynacje. Dzbanek parował zachęcająco.

– Pański bratanek nie miał dziś szczęścia. Przegrał tysiąc marek. Wziął na nie kredyt, powołując się na pokrewieństwo z panem. Kredytu udzielamy tylko wtedy, gdy mamy pewność, że zostanie on spłacony najpóźniej następnego dnia.

– Długi karciane są długami honorowymi – Mock obracał w palcach kapelusz. – Nie wiem, czy mi się uda spłacić je już jutro. Proszę o prolongatę długu – pomyślał o konieczności zapłacenia Beckemu za etolę. – Ureguluję dług swojego bratanka pojutrze.

– Słyniemy z tego, panie radco – Rissemu zafalowały policzki i podbródek – że nie pozwalamy naszym klientom na odroczone terminy płatności. Proszę sobie wyobrazić, że ta bezwzględność jest naszym atutem. Klienci stają oko w oko ze swoim losem, z wyzwaniem, z wyimaginowanym przeciwnikiem, jak pan woli, i wiedzą, że jest to przeciwnik trudny i bezkompromisowy. Przeciwnik, z którym trzeba grać z otwartą przyłbicą. Przebywający tu w zeszłym tygodniu książę Hermann III von Kaunitz pożyczył od nas pewną sumę, którą niedługo później przegrał. Pożyczamy tylko raz. Von Kaunitz grał w sobotę, a w niedzielę banki oraz urząd czekowy są nieczynne. *A conto* spłaty długu musiał zostawić u nas trochę rodowej biżuterii. A co pański bratanek mógłby zastawić? Dobrze, że pan się zjawił. Moi ludzie są bardzo bezwzględni wobec niewypłacalnych klientów.

– Nie poczęstuje mnie pan kawą? – Mock nie recytował już w myślach Horacego. – Muszę się zastanowić nad sloganami reklamowymi, które przed chwilą usłyszałem.

Risse sapnął. Nic nie powiedział ani nie zrobił. Mock nalał sobie kawy do filiżanki i podszedł do okna.

– Nie ośmielę się zatem łamać tak świętych zasad – powiedział. – Pan, Risse, po prostu mi pożyczy tę kwotę. Prywatnie. Jak dobremu znajomemu. A ja panu oddam w ciągu tygodnia i nigdy nie zapomnę tego przyjaznego gestu.

- Chciałbym bardzo być pańskim dobrym znajomym, panie radco – uśmiechnął się Risse. – Ale na razie nim nie jestem.

Mock pił powoli kawę i spacerował po pokoju. Jego uwagę przykuł japoński obraz przedstawiający walczących samurajów.

- Wie pan, co się dzieje podczas rewizji, którą ja przeprowadzam? – zapytał. – Jestem bardzo dokładny. Jeżeli czegoś nie mogę znaleźć, denerwuję się i muszę odreagować. Wie pan jak? Po prostu demoluję. Niszczę.

Mock podszedł do stolika i podniósł dzbanek do kawy. Nalał sobie odrobinę i posłodził.

- A teraz jestem bardzo zdenerwowany – powiedział, trzymając w jednej ręce filiżankę, w drugiej dzbanek do kawy.

- Ale to nie jest rewizja – zauważył inteligentnie Risse.

Mock trzasnął filiżanką o kaflowy piec. Risse zmienił się na twarzy, lecz siedział nieporuszony. Mock nastąpił obcasami na skorupki filiżanki i zamienił je w trzeszczące okruchy.

- Jutro ci przyniosę antedatowany nakaz rewizji – Mock wziął potężny zamach. – Wytrzymasz to napięcie, Risse? Pozwolisz, by ten dzbanek przestał istnieć?

Risse nacisnął guzik pod stołem. Mock, widząc to, rzucił dzbankiem w ścianę, po której zaczęły płynąć czarne pasy kawy. Następnie wyjął nóż sprężynowy i przyskoczył do obrazu. Przyłożył ostrze do oka jednego z samurajów. Do gabinetu wpadło trzech strażników. Risse wytarł łzy, które płynęły w fałdach skóry jego twarzy, i dał im znak, by wyszli. Potem zaczął wypisywać czek.

*Wrocław, środa 30 listopada,*
*godzina wpół do jedenastej wieczorem*

Adler zatrzymał się na Nicolaistrasse, przed kamienicą, w której mieszkał Franz Mock. Erwin doszedł już do siebie. Był prawie trzeźwy, lecz jego przełyk rozsadzała pijacka czkawka.

– Stryju – czknął – przepraszam. Oddam stryjowi tę sumę. Dziękuję za ratunek. Musiałem zdobyć pieniądze, by komuś pomóc. Komuś, kto jest w wielkich tarapatach.

– Idź do domu i nie mów nic ojcu – mruknął Mock.

– Przecież – Erwinowi coś nie dawało spokoju – mógł się stryj zapytać... hyyyk... człowieka, który mi pomógł, gdzie jest pokój szefa. Nie musiał stryj katować... hyyyk... tego strażnika w fontannie.

Mock milczał.

– Rozumiem – powiedział Erwin. – Musiał stryj komuś... hyyyk... przywalić. Rozumiem stryja doskonale.

Mock zapuścił silnik. Erwin wysiadł.

Adler sunął powoli przez zaśnieżone miasto. Prowadzący go mężczyzna wiedział, że po powrocie do uśpionego domu zastanie zamkniętą na klucz sypialnię i etolę z norek na klamce drzwi wejściowych. Pomylił się. Etola leżała na wycieraczce.

*Wrocław, czwartek 1 grudnia,*
*godzina ósma rano*

Policyjne archiwum było położone w piwnicach Prezydium Policji przy Schuhbrücke 49. Szerokie okno pod sufitem wychodziło na bruk dziedzińca. Policjanci Eduard Reinert i Heinz Kleinfeld z niewyjaśnionych powodów nie zapalili elektrycznego światła i siedzieli z brodami opartymi na dłoniach. Do ich uszu docierało parskanie koni, odgarnianie śniegu, czasami szczękanie kajdan więźnia aresztu śledczego i przekleństwo klawisza. Nagle doszedł nowy dźwięk: warkot silnika automobilu. Trzasnęły drzwi i zaskrzypiał śnieg pod nogami. W ciemnym okienku pojawiły się najpierw spodnie, a za chwilę twarz Mocka. Po upływie niecałej minuty przed policjantami stał radca kryminalny, od którego biły dwie wonie. Jedna – poalkoholowa – mówiła o spędzeniu nocy w towarzystwie butelki, druga – kolońska – świadczyła o nieudolnej próbie zabicia pierwszego zapachu. Reinert, obdarzony zdumiewającym węchem, poczuł także inną woń – damskich perfum. Przed oczami Reinerta stanął obraz pijanego Mocka w objęciach ekskluzywnej dziewczyny. Obraz ten nie odpowiadał prawdzie. Domniemamy *rex vivendi** spędził noc z butelką wódki, owinięty etolą z norek owianą delikatnym zapachem perfum „Tosca".

Radca zapalił światło i przywitał obu policjantów, którzy formalnie podlegali Mühlhausowi. Byli to bystrzy, dyskretni i małomówni inspektorzy, których Mühlhaus wykorzystywał do specjalnych poleceń. Zadanie, które Mock im teraz przedstawił, wymagało przede wszystkim cierpliwości i uporu.

– Wiem, drodzy panowie – zaczął jak wykładowca uniwersytecki, choć jego sznapsbaryton nasuwał raczej pozanaukowe skojarzenia – że obraziłbym was, gdybym prosił o studiowanie całych roczników akt w poszukiwaniu dwóch adresów, nie uzasadniając celu tych poszukiwań.

Mock zapalił cygaro i przysunął sobie ogromną jak talerz popielnicę. Czekał na jakąś reakcję słuchaczy. Nie było żadnej. Bardzo mu się to spodobało.

– Słyszeliście z pewnością o sprawie Gelfrerta-Honnefeldera. Obu zamordowano w wymyślny sposób: Gelfrert został przywiązany do haków w małej komorze w zakładzie

---

* Król życia.

szewskim, a następnie zamurowany. Honnefeldera natomiast poćwiartowano we własnym mieszkaniu. Gelfrert był samotnym, nadużywającym alkoholu muzykiem, członkiem partii Hitlera. Honnefelder – bezrobotnym ślusarzem i aktywnym komunistą. Dzieliło ich wszystko: wiek, wykształcenie, status społeczny i poglądy polityczne. Coś ich jednak łączyło, o czym powiedział sam morderca. Gelfrertowi przypiął do kamizelki kartkę z datą 12 września bieżącego roku. Kartka ta pochodziła z kalendarza ściennego Gelfrerta i dlatego doktor Lasarius był skłonny uznać, że wtedy właśnie został on zabity. Morderca był u Gelfrerta w domu, wyrwał kartkę z kalendarza, następnie zaprowadził go lub zwabił w jakiś sposób do owego zakładu szewskiego, tam ogłuszył i zamurował żywcem. O okolicznościach śmierci Honnefeldera wiemy tylko tyle, co wam powiedziałem. Morderca znów zostawił dla nas ślad. Na stole leżał kalendarzyk kieszonkowy z zakreśloną datą 17 listopada. Doktor Lasarius jest pewien, że wtedy właśnie zabito Honnefeldera. Nie macie chyba wątpliwości, moi panowie, że obu morderstw dokonał ten sam człowiek.

Kleinfeld i Reinert nie mieli wątpliwości.

– Jak więc widzicie – ciągnął Mock, nie zauważywszy Mühlhausa, który stojąc w drzwiach, przysłuchiwał się jego wywodom – ten bydlak mówi nam: zabiłem wtedy, a nie kiedy indziej. Ja to tak interpretuję: zabiłem wtedy, bo tylko wtedy mogłem zabić. „Mogłem" to nie znaczy „byłem w stanie", lecz to znaczy „tylko wtedy pozwoliły mi na to okoliczności". Jakie okoliczności? Na to pytanie musimy sobie odpowiedzieć – Mock zgasił cygaro i ukłonił się Mühlhausowi. – Moi panowie, obu mordów nie łączy osoba ofiar (są one chyba niewinne), łączy jedynie osoba sprawcy. Nie mielibyśmy żadnego punktu zaczepienia, gdyby nie znaki, które nam daje sam zbrodniarz. Jednak choćbyśmy nie wiem jak analizowali daty tych przestępstw, choćbyśmy je przestawiali, dodawali cyfry, to i tak nie posuniemy śledztwa naprzód. Przyszło mi do głowy, że mordy te mogą być przypomnieniem, co nastąpiło w tych dniach i miesiącach, lecz wcześniej, w minionych latach. Morderca może chce nam powiedzieć, byśmy odgrzebali jakieś stare śledztwo, które mogło dać fałszywe wyniki lub po prostu zostać zatuszowane. To nastąpiło, oczywiście, w tych miejscach, dokładnie pod tymi adresami. Szukajcie zatem w aktach adresów zbrodni. Jeżeli uda wam się znaleźć jakąś wzmiankę o nich, to wtedy rejestrujcie dokładnie, czego ona dotyczy. Interesuje nas, co się tam zdarzyło, a – nade wszystko – kiedy! To wszystko musimy tu znaleźć.

Mock spojrzał na zamyślonego Mühlhausa, wstał i podszedł do ściany zabudowanej regałami zamkniętymi drewnianymi roletami. Przesunął po nich ręką.

– Obaj jesteście absolwentami gimnazjum klasycznego, znacie zatem różne rodzaje okoliczników. Mamy okoliczniki miejsca, czasu, przyczyny, warunku i przyzwolenia. Nas interesują trzy pierwsze. Nie poznamy przyczyny, jeśli nie zbadamy czasu i miejsca. Macie jakieś pytania?

– Panie radco – powiedział Kleinfeld. – Mówił pan o jakichś adresach. Prosimy o nie.


*Wrocław, czwartek 1 grudnia,*
*godzina dziesiąta rano*

Dość regularny rząd kamienic na Grünstrasse między Palmstrasse a Vorwerkstrasse nagle się załamywał. Następowało wgłębienie na szerokość i głębokość jednej kamienicy. Tę wnękę częściowo wypełniał mały jednopiętrowy budynek oddzielony od ulicy dwumetrowym murem i bramą zwieńczoną dwiema wieżyczkami. Tył tego budynku był jakby przyklejony do tyłu wielkiej kamienicy, której frontowa strona wychodziła na podwórko najbliższego kwartału domów. Ta osobliwa budowla miała dwa małe okienka na parterze i na piętrze, a prowadziły do niej masywne drzwi, nad którymi widniał napis „Monistische Gemeinde in Breslau"*. Z wrocławskimi monistami, którzy – oprócz przekonania o duchowej i substancjalnej jedności świata i człowieka – głosili potrzebę naturalnego wychowania młodzieży, areligijną moralność, pacyfizm i sympatię do socjalizmu, związane były rozmaite sekty i ugrupowania, między innymi Wrocławskie Towarzystwo Badań Parapsychicznych.

Dom ten od dawna interesował tajną policję, a zwłaszcza niewielki referat zajmujący się ruchami religijnymi i parareligijnymi, podlegający bezpośrednio komisarzowi Klausowi Ebnerowi. Jego ludzie uzyskali na temat zagadkowego budynku mało informacji. Zadowolili się wpisaniem ich do akt znanego parapsychologa i jasnowidza Theodora Weinpfordta, założyciela Wrocławskiego Towarzystwa Badań Parapsychicznych. Z tych informacji wynikało, że pilnowaniem domu zajmuje się na zmianę czterech pracujących dwójkami strażników. Oprócz nich miejsce to odwiedza dwa razy w miesiącu kilkanaście osób. Przebywają one tam od pięciu do dwudziestu godzin, spędzając czas – zgodnie ze statutem towarzystwa – na seansach spirytystycznych. Niekiedy organizowane są otwarte prelekcje na tematy okultystyczne i astrologiczne. Funkcjonariusze Ebnera wpisali do akt dość zaskakującą wiadomość. Ich informatorzy podali, że odwiedzającym dom czasem towarzyszą dzieci. Policjanci uznali, że członkowie towarzystwa wprowadzają je w arkana sztuk tajemnych. Ebner – po zapoznaniu się z raportami swoich ludzi – postanowił zbadać, czy dzieci nie są tam sprowadzane w jakichś niecnych celach.

---

* Wrocławska Gmina Monistyczna.

94

Jego podejrzliwość wzrosła, kiedy okazało się, że są to wyłącznie dziewczynki z sierocińca, którego kierownik jest członkiem towarzystwa. Po szczegółowym śledztwie wyszło na jaw, iż dziewczynki te poddawane są hipnozie przez utytułowanych lekarzy i nie dzieje im się żadna krzywda. Ebner z radością odłożył sprawę domu na Grünstrasse *ad acta* i wrócił do inwigilacji komunistów i hitlerowców. Sekretarka przepisała akta i przekazała je do Wydziału Obyczajowego. Jego szef, radca kryminalny Herbert Domagalla, nie dostrzegł niczego zdrożnego w działalności towarzystwa i zajął się swymi codziennymi sprawami, czyli masowym werbowaniem agentek wśród prostytutek. Dziewczynki z sierocińca bywały nadal w domu na Grünstrasse.

Były i teraz. Ubrane w długie białe szaty i jakby zahipnotyzowane lub czymś odurzone stały dokoła wielkiego tapczanu, na którym leżały trzy kobiety. Przez małe okno wpadało niewiele zimowego światła, które odbijało się w pomalowanych na biało, pustych ścianach sali wykładowej, z której usunięto krzesła. Światło zimowego poranka mieszało się z ciepłym blaskiem kilkudziesięciu świec rozstawionych nieregularnie w sali. Na podium, za pulpitem wykładowcy stał nagi, brodaty starzec i cicho czytał niewielką książkę oprawioną w białą skórę. Dwa rozgrzane piece wysyłały drgające fale gorącego powietrza.

Dziewczynki obsypywały nagie ciała kobiet białymi płatkami kwiatów, które ślizgały się po gładkiej skórze i osuwały z lekkim szelestem na sztywne prześcieradła. Niektóre z nich przyklejały się i tkwiły nieruchomo na wzniesieniach i w zagłębieniach ciał. Jedna z kobiet – jasnowłosa – leżała nieruchomo, natomiast dwie pozostałe – ciemnowłosa i ruda – wykonywały szereg czynności, które świadczyły o ich najwyższych umiejętnościach w zakresie *ars amandi*. Kiedy ciemnowłosa uznała, iż nieruchoma blondynka jest już właściwie przygotowana do dalszych działań, przerwała swój proceder, powstrzymała zapał rudowłosej koleżanki i kiwnęła głową starcowi. Była to wyraźna zachęta. Starzec nie dał się długo prosić.

*Wrocław, czwartek 1 grudnia,*
*godzina wpół do jedenastej rano*

Mockowi pękała czaszka. Nadmiar tytoniu, czarnej kawy, niepotrzebna flaszka wódki wczoraj, niepotrzebne dwa piwa dzisiaj, napięte nerwy, stos akt, ruina małżeństwa, pochyła kaligrafia raportów i akt, uparte przebieganie oczami akapitów w poszukiwaniu wyrazów zakończonych na *-strasse*, brudne tasiemki wiążące akta, obumieranie uczuć, rozdmuchany kurz, poczucie beznadziejności i bezskuteczności archiwalnej kwerendy – to wszystko mąciło bystrość umysłu Mocka, który kilka godzin wcześniej popisywał się wobec Reinerta i Kleinfelda precyzyjną gramatyką śledztwa.

Teraz ściskał skronie i próbował nie dopuścić do rozsadzenia czaszki przez głuchy i uparty ból. Z rezygnacją musiał jednak oderwać dłonie od głowy i przyjąć od archiwisty Scheiera widełki z mikrofonem oraz słuchawkę.

– Dzień dobry, panie radco, mówi Meinerer...

– Gdzie jesteście?

– Pod Gimnazjum św. Macieja, ale panie radco...

– Macie być u mnie za chwilę.

Mock odłożył słuchawkę, wstał z trudem od stołu i zgasił lampę. Reinert spojrzał na niego niewidzącym wzrokiem, Kleinfeld z uporem ślinił brudny palec. Mock powlókł się po schodach do swojego gabinetu. Dotarł tam po dziesięciu minutach, ponieważ zabawił dłużej w miejscu, gdzie spłaca się dług naturze. Później natarł ze złością na drzwi gabinetu. Zabrzęczały szyby w oszklonych drzwiach, Meinerer zerwał się na równe nogi, a von Stetten zrobił do niego minę „stary jest bardzo zły".

Mock machnął ręką i wszedł do gabinetu, wpuszczając przodem Meinerera. Ten nie zdążył uczynić nawet dwóch kroków, kiedy poczuł silne uderzenie w kark. Poleciał do przodu tak gwałtownie, że runął na podłogę. Wstał natychmiast i usiadł naprzeciw Mocka, który zdążył zająć miejsce za biurkiem, patrząc na niego z wściekłością.

– To za mojego bratanka Erwina – powiedział słodko Mock. – Miałeś go śledzić dzień i noc. I co? I wczoraj mój bratanek omal nie spłukał się do czysta w kasynie, grając na kredyt. Znalazł się w niebezpieczeństwie, ponieważ nie miał czego dać w zastaw. Dlaczego mnie o tym nie powiadomiłeś?

Mock pochylił się nad biurkiem i sięgnął ręką do przodu. Głośny, gorący klaps odbił się na policzku Meinerera. Uderzony cofnął się i już nie patrzył z wściekłością na swojego oprawcę.

– Posłuchaj mnie, Meinerer – ton Mocka był dalej słodki. – Jesteś bystry na tyle, że nie muszę strzępić sobie języka opowieściami o ludziach z tej firmy, którym – mimo że ich lubiłem bardziej od ciebie – przerwałem skutecznie karierę. Powiem więc krótko: jeżeli jeszcze raz nawalisz, zostaniesz przeniesiony do Wydziału Obyczajowego. Zajmiesz się przekonywaniem starych kurew, by robiły regularne badania wenerologiczne. Poza tym czeka tam na ciebie inne pasjonujące zadanie: szantażowanie alfonsów. A oni niełatwo dają się szantażować, ponieważ nie można na nich nic znaleźć. Ich kurwy zgodnie milczą na temat słabostek szefów. Będziesz się zatem z nimi przekomarzał i wysłuchiwał wyzwisk pod swoim adresem. Dzień po dniu. A wyniki będą mizerne. Nagana. Jedna, druga... Mój przyjaciel Herbert Domagalla nie będzie miał dla ciebie litości. I koniec, Meinerer. Taki będzie twój koniec. Z ulgą przyjmiesz stanowisko stójkowego w Rynku, byleby nie widzieć i nie czuć smrodu, rozkładu i syfilisu.

– Co mam robić? – zapytał Meinerer. Jego głos nie zdradzał żadnych uczuć, co zaniepokoiło Mocka.

– Masz dalej śledzić mojego bratanka. Od momentu, kiedy opuszcza mury gimnazjum. – Mock wyjął z kamizelki dewizkę i pochylił głowę. Poczuł w skroniach małe eksplozje. – Ale teraz jest godzina jedenasta. Masz więc jeszcze czas. Pójdziesz do radcy kryminalnego Domagalli i znajdziesz mi coś obyczajowego na szefa kasyna w hotelu „Cztery Pory Roku", Norberta Rissego. No co jest? Idź i zobacz, jak wygląda twój przyszły wydział.


*Wrocław, czwartek 1 grudnia, południe*

Starzec wydał ostatnie miłosne westchnienie. Sophie krzyknęła głośno, ochryple. Zacisnęła oczy i leżała tak długie minuty. Odetchnęła, uwolniona od ciężaru mężczyzny. Usłyszała człapanie bosych stóp starca. Nie otwierając oczu, pogłaskała się po szyi, gdzie szorstka broda starca zostawiła czerwone swędzące ślady. Tapczan falował pod naciskiem muskularnego ciała barona von Hagenstahla, które przekazywało swoją energię kinetyczną ciału rudej ulicznicy, a następnie – za jej pośrednictwem – korpusowi Elisabeth, tkwiącemu w dole tej skomplikowanej piramidy.

Sophie otworzyła oczy. Przy łóżku stały dwie dziewczynki. Patrzyły teraz już przytomnymi oczami, w których nie było śladów odurzenia ani hipnotycznego odrętwienia. Wtedy baron uderzył w twarz rudowłosą prostytutkę. Na jej policzku pojawiło się wyraźne zaczerwienienie. Von Hagenstahl wziął kolejny zamach. Dziewczynki zadrżały. Łzy napłynęły im do oczu. Bezradne i przerażone, trzymały w zaciśniętych piąstkach białe płatki róż.

– Mamy jeszcze sypać? – zapytała jedna z nich.
Sophie wybuchnęła płaczem.

*Wrocław, czwartek 1 grudnia,*
*godzina druga po południu*

– I co? – zapytał Mock.

Heinz Kleinfeld przetarł binokle i popatrzył na Mocka zmęczonymi, krótkowzrocznymi oczami. W jego spojrzeniu kryła się melancholia, spryt i talmudyczna mądrość.

Eduard Reinert również przerwał czytanie akt i oparł brodę na pięści. Ekspresja jego twarzy była stonowana, a uczucia na niej znacznie mniej czytelne. Ani jeden, ani drugi policjant nie musiał odpowiadać na pytanie Mocka. Radca kryminalny znał skutki archiwalnych eksploracji.

– Zjedzcie coś teraz i przyjdźcie tu za godzinę – powiedział Mock i złożył studiowane przez siebie akta w równy stos. Przez następne kilkanaście sekund zajmował się swoimi włosami, które się uparcie wkręcały w zęby kościanego grzebyka. Nigdzie mu się nie spieszyło, mimo iż przed kilkoma minutami Mühlhaus przekazał mu telefonicznie rozkaz bezzwłocznego stawienia się. Doprowadził się do porządku, wyszedł z archiwum i rozpoczął żmudną wędrówkę po schodach i korytarzach. Robił wszystko, by odwlec spotkanie z szefem: zgniatał czubkiem buta dawno wygasłe niedopałki, wypatrywał znajomych, z którymi mógłby uciąć sobie pogawędkę, nie omijał żadnej spluwaczki. Nie spieszyło mu się do widoku rozwścieczonego Mühlhausa i do rozmowy, podczas której musiało nastąpić to, co nieuniknione.

Mühlhaus był rzeczywiście wściekły. Szeroko rozłożone ręce opierał na biurku. Grube palce wybijały monotonny rytm po ciemnozielonym blacie. Skute lodowatym gniewem szczęki zaciskały się na ustniku fajki, a spoza zębów i z nozdrzy wydostawały się strugi dymu. Mühlhaus po prostu kipiał.

Mock usiadł naprzeciwko swojego szefa i zaczął zapełniać wielką popielniczkę w kształcie podkowy.

– Mock, jutro zapuka do pańskich drzwi posłaniec – głos Mühlhausa drżał z emocji – i przyniesie panu zaproszenie na nadzwyczajne posiedzenie loży „Horus". Wie pan, jak będzie brzmiał drugi punkt porządku dziennego? „Sprawa wykluczenia Eberharda Mocka z loży". Właśnie tak. Ten punkt ja zaproponowałem i ja go zreferuję. Może pan jeszcze pamięta, że jestem sekretarzem loży?

Umilkł i obserwował Mocka. Poza zmęczeniem niczego nie dostrzegł na jego twarzy.

– Powód wykluczenia? – Mock gasił papierosa, wkręcając go w dno popielniczki.

– Popełnienie przestępstwa kryminalnego – Mühlhaus, by się uspokoić, zaczął obracać żelaznym szpikulcem w gorącym cybuchu. – Za to samo wykluczają z policji. Doigrał się pan.

– A jakie ja popełniłem przestępstwo? – zapytał Mock.

– Udajecie idiotę czy naprawdę nim jesteście? – Mühlhaus ostatkiem sił powstrzymywał się przed krzykiem. – Wczoraj przy dziesięciu świadkach pobiliście pracownika kasyna, Wernera Kahla. Użyliście przy tym kastetu. Kahl niedawno odzyskał przytomność. Potem zniszczyliście drogocenną chińską porcelanę dyrektora kasyna, Norberta Rissego, chcąc wymóc na nim prolongatę długu bratanka. Widzieli to trzej świadkowie. Do dyżurnego wpłynęło doniesienie o przestępstwie. Niedługo zostanie sformułowane oskarżenie o pobicie i zniszczenie mienia dużej wartości. Potem staniecie przed sądem, a wasze szanse są nikłe. Loża uprzedza fakty i usuwa ze swojego grona potencjalnych kryminalistów. Prezydent policji zawiesi pana w obowiązkach. A potem się pożegnamy.

– *Herr Kriminaldirektor* – Mock zamilkł po wypowiedzeniu tak oficjalnego tytułu i wsłuchiwał się przez chwilę w odgłosy za oknem: dzwonek tramwaju na Schuhbrücke, plusk odwilży, klaskanie końskich kopyt na mokrym bruku, szuranie nóg studenterii spieszącej na wykłady. – Chyba jeszcze nie wszystko jest przesądzone. Ten strażnik ubliżył mi i pierwszy mnie zaatakował. Ja się tylko broniłem. Potwierdzi to mój bratanek i niejaki Willibald Hönness, pracownik kasyna. Rissemu bym nie wierzył. Poczęstował mnie kawą i stłukła mi się filiżanka. A on, jak widzę, podał w zażaleniu, że wybiłem mu cały chiński serwis. Dziwię się, że nie powiedział o gwałcie, którego dokonałem na jego papudze.

Mühlhaus uniósł ramiona i z całej siły grzmotnął pięściami w biurko. Podskoczył kałamarz, potoczyła się po blacie obsadka, posypał się piasek z podniszczonej piasecznicy.

– A niech cię jasna cholera! – ryknął Mühlhaus. – Chcę się od ciebie dowiedzieć, co się stało! A ty zamiast wyjaśnień sprzedajesz mi kiepskie dowcipy na temat papugi. Jutro zostanę wezwany do prezydenta policji Kleibömera. Gdy mnie zapyta, co masz na swoje usprawiedliwienie, odpowiem: Mock bronił się stwierdzeniem „Ja bym nie wierzył Rissemu".

– Jedynym usprawiedliwieniem są więzy rodzinne – powiedział Mock. – Mój bratanek to moja krew. Wiele dla niej zrobię. Niczego więcej nie mam na swoje usprawiedliwienie.

– Tak powiem jutro staremu: zew rodzinnej krwi – ironizował Mühlhaus. Już się uspokoił, zapalił fajkę i świdrował podwładnego dwiema szparkami oczu. Mockowi zrobiło się go żal. Przyglądał się jego łysinie pociętej rzadkimi pasmami włosów, długiej, dziewiętnastowiecznej brodzie, kiełbaskowatym palcom obracającym nerwowo ciepły cybuch. Wiedział, że Mühlhaus wróci dziś wieczorem do domu po tradycyjnej czwartkowej partii skata, że przywita go obiadem chuda żona, która starzeje się z nim od ćwierćwiecza, że będą rozmawiali o wszystkim, tylko nie o swoim synu Jakobie, po którym został pusty i wyziębiony pokój.

– Herr Kriminaldirektor, naprawdę nie należy wierzyć Rissemu. Dyrektor kasyna to pederasta zamieszany w sprawę „czterech marynarzy". Cóż może znaczyć jego słowo przeciw mojemu?

– Nie znaczyłoby nic w normalnych okolicznościach. Ale pan przesadził, Mock, i zrobił pan prawdziwy western na oczach wielu świadków. Wiem, że Risse szykuje się dziś do wywiadu dla „Breslauer Neueste Nachrichten". Obawiam się, że nawet nasz szef ma za mało władzy, by pana obronić i powstrzymać sensacyjny materiał prasowy.

– Jest ktoś, kto potrafi to zrobić – Mock wciąż miał nadzieję, że nie będzie musiał się dzielić z Mühlhausem informacjami, które uzyskał od Meinerera. – To dyrektor kryminalny Heinrich Mühlhaus.

– Naprawdę? – Mühlhaus uniósł wysoko brwi, gubiąc przy tym monokl. – Może pan ma rację, ale ja nie chcę panu pomóc. Mam pana dość, Mock.

Mock dobrze znał rejestry toniczne głosu Mühlhausa. Ten słyszał po raz pierwszy – charakteryzował się ironią, pogardą i zadumą. To mogło znaczyć: szef podjął ostateczną decyzję. Mock musiał sięgnąć po argument rozstrzygający.

– Naprawdę nie uczyni pan nic i pozwoli pan, by Risse zatriumfował? By zatriumfował homoseksualny mecenas artystów, którzy kochają go z całego serca i ciała? Wśród nich jest młody malarz o pseudonimie Giacoppo Rogodomi.

Mühlhaus odwrócił się do okna, pokazując Mockowi zgarbione i zaokrąglone plecy. Obaj wiedzieli, jakiego pseudonimu używa Jakob Mühlhaus, marnotrawny syn Heinricha. Mijały minuty. O szybę zastukał deszcz, zawyła policyjna syrena, zadzwoniły kuranty na kościele św. Macieja.

– *Herr Kriminalrat* – Mühlhaus nie odwracał się od okna.

– Nie będzie żadnego nadzwyczajnego posiedzenia loży „Horus".

*Wrocław, czwartek 1 grudnia,*
*wpół do ósmej wieczorem*

Pod bezchmurnym gwiaździstym niebem ściskał lekki mróz. Bruki ulic pokryły się cienkim lukrem lodu. Mock wsiadł do adlera i wyjechał z dziedzińca Prezydium Policji. Pozdrowił zamykającego bramę portiera i skręcił w lewo koło kamienicy „Pod Dwoma Polakami" na Schmiedebrücke. Przygarbiony węglarz prowadził za uzdę chudego konia, który powłóczył kopytami z takim trudem, że ciągnięty przez niego furgon z węglem zablokował ulicę i zmusił Mocka do wolnej jazdy. Mózg radcy kryminalnego był pusty i wyjałowiony przez setki nieprzydatnych mu do niczego informacji z policyjnych akt, przez dziesiątki nazwisk i raportów o zbrodni, krzywdzie i rozpaczy. Nie mógł niczym zająć umysłu, nie złościł się nawet na węglarza. Dodawał lekko gazu i obserwował w świetle neonów przechodniów, szyldy i witryny. Z szynku Noacka wyszedł rozgniewany elegant w meloniku i starał się coś wytłumaczyć zapłakanej dziewczynie w ciąży. Światło padające z wystaw domu towarowego Messowa i Waldschmidta oświetlało dwóch listonoszy, którzy kłócili się zażarcie o topografię miasta. Obfita tusza jednego z nich świadczyła, że jego wiadomości są raczej teoretyczne i pochodzą z wytrwałych podróży palcem po mapie. Z bramy przelotowej koło sklepu z konfiturami wytoczył się pijany medyk lub akuszer dźwigający torbę lekarską tak wielką, że oprócz lekarstw i narzędzi chirurgicznych mogłaby się tam pomieścić cała jego etyka zawodowa.

Mock z ulgą wyminął gruźliczego furmana, skręcił w prawo i ruszył z rykiem silnika wzdłuż północnej pierzei Rynku. Spojrzał przez lewe ramię i ze zdziwieniem dostrzegł panią Sommé, żonę jubilera, jednego z braci Sommé.

„O tej porze?", zdziwił się i nagle coś sobie przypomniał. Zatrzymał automobil, wysiadł, przeszedł przez ruchliwą ulicę i zbliżył się szybkim krokiem do sklepu.

– Dobry wieczór, pani Sommé – zawołał. – Widzę, że jeszcze ma pani otwarte. Chciałbym zobaczyć ten naszyjnik, o którym rozmawiałem z pani mężem, ten z rubinami.

– Proszę bardzo, panie radco – pani Sommé odsłoniła w ponętnym uśmiechu różowe dziąsła. – Myślałam, że już pan nie przyjdzie, proszę bardzo, przygotowałam ten naszyjnik w wiśniowym etui. Myślę, że pańskiej małżonce będzie w nim bardzo do twarzy. Świetnie się komponuje z zielonymi oczyma...

Weszli do sklepu. Pani Sommé podała Mockowi naszyjnik, przechylając się przez ladę. Mock omiótł wzrokiem jej trzydziestoletnią zgrabną sylwetkę i zagłębił się w kontemplacji klejnotu. Obok niego z ust żony jubilera płynął potok wyrazów i westchnień. Kaskady jasnych sylab zalewały jego umysł, lecz za chwilę dołączył się do nich inny dźwięk. Wsłuchał się uważnie – zza drzwi prowadzących na zaplecze dobiegał radosny męski głos podśpiewujący kuplet Ottona Reuttera *Wie reizend sind die Frauen**.

– ...rzadki wypadek. Naprawdę szczęśliwa musi być kobieta, którą tak się kocha – szczebiotała pani Sommé.

---

* Jak podniecające są kobiety (niem.).

– Och, zawsze pan pamięta o swojej małżonce, pan taki zapracowany, tak troszczący się o nasze bezpieczeństwo...

Słowa pani Sommé przypomniały Mockowi, że ostatnio zatroszczył się o bezpieczeństwo swojego bratanka i pieniędzmi, za które miał kupić Sophie naszyjnik, musi pokryć hazardowe długi Erwina. Przypomniał sobie również, że dzisiaj nie ma konieczności kupowania naszyjnika, że dopiero jutro nastąpi ustalony przez astrologa Völlingera dzień poczęcia i że wówczas weźmie w ramiona swoją żonę ubraną jedynie w rubiny... Uchylił kapelusza i obiecał, że jutro na pewno dokona zakupu, bąknął jakieś przeprosiny żonie jubilera, która właśnie mówiła:

– ...oby wszystkie małżeństwa były takie...

Wyszedł, a jego myśli krążyły wokół sposobów zdobycia pieniędzy na naszyjnik.


*Wrocław, czwartek 1 grudnia,*
*trzy kwadranse na ósmą wieczorem*

Elisabeth Pflüger ćwiczyła partię pierwszych skrzypiec z kwartetu *Śmierć i dziewczyna* Schuberta, kiedy jej służąca wśliznęła się cicho do salonu i położyła obok wazonu z białymi chryzantemami pachnącą kopertę z monogramem S.M. Elisabeth przerwała grę, chwyciła kopertę i ułożyła się na szezlongu, podwijając pod siebie smukłe nogi. Z drżeniem rąk zagłębiła się w lekturze chabrowych stroniczek zapełnionych okrągłym pismem.

*Kochana Elisabeth,*
*wiem, że to, co piszę, może doprowadzić Cię do łez. Wiem też, ile oddania masz dla mnie. Nie mogę jednak dopuścić, by to wzniosłe uczucie, które nas łączy, stało się grobem mojego szczęścia małżeńskiego.*

*Moja kochana, nie czyń sobie żadnych wyrzutów. Nikt mnie nie zmuszał do uczestnictwa w spotkaniach z baronem, które dają Ci tak wiele radości. Brałam w nich udział z własnej woli i z własnej woli z nich rezygnuję. Tak, moja słodka, muszę opuścić Wasze grono, co nie znaczy, że ten list do Ciebie jest listem pożegnalnym. Łączy nas coś, co przetrwa lata i czego nie zniszczy ani ludzka złość, ani zawiść, bo cóż może poróżnić dwie kapłanki służące tylko jednej pani – Sztuce. To w jej cichej świątyni będziemy zażywać duchowych rozkoszy. Nasza przyjaźń pozostaje niezmienna, a liczba naszych spotkań będzie po prostu pomniejszona o spotkania z baronem.*

*Byłoby z mojej strony nieuczciwe, gdybym Ci nie podała powodu mojego zerwania z grupą barona. Jak wiesz, spotkania te oczyszczały mnie duchowo. Jestem zbyt dumna, by pozwolić Eberhardowi na poniżanie mnie. A poniżeniem jest dla mnie każda chwila poza obowiązkami zawodowymi, którą spędza beze mnie. Każda sekunda, w której dobrowolnie mnie opuszcza, jest dla mnie najsroższą obelgą. Ubliża mi również, kiedy robi mi wymówki, kiedy mnie bije, oskarża o bezpłodność lub kiedy ogarnięty pożądaniem błaga mnie o miłość. Razy duchowe są najgorsze, najokrutniejsze i najboleśniejsze. Wiesz jednak, moja droga, że nie mogę bez niego żyć, bez jego zgorzknienia, jego cynizmu, plebejskiej siły, liryzmu i rozpaczy. Gdyby mi tego zabrakło, nie miałabym po co żyć.*

*Kochanie, wiesz doskonale, że nasze spotkania z baronem były dla mnie odtrutką na krzywdy, jakie Eberhard mi wyrządzał. Po upokorzeniu następowało nasze spotkanie, a wraz z nim nadchodziła niebiańska chwila zemsty. Potem czysta i niewinna, jakby oczyszczona w źródlanej krynicy, rzucałam się na szyję Eberharda i oddawałam mu się, pragnąc, by wreszcie nastąpiło poczęcie, które zmieni nasze życie. Poczęcie nie następowało i nie było żadnych zmian. Zrozpaczony Eberhard rozpoczynał alkoholową dyskusję z własnymi zmorami, po czym poniżał mnie i pojawiał się następny powód*

do zemsty. Dzwoniłam do Ciebie i Ty – tak cudownie ze-
psuta – przywracałaś mi dawną niewinność.

Ten rytm się załamał. Dziś rano przeżyłam chwile grozy
w tym okropnym pustym domu, kiedy spojrzałam w oczy
dziewczynce, która wyszła z hipnozy i z lękiem obserwowała
Twoje najwyższe uniesienia. Ta mała sierota stojąca przy naszym łożu została najohydniej zdemoralizowana, ponieważ
zobaczyła coś, czego nie zapomni do końca życia. Jestem
o tym najmocniej przekonana, gdyż sama byłam świadkiem
takiej sceny w wykonaniu moich rodziców i jej zwierzęcość
rozerwała najwrażliwsze struny mojej duszy. Najsmutniejsze
jest to, że ta sierotka patrzyła z niewyobrażalną grozą i bez-
radnością w moje oczy, w oczy kobiety, która mogłaby być jej
matką, ba!, która chciałaby być jej matką. Dziś nie zostałam
oczyszczona, dziś za żadne skarby nie mogę się oddać Eberhardowi. Zamiast zemsty pogrążyłam się w odmętach rozpaczy. Jestem zła i zbrukana. Nie wiem, co mnie może oczyścić.
Chyba tylko śmierć.

To wszystko, moje kochanie, kończę ten smutny list i całuję
Cię, życząc Ci szczęścia.

Twoja Sophie


Wrocław, czwartek 1 grudnia,
godzina ósma wieczorem

W restauracji Grajecka panował zwykły wieczorny bez-
ruch. Księżniczki nocy bezskutecznie wpatrywały się
w spracowanych mieszczan, ci zaś topili wzrok w spotnia-
łych kuflach piwa. Jeden z nich czynił to już po raz dzie-
siąty tego dnia. Był to wachmistrz kryminalny Kurt Smolorz. Na widok swojego szefa uśmiechnął się krzywo, co
wzbudziło w Mocku niejasne podejrzenia co do trzeźwości

podwładnego. Złocisty napój oddziałał *in plus* na mimikę twarzy Smolorza, lecz nie na dość ubogą składnię jego języka.

– Jak zwykle – wachmistrz starał się mówić bardzo wyraźnie. – Dziesiąta–druga: panna Pflüger, muzyka, od drugiej – dom.

– Jak zwykle, powiadacie – Mock zasępił się i przyjął od kelnera kielich koniaku i kawę. – Ale jest coś, co nie jest jak zwykle. To wasz stan. Od kiedy zaczęliście znów pić?

– Od kilku dni.

– Co się stało? Przecież nie piliście od „sprawy czterech marynarzy".

– Nic.

– Jakieś kłopoty?

– Nie.

– Co piliście?

– Piwo.

– Ile?

– Pięć.

– Siedzicie tu i pijecie, zamiast śledzić moją żonę?

– Przepraszam, *Herr Kriminalrat*, ale ja tu wpadałem na jedno piwo i dalej stałem pod oknem. Pańskim oknem. Tak wyszło pięć piw.

W drugiej sali jakiś gość dorwał się do pianina. Gra wskazywała na rzeźniczą profesję grajka. Z przyzwyczajenia rąbał na klawiszach półtusze.

Mock puszczał w skupieniu kółka z dymu. Znał dobrze podwładnego i wiedział, że pięć piw nie jest w stanie wywołać na jego ponurej twarzy uśmiechu. A bez wątpienia ten grymas, którym Smolorz zareagował na jego wejście, był uśmiechem. Musiał zatem wypić więcej. Smolorz wstał, nacisnął na głowę kapelusz i ukłonił się, jak mógł najuprzejmiej.

- Z tym swoim dyganiem moglibyście występować na akademii szkolnej - mruknął Mock i nie podał Smolorzowi ręki, co zwykle czynił. Odprowadzając wzrokiem jego kanciastą sylwetkę, zastanawiał się, dlaczego jego podwładny złamał śluby abstynencji i dlaczego kłamał co do ilości wypitego alkoholu. Wstał, podszedł do baru i kiwnął palcem na barmankę w zaawansowanym wieku pobalzakowskim. Ta ochoczo zatańczyła na pięcie i wskazała pytającym gestem pusty kieliszek Mocka.

- Nie, dziękuję - położył na kontuarze monetę pięciomarkową, która przyspieszyła ruchy barmanki i bicie serc siedzących wokół samotnych dziewczyn. - Chcę się czegoś dowiedzieć.

- Słucham - barmanka starannie wsunęła monetę między piersi. Była to skrytka bezpieczna i wygodna.

- Ten pan, z którym rozmawiałem, jak długo tu siedział i ile wypił piw? - zapytał cicho Mock.

- Siedział od trzeciej, wypił cztery duże piwa - barmanka odpowiedziała równie cicho.

- Wychodził gdzieś?

- Nigdzie. Nie chciało mu się nigdzie wychodzić. Sprawiał wrażenie załamanego.

- Po czym pani to poznała?

- Nie potrafię tego wyjaśnić. Po dwudziestu latach pracy za barem rozpoznaję klientów, którzy piją, by o czymś zapomnieć. - Barmanka nie kłamała. Mogła nic nie wiedzieć, ale o mężczyznach wiedziała wszystko. - Ten pański znajomy udawał twardego i ordynarnego, ale w środku był całkiem rozgotowany.

Mock, nie czekając na psychologiczną wiwisekcję własnej osoby, spojrzał w jej mądre i aroganckie oczy, uchylił kapelusza, zapłacił za koniak i wyszedł na ulicę. „Nawet on mnie okłamuje - myślał o Smolorzu. - Nawet on, który mi tyle zawdzięcza. Kiedy chlał, Sophie mogła robić wszystko".

Na ziemię opadały lekkie płatki śniegu. Mock wsiadł do adlera i ruszył w stronę oddalonego o sto metrów Rehdigerplatz. Rozsadzała go wściekłość. Czuł gwałtowny rytm pulsujący w żyłach i tętnicach, a ciśnienie krwi napierało na potylicę. Zatrzymał się przed domem i otworzył okno auta. Mroźne powietrze i śnieg wwiewany przez okno ostudziły na chwilę jego emocje. Przypomniał sobie wczorajszy wieczór – namiętność na klatce schodowej, wyratowanie Erwina z opresji, etolę z norek leżącą na wycieraczce, zamkniętą bezlitośnie sypialnię i piekące łyki wódki spływające do żołądka. „Dzisiejszą noc spędzę przytulony do Sophie – myślał. – Będziemy tylko leżeć obok siebie. Nadmiar alkoholu może mi się dziś nie przysłużyć, a jutro będę w pełni męskich sił i podaruję jej naszyjnik. Czy to na pewno jutro?"

Sięgnął do teczki po ekspertyzę astrologa Völlingera i skierował ją w stronę niebieskawego światła latarni gazowej. Przebiegł oczami kosmogramy i charakterystyki osobowości obojga państwa Mock. Uwagę jego przykuły rozważania prognostyczne. Nagle zahuczały mu w uszach bębny krwi. Zdmuchnął płatki śniegu gęsto osiadające na kartce i z przerażeniem przeczytał: „najlepsza data poczęcia – 1 XII 1927". Zacisnął z całej siły powieki i wyobraził sobie Sophie czekającą w jadalni. Jest zacięta i niedostępna, lecz za chwilę jej twarz rozchmurza się na widok naszyjnika z rubinów. Całuje swojego męża, przesuwając lekko dłonią po jego szerokim karku.

Mock wyjął ze srebrnego wizytownika kartę jubilera Sommé i przeczytał uważnie adres. „Breslau, Drabitziusstrasse 4". Nie zamykając okna, zapuścił silnik i ruszył gwałtownie. Czekała go podróż przez całe zaśnieżone miasto.

*Wrocław, czwartek 1 grudnia,*
*godzina dziewiąta wieczorem*

Jubiler Paul Sommé przełknął z trudem ślinę, która boleśnie podrażniła opuchnięte gardło. Czuł wzbierającą gorączkę. W takich chwilach ukojenie znajdował w jednej tylko czynności: w lustrowaniu swej numizmatycznej kolekcji. Leżał zatem otulony granatowym szlafrokiem z purpurowymi wyłogami i przeglądał zbiór starych monet. Błyszczące od wysokiej temperatury oko znawcy, uzbrojone w potężną lupę, pieszczotliwie głaskało siedemnastowieczne gdańskie guldeny, śląskie grzywny i carskie imperiały. Wyobrażał sobie swoich przodków, jak gromadzą w sakiewkach góry złota, a potem kupują posiadłości, folwarki, kobiety i tytuły. Wyobrażał sobie ich syty, spokojny sen podczas wojen i pogromów w Polsce i Rosji, zabezpieczony przez hojnie opłacanych hutmanów, justycjariuszy i policjantów. Przedstawiciele tego zawodu zawsze wzbudzali u Sommégo dużo ciepłych uczuć. Nawet teraz, choć był złożony ciężkim przeziębieniem i został nagłym dzwonkiem oderwany od realizowania kolekcjonerskich pasji, z zadowoleniem przyjął od kamerdynera wizytówkę radcy kryminalnego Eberharda Mocka.

– Prosić – rzekł do służącego i z ulgą położył wstrząsane dreszczami ciało na miękkich poduszkach szezlonga.

Widok kwadratowej sylwetki Mocka napełnił go równie wielkim zadowoleniem, co jego wizytówka. Cenił radcę kryminalnego z dwóch powodów: po pierwsze Mock był policjantem, po drugie był mężem pięknej, kapryśnej i młodszej o dwadzieścia lat kobiety, której zmienne uczucia dość często zachęcały jej męża do odwiedzenia jubilerskiego salonu. On sam, starszy od swojej żony ponad trzydzieści lat, doskonale znał kobiece dąsy, melancholie i migreny. Tylko to łączyło go z Mockiem. Inaczej reagował na te zjawiska.

W odróżnieniu od radcy był mądry, wyrozumiały i tolerancyjny.

– Proszę się nie usprawiedliwiać, ekscelencjo – mimo palącego gardła nie pozwolił Mockowi dojść do głosu. – Chodzę spać późno, a poza tym żadna pańska wizyta nie jest nie w porę. Czym mogę służyć waszej ekscelencji?

– Drogi panie Sommé – Mock nie mógł ochłonąć z wrażenia, jakie zawsze wywierały na nim obrazy niderlandzkich mistrzów wiszące na ścianach gabinetu jubilera. – Chciałbym teraz kupić ten rubinowy naszyjnik, o którym ostatnio rozmawialiśmy. Potrzebuję go koniecznie dzisiaj, lecz zapłaciłbym jutro lub pojutrze. Bardzo pana proszę o wyświadczenie mi tej uprzejmości. Zapłacę na pewno.

– Ja wiem, że na panu mogę w pełni polegać – jubiler zawahał się. Gorączka deformowała przedmioty i perspektywę. Wydawało mu się, że dwóch Mocków rozgląda się po ścianach. – Ale jestem trochę niezdrów, mam wysoką temperaturę... To jest główna przeszkoda...

Mock spojrzał na płótna i przypomniał mu się wczorajszy wieczór w gabinecie Rissego oraz samuraj z nożem przyłożonym do oka.

– Ja naprawdę chciałbym spełnić prośbę waszej ekscelencji, naprawdę nie szukam wymówek – głos Sommégo załamywał się pod wpływem silnego zdenerwowania. Jego głowa opadła w rozpaloną i wilgotną koleinę poduszki. – Możemy zaraz zadzwonić do mojego lekarza, doktora Grünberga, a on potwierdzi, że zakazał mi opuszczać dom.

Widząc, że Mock zmienia się na twarzy, Sommé wstał szybko z szezlonga. Doznał gwałtownego zawrotu głowy, a kropelki potu, wywołane chorobą i strachem przed utratą klienta, pojawiły się na pokrytej wypiekami twarzy. Oparł się ciężko o biurko i szepnął:

– Ale to wszystko nic. Proszę zaczekać chwilę, zaraz będę gotów.

Jubiler ruszył wolno w stronę drzwi od swojej sypialni. Na mokrą łysinę wcisnął staromodną szlafmycę.

– Panie Sommé – powstrzymał go Mock. – A czy nie mogłaby ze mną pojechać do sklepu pańska żona? Pan jest naprawdę chory. Nie chciałbym pana narażać na niebezpieczeństwo.

– Och, jaki pan radca troskliwy – jubiler wykrzesał z siebie niekłamany zachwyt. – Ale to jest niemożliwe. Moja ukochana Edith wyjechała dziś rano na aukcję starych sreber do Lipska. Podczas jej nieobecności i mojej choroby sklepem zarządza nasz zaufany subiekt. Ale to i tak na nic. To znaczy nic panu nie pomoże ów subiekt. Tylko ja znam szyfr do kasy, w której leży ten naszyjnik. Zaraz się ubiorę i pojedziemy.

Sommé wyszedł do sąsiadującej z gabinetem sypialni i powoli zamknął drzwi. Mock usłyszał charakterystyczny szelest osuwającego się na podłogę ciała i huk uderzającego o parkiet krzesła lub stołka. Szybko wbiegł do sypialni i zobaczył omdlałego jubilera leżącego na ziemi. Przewrócił go na plecy i uderzył dłonią po płonącym policzku. Sommé ocknął się i uśmiechnął do swoich rojeń. Wydawało mu się, że widzi ukochaną Edith z rozwianymi włosami podczas ostatniego urlopu w Górach Sowich. Mock miał natomiast zupełnie inne widzenie: Edith Sommé, przystrojona w klejnoty wyjęte z gablot, jej szyja spętana jego naszyjnikiem, leży omdlała z rozrzuconymi nogami na małej otomanie na zapleczu sklepu jubilerskiego, a nasycony jej ciałem dorodny samiec ryczy pełnym głosem Reutterowy kuplet.

„Nie ma to jak zaufany subiekt" – pomyślał, zostawiając majaczącego Sommégo pod opieką służącego.

Mock wszedł do mieszkania i rozejrzał się po przedpokoju. Był zdziwiony panującą w nim ciszą i pustką. Oprócz psa nikt go nie witał, nikt się nie cieszył z jego powrotu, nikt na niego nie czekał. Jak zwykle, gdy służba miała wolny wieczór. Marta wyjechała do krewnych koło Opola, a Adalbert – cierpiąc na to samo, co jubiler Sommé – leżał w służbówce. Mock zdjął płaszcz i kapelusz i nacisnął klamkę drzwi od sypialni. Sophie spała otulona kołdrą. Głowę osłaniała ramionami, jakby chcąc się uchronić przed uderzeniem. Oba kciuki owinięte były pozostałymi palcami. Mock czytał gdzieś, że to nieświadome ułożenie ciała śpiącego człowieka oznacza jego niepewność i bezradność. Rozczulenie, jakie poczuł, · uwolniło wspomnienie: oto Sophie i Eberhard na dworcu. On wyjeżdża do Berlina po medal za rozwiązanie pewnej trudnej sprawy, ona żegna go czule. Pocałunek i prośba: „Jeśli wrócisz w nocy, obudź mnie. Wiesz jak".

Mock słyszał i teraz ten cichy, rozwiązły śmiech Sophie. Słyszał go podczas kąpieli, kiedy zamykał drzwi od sypialni i przekręcał klucz od wewnątrz. Brzmiał on w jego uszach, kiedy kładł się obok żony i zaczynał ją budzić w sposób, który bardzo lubiła. Sophie westchnęła i delikatnie odsunęła się od męża. Ale on był uparty i ponowił swe starania. Sophie rozbudziła się całkowicie i spojrzała w zamglone oczy Mocka.

– Dziś jest ten dzień – szepnął. – Dzień poczęcia naszego dziecka.

– Wierzysz w te brednie? – zapytała sennie.

– Dziś jest ten dzień – powtórzył. – Przepraszam za wczorajsze. Musiałem pomóc Erwinowi.

- Nic mnie to nie obchodzi - Sophie odsunęła od siebie zaborcze ręce męża i nadąsała się. - Ani Erwin, ani ta astrologiczna prognoza. Źle się czuję. Pozwól mi spokojnie zasnąć.

- Kochanie, jutro ci dam naszyjnik z rubinami - oddech Mocka parzył ją w szyję. Wstała i usiadła na kanapce pod oknem, podwijając pod siebie jedwabną koszulę nocną. Spojrzała na łóżko i przypomniała sobie drapiącego brodą starca.

- Masz mnie za kurtyzanę - Sophie patrzyła uważnie nieco wyżej, ponad głową Eberharda - której miłość można kupić za naszyjnik?

- Wiesz, że bardzo lubię - uśmiechnął się zmysłowo - kiedy udajesz sprzedajną dziewczynę.

- Mówisz ciągle o sobie. Tylko „ja" i „ja" - ton głosu Sophie był lubieżnie zaczepny. - Co „ja lubię", co „mnie interesuje" i tak dalej. Nie zapytasz mnie nigdy, co ja lubię, co ja chciałabym robić. Cały świat musi tobie służyć.

- A co najbardziej lubisz? - Mock poszedł śladem jej zachęcającego uśmiechu.

Sophie usiadła obok męża i pogłaskała dłonią jego silny kark.

- Udawać sprzedajną dziwkę - odpowiedziała.

Mock stał się czujny. Jeszcze teraz słyszał jej wulgarne „chcesz się pierdolić?", czuł dotyk jej delikatnych stóp, którymi w niedzielny wieczór zepchnęła go z łóżka na podłogę.

- No to udawaj ją - wydał suche polecenie.

Ubrana na biało mała dziewczynka patrzyła przerażona na bijącego rudą nierządnicę barona von Hagenstahla. „Mam dalej sypać kwiaty?" - zapytała. Sophie poczuła ogromne zmęczenie. Lekko chwiejnym krokiem podeszła do łóżka.

– Nie mogę udawać sprzedajnej dziewczyny – westchnęła, wchodząc pod kołdrę – bo ty nie masz mi czym zapłacić. Nie masz naszyjnika.

– Jutro będę miał – Mock przylgnął do pleców żony. – Mogę ci zapłacić tyle, ile biorą eleganckie prostytutki. Pieniędzmi.

– Ja jestem ekskluzywną kurtyzaną – Sophie przytrzymała go za nadgarstki i odsunęła się do ściany. – Od klientów biorę tylko drogie prezenty.

– Dobrze – sapał Mock. – Ty będziesz udawała, że jesteś dziwką, a ja, że ci płacę naszyjnikiem.

Sophie podniosła się na łokciu i odgarnęła z twarzy włosy.

– Przestań już! – krzyknęła. – Zostaw mnie! Dość mam tej gry! Jestem zmęczona i chcę spać. Równie dobrze możesz teraz sam się zadowolić i udawać, że się ze mną kochasz! Po prostu udawaj.

Mock sapnął znacznie głośniej i przycisnął ją do łóżka całym swoim ciężarem. Mięśnie twarzy Sophie lekko zwiotczały, a jej policzki przesunęły się nieznacznie ku zaróżowionym muszlom uszu. Z zaciśniętymi oczami wyglądała jak mała dziewczynka, która udaje, że śpi, lecz za chwilę wybuchnie śmiechem, by pokazać pochylonemu nad nią ojcu, jak świetny zrobiła mu dowcip. Sophie nie była dzieckiem, Mock – ojcem, a to, co się między nimi działo, nie przypominało niewinnej zabawy. Sophie myślała o małej dziewczynce w bieli, o jej nabrzmiałych od płaczu oczach, o jej piąstkach zaciśniętych kurczowo na płatkach róż i przerażeniu na widok oszalałych od rui samic. Mock myślał o kosmogramach, o gwiazdach i małym, nienarodzonym jeszcze Herbercie Mocku jadącym w niedzielę na kucyku po parku Południowym.

– Dziś jest dzień poczęcia – szeptał. – Wiesz, że na prostytutkach popełnia się wiele gwałtów.

– Ty skurwysynu! Ty chamie! – wrzasnęła Sophie. – Ty prostaku! Nie rób tego, bo pożałujesz!

Mock zrobił to. A potem żałował.

*Wrocław, piątek 2 grudnia, godzina siódma rano*

Mock bardzo żałował. Siedział nago w zamkniętej na klucz sypialni przy stygnącym piecu i przyciskał do twarzy koszulę nocną Sophie. Materiał był rozerwany w kilku miejscach. U stóp Mocka leżał pachnący jaśminem papier listowy zapełniony okrągłymi literami.

*Ty łotrze i kanalio,*
*za gwałt, którego się na mnie dopuściłeś, zapłacisz przed sądem Bożym. Teraz za życia – jedynie utratą swojej nędznej reputacji...*

Położył na zmierzwioną pościel koszulę nocną żony i rozejrzał się po pokoju. Patrzył na pustą toaletkę i na otwartą, ogołoconą z ubrań szafę, której zawiasy naoliwił ostatnio Adalbert. Przesunął językiem po podniebieniu. Nie było suche i chropawe. Wczoraj w nocy nie tknął żadnego trunku. Gdyby się upił, nie siedziałby teraz przy piecu. Jego język nie przesunąłby się po jamie ustnej w poszukiwaniu alkoholowych wspomnień. Tkwiłby zaciśnięty w ustach wisielca.

*Ty bezpłodny impotencie,*
*zapamiętasz na długo tę datę – 1 grudnia 1927 roku. Na tym dniu skończyłam pisać swój pamiętnik, który jest rozpaczliwym wołaniem o poszanowanie godności żony i kobiety. Dokładnie opisałam przemoc, jakiej wobec mnie użyłeś...*

117

Leżał na tapczanie i przyglądał się w świetle nocnej lampki kilku jasnym włosom Sophie, które owijał wokół palca. Pierwszy poranek bez żony. Pierwszy poranek bez kaca.

Zwlókł się z tapczanu na podłogę. Leżał na brzuchu na puszystym dywanie i zagarniał ramionami górę przedmiotów, którą Sophie usypała jak stos pogrzebowy. Były tam futra, które na jego prośbę wkładała na gołe ciało, biżuteria, perfumy, a nawet jedwabne pończochy.

*Nie potrzebuję prezentów od ciebie. Jedyne, co potrafisz, to otwierać swój pugilares i kupować sobie przebaczenie i miłość. Ale na moją cię już nie stać.*

*Ty stary, żałosny alkoholiku, nie mogłeś sprostać młodej kobiecie. Twój członek jest za mały. Są jednak w tym mieście tacy, którzy mogli uczynić mi zadość. Nawet nie masz pojęcia, ile razy i w jaki sposób zażywałam rozkoszy cielesnych w tym tygodniu, który ty uwieńczyłeś gwałtem na mnie. Nawet sobie tego nie wyobrażasz. Chcesz to wiedzieć? Dowiesz się wkrótce z tego pamiętnika, który potajemnie opublikuję, a moi przyjaciele rozprowadzą po wszystkich domach publicznych Niemiec. Nawet nie wiesz, do czego jestem zdolna. Z pamiętnika dowiesz się, ile życia wyssałam z Roberta, naszego dawnego służącego.*

Mock przytulił twarz do poduszki, którą wczoraj gryzła Sophie. W czasie policyjnej kariery prowadził cztery sprawy o żonobójstwo. W trzech wypadkach powodem zbrodni były kpiny żon z seksualnej sprawności mężów. Denatki, naigrawając się z małych rozmiarów mężowskiego berła, twierdziły, że zaspokojenia doznawały w objęciach innych mężczyzn. Mock sprawdzał te opowieści. Były to bez wyjątku fikcyjne historie, niestworzone fantazje – ostateczna broń, po którą sięgały maltretowane kobiety. Przypomniał sobie bezczelne spojrzenia, jakim obrzucał Sophie ich ostatni kamerdyner Robert. Pamiętał zapach perfum żony wypełniający służbówkę i przysięgi kamerdynera, że to zapach ulicznej dziewczyny.

Radca kryminalny chwycił się za głowę. Czy groźby Sophie były całkiem bezpodstawne? Czy rzeczywiście napisała pamiętnik o „zażywaniu przez siebie cielesnych rozkoszy"? Byłaby to lektura w sam raz dla burdelantów, a zatem opisane sytuacje musiałyby trafiać w ich potrzeby. Czy owe pornograficzne przeżycia były rzeczywistością, czy wymysłem arystokratki poniewieranej przez męża plebejusza, artystki ciemiężonej przez brutalnego filistra, gotowej do macierzyństwa kobiety bezskutecznie zniewalanej przez bezpłodnego samca? Na to pytanie tylko jeden człowiek znał odpowiedź, człowiek, którego zadaniem w mijającym tygodniu była rejestracja każdego kroku Sophie Mock.

*Wrocław, piątek 2 grudnia, godzina ósma rano*

Mock wyszedł z Dworca Głównego tylnym wyjściem. Minął dyrekcję kolei żelaznej po prawej i oszronione drzewa Teichäckerpark po lewej i przeciął Gustav-Freitag-Strasse. Zatrzymał się na skwerze naprzeciw Gimnazjum św. Elżbiety. Kupił papierosy w stojącym tam kiosku i usiadł na oszklonej mrozem ławce. Musiał odetchnąć, musiał powiązać przyczyny ze skutkami.

*Nigdy mnie nie znajdziesz. Wreszcie jestem wolna. Wolna od ciebie i od tej cuchnącej śląskiej prowincji. Wyjeżdżam na zawsze.*

Jego podejrzenia się potwierdziły. Schodzący z nocnej zmiany kasjer spojrzał na zdjęcie Sophie i rozpoznał ją jako kobietę, która około północy kupowała bilet na nocny pociąg do Berlina.

Mock skupiał na sobie spojrzenia spieszących się do szkoły gimnazjalistów, patrzyła na niego zalotnie sprzedawczyni z kiosku z gazetami i wyrobami tytoniowymi, ze słupa ogłoszeniowego przeszywał go wzrokiem ponury starzec, pod którego wizerunkiem widniał napis: „Ojciec duchowy książę Aleksiej von Orloff udowadnia rychłe nadejście Antychrysta. Jego zapowiedzi to odnawianie się zbrodni i kataklizmów".

„Ma rację ten ojciec duchowy – pomyślał Mock. – Odnawiają się zbrodnie i kataklizmy. Mnie znów porzuciła kobieta, a Smolorz znów zaczął pić".

Myśl o wachmistrzu kryminalnym przypomniała mu cel jego wyprawy do niezbyt lubianej przez niego dzielnicy za Dworcem Głównym. Poszedł prosto Malteserstrasse, mijając Gimnazjum św. Elżbiety oraz czerwonoceglastą szkołę ludową, i skręcił w prawo – w Lehmgrubenstrasse. Przeciął ją na ukos, uciekając przed tramwajem linii „6", i wszedł do bramy kamienicy nr 25 stojącej naprzeciwko kościoła św. Henryka. Na czwartym piętrze w oficynie mieszkała Franziska Mirga, młoda Cyganka z Czech, której pięcioletni syn nosił piękne śląskie nazwisko Helmut Smolorz.

Na czwartym piętrze, naprzeciwko drzwi Cyganki Franziski, w otwartym na oścież klozecie siedziała tęga starucha. Najwyraźniej intymność nie była tym, czego najbardziej by pragnęła. Jej spódnice układały się w fale u stóp muszli klozetowej, ręce opierały się o futrynę, a oczy uważnie lustrowały zasapanego Mocka. Ten, zanim zapukał do drzwi Franziski, przypomniał sobie utartą opinię o prawdomówności Cyganów i postanowił uczynić ze staruszki swoją informatorkę.

– Powiedzcie mi, babciu – krzyknął, zatykając nos – odwiedzał ktoś wczoraj wieczorem pannę Mirga?

– A jużci, odwiedzali ją, odwiedzali – staruszce błysnęły oczy. – Sami wojskowi i jeden cywil.

– A generał wśród nich był?

– A jużci, że był. Wszyscy byli. Sami wojskowi i jeden cywil.

Mock *volens nolens* musiał jednak polegać na kwestionowanej przez wielu prawdomówności Cyganów. Zapukał do drzwi Franziski tak mocno, że aż poruszył się wiszący na nich adwentowy wieniec. W szparze nad broniącym dostępu łańcuchem ukazała się twarz młodej kobiety. Na widok legitymacji policyjnej Franziska zasępiła się i zdjęła łańcuch. Mock znalazł się w kuchni. Na piecu stał garnek z mlekiem i czajnik. Para osiadała na suszących się dziecinnych ubrankach, na małym stosie porządnie poukładanego drewna na rozpałkę, na kuble wypełnionym węglem i na ścianach pokrytych zieloną farbą olejną. Zdjął kapelusz i rozpiął płaszcz.

– Tu będziemy rozmawiać? – zapytał z irytacją.

Franziska otworzyła drzwi do pokoju przedzielonego kotarą przedstawiającą zachód słońca nad morzem i statki bujające się na falach. Pomieszczenie wydzielone przez kotarę było prawie całkowicie zajęte przez kredens, trzydrzwiową szafę, stół i krzesła. Jedno z nich zajmował mały chłopiec i zajadał z apetytem kaszę mannę. Gdyby Kurt Smolorz chciał się wyprzeć swojego syna, musiałby zamienić się z kimś na głowę.

Malec patrzył na Mocka z przerażeniem. Policjant usiadł i pogłaskał go po rudawych, sztywnych włosach. Wiedział, że znalazł informatora. Słysząc, jak jego matka dźwięczy fajerkami, zapytał cicho:

– Powiedz mi, Helmutku, czy tatuś był tu wczoraj?

Franziska była czujna. Zestawiła z ognia mleko, weszła do pokoju i spojrzała na Mocka z nienawiścią. Chłopiec miał najwidoczniej dość jedzenia. Nic nie odpowiedział, zeskoczył z krzesła i wybiegł za kotarę. Mock usłyszał charakterystyczny szmer ciała upadającego na pierzynę. Uśmiechnął się, przypominając sobie skoki małego Eberharda z pieca na stos pierzyn przykrywających łóżko rodziców w małym domu w Wałbrzychu. Nagle uśmiech zamarł mu na wargach. Mały Helmut wybuchnął płaczem. Krzyk wzmagał się i wibrował. Franziska weszła za kotarę i powiedziała coś po czesku do syna. Chłopiec płakał dalej, ale już nie krzyczał. Matka powtórzyła kilkakrotnie swoje słowa.

Mock przed rokiem przebywał dwa tygodnie w Pradze, gdzie prowadził szkolenie dla policjantów z Wydziału Kryminalnego tamtejszego Prezydium Policji. Wszyscy policjanci mówili biegle po niemiecku z austriackim akcentem. Mock nie poznał zatem prawie żadnego czeskiego czasownika, oprócz jednego, który prascy policjanci często wypowiadali z różnymi końcówkami. Było to słowo „zabit" (zabić). Teraz właśnie ono w jednej ze swoich form – poprzedzone przeczeniem „ne" – dźwięczało zza kotary, a towarzyszyło mu słowo międzynarodowe, spieszczenie, „papa". Mock wysilił swój filologiczny umysł. „Tatuś" mógł być albo podmiotem do „zabić", albo dopełnieniem. W pierwszym wypadku zdanie Franziski należałoby rozumieć jako „tatuś nie zabija", „tatuś nie zabił" lub „tatuś nie zabije". W drugim – „nie zabija tatusia", „nie zabił tatusia" lub „nie zabije tatusia". Mock wyeliminował pierwszą możliwość, ponieważ trudno było sobie wyobrazić, by matka uspokajała dziecko takim osobliwym stwierdzeniem, że „tatuś nie zabije", i przyjął możliwość drugą. Franziska Mirga mogła uspokajać syna jedynie zapewnieniem: „Nie zabije tatusia".

Dziecko przestało płakać, a kobieta wyszła zza kotary i patrzyła na Mocka wyzywająco.

– Czy był tu wczoraj Kurt Smolorz? – ponowił pytanie.

– Nie. Od dawna go nie było. Pewnie u żony.

– Kłamiesz. Kiedyś, gdy się upijał, zawsze przychodził do ciebie. Wczoraj też był pijany. Mów, czy tu był i gdzie jest teraz.

Franziska milczała. Mockowi zrobiło się gorąco. Przed siedmioma laty, jako funkcjonariusz Wydziału Obyczajowego, przesłuchiwał pewną prostytutkę, która nie chciała podać miejsca pobytu swojego alfonsa podejrzanego o handel żywym towarem. Zniecierpliwiony ówczesny szef Mocka wystawił za okno jej roczne dziecko. Miłość matczyna zwyciężyła nad miłością do sutenera.

Czuł w potylicy stukanie małego młotka. Wyjął notes, szybko w nim napisał: „Masz mówić, gdzie jest, bo inaczej powiem małemu, że zabiję tatusia", i podsunął go kobiecie. Po wściekłości na twarzy Franziski poznał, że dobrze rozszyfrował czeskie zdanie, którym uspokajała dziecko.

– Nic panu nie powiem – teraz była wystraszona.

Z kuchni buchała para z czajnika. Mock wstał i ruszył w stronę kotary. Zatrzymał się przed nią, wyjął z kieszeni kraciastą chustę i otarł nią spocony kark. Nie patrząc na Franziskę, skręcił do kuchni i wyszedł z mieszkania.

Siedząca na klozecie staruszka kiwnęła na niego palcem. Kiedy się zbliżył, wyszeptała:

– Wszyscy byli. Sami wojskowi, nawet jeden generał.

Mock chciał powiedzieć staruszce coś niemiłego. Musiał jednak oszczędzać nerwy. Dzisiejszy dzień będzie wypełniony wędrówką po knajpach i melinach w poszukiwaniu nowo narodzonego alkoholika.


*Wrocław, piątek 2 grudnia,*
*godzina ósma wieczorem*

Karl Urbanek pracował już cztery lata jako szatniarz w *variétés* „Wappenhof" i codziennie po rozpoczęciu dyżuru wznosił do Boga modły dziękczynne za swą dobrą posadę. Od godziny starał się wysłać ku niebiosom codzienną porcję zaklęć i mrukliwych inkantacji, lecz dzisiaj nie udało mu się jeszcze wykonać modlitewnej normy. Tym razem przeszkodził mu pikolak Jäger. Kiedy dochodził do piątego *Ojcze nasz*, do westybulu wpadł ów chłopiec i poślizgnął się na wypolerowanej marmurowej posadzce, wykonując coś w rodzaju tanecznego pas. Urbanek z irytacją przerwał modlitwę i otworzył usta, aby wrzasnąć na pikolaka, który – jak sądził portier – z posadzki robił sobie ślizgawkę, zamiast z powagą wykonywać zawodowe obowiązki. Niespełniony pokutnik Urbanek nie dał się jednak ponieść irytacji, ponieważ po kilku sekundach namysłu stało się dla niego jasne, że Jäger ślizgał się po posadzce zgoła nie z chęci zabawy. Naderwany kołnierz jego uniformu ozdobionego symbolami *variétés* „Wappenhof" oraz brak czapki świadczyły dobitnie, że Jäger swoje stanowisko pracy na trotuarze przed wejściem do lokalu opuścił w sposób dość gwałtowny. Sprawił to – tu Urbanek nie miał najmniejszych wątpliwości – potężnie zbudowany facet, który właśnie cisnął na podłogę czapkę Jägera i z galanterią przepuszczał w obrotowych drzwiach krępego bruneta otrząsającego ze śniegu kapelusz oraz niewysokiego, drobnego człowieczka o wąskiej, lisiej twarzy.

– Próbowałem wytłumaczyć tym panom, że już nie ma miejsc na dzisiejszy występ... – piszczał pikolak, podnosząc swoją czapkę.

– Nie ma miejsca dla mnie? – zapytał brunet i spojrzał uważnie na szatniarza. – Powiedz, Urbanek, czy to prawda, że w tym tingel-tanglu nie ma miejsc dla mnie i dla moich przyjaciół?

Portier przyglądał się przez chwilę nowo przybyłym i po kilku sekundach w jego oczach pojawił się błysk przypomnienia.

124

– Ależ skądże znowu! – zakrzyknął szatniarz i surowo spojrzał na Jägera. – Pan radca Mock i jego przyjaciele są zawsze naszymi najmilszymi gośćmi. Proszę wybaczyć temu gamoniowi... Pracuje od niedawna i wcale nie szanuje swojej posady... Natychmiast moja służbowa loża dla pana radcy... Och, jak dawno pana radcy u nas nie było, chyba ze dwa lata...

Urbanek zaczął podrygiwać wokół Mocka i jego przyjaciół, usiłując odebrać od nich palta, lecz żaden z trzech mężczyzn najwyraźniej nie zamierzał się rozbierać.

– Masz rację, Urbanek – Mock oparł się przyjaźnie na ramieniu szatniarza i owionął go silnym zapachem alkoholu. – Trzy lata tutaj nie byłem... Ale loża nam niepotrzebna. Chciałem cię tylko o coś zapytać...

– Słucham pana radcę – Urbanek wszedł z powrotem za ladę portierni i dał znak Jägerowi, by zajął swoje stałe miejsce na trotuarze.

– Widziałeś tutaj dzisiaj wachmistrza kryminalnego Kurta Smolorza? – zapytał Mock.

– Nie wiem, kto to jest.

– To ciekawe, że nie wiesz, kto to jest – Mock z zainteresowaniem przyglądał się ciężkiej kotarze oddzielającej westybul od wejścia na widownię. – Rozumiem, że twój szef nie pozwala ci udzielać informacji o gościach, ale ja znam twojego szefa i jestem przekonany, że pochwali cię za pomoc, której mi udzielisz.

Kotara poruszyła się kilkakrotnie. Dochodziły zza niej przytłumione skoczne dźwięki. Mock podszedł do kotary i odsłonił ją gwałtownie. Wytłumiane przez gruby materiał słowa piosenki nagle stały się całkiem wyraźne i wszyscy poznali słynny szlagier o dwóch nierozłącznych przyjaciółkach, śpiewany w berlińskich teatrzykach przez Marlenę Dietrich i Claire Waldoff. Za kotarą stała dziewczyna sprzedająca papierosy. Na widok Mocka schowała coś szybko do białego fartuszka i zmieszana podeszła do lady szatniarza. Ubrana była jak pokojówka z hotelu, którego właściciel oszczędza na ubraniach dla swojego żeńskiego personelu. Podczas gdy Mock, porażony prowokującą krótkością jej sukienki, zastanawiał się, co by było, gdyby dziewczyna nagle musiała się schylić bez zginania nóg w kolanach, Urbanek wydawał jej nową porcję papierosów. Zimny powiew padający od obrotowych drzwi musiał jej najwyraźniej nie służyć, bo pociągała co chwilę zaczerwienionym nosem.

– Jak się z nią dzielisz? – zapytał portiera, gdy dziewczyna z powrotem znalazła się w gęstym od dymu powietrzu widowni. – Pół na pół?

– Nie rozumiem, o czym pan radca raczy mówić – Urbanek zrobił niewinną minę.

– Sądzisz, że nie domyślam się, co schowała w fartuszku? – Mock uśmiechnął się krzywo. – Myślisz, że nie wiem, że sprzedajesz na lewo własne fajki, a potem odpalasz dziewczynie jej dolę? Jak dużą? Wystarcza jej na kakao?

Zapadła cisza. „Bóg najwyraźniej mi dzisiaj nie sprzyja – pomyślał Urbanek. – Jest na mnie obrażony. To dlatego, że nie zdążyłem Mu dziś podziękować za moją posadę". Przypomniał sobie miejsce swojej poprzedniej pracy – zagracony kantor w drukarni Böhm & Taussig, kolegów buchalterów w wygryzionych przez mole fartuchach, którzy bez zrozumienia czytali *Kapitał* Marksa. Potem powtarzali gniewne slogany w zadymionych salkach, wypełnionych rozwścieczonymi bezrobotnymi, których suchotnicze dzieci za całą rozrywkę miały trzepak na podwórku, alkoholikom z nieleczonym syfilisem, kieszonkowcom, którzy za ukradzione moniaki kupowali przychylność gruźliczych księżniczek nocy, których higiena ograniczała się do mosiężnej miski i poobijanego nocnika. Cały ten tłum chłonący jak gąbka ciemne tautologie demagogów infiltrowany był przez policyjnych agentów, którzy wypatrywali czujnie słabości swych potencjalnych współpracowników. Właśnie na takim zebraniu jeden z nich zwrócił uwagę na Karla Urbanka. Urbanek – przekonany na równi pieniędzmi, obietnicami i argumentami religijnymi – szybko zaczął wzbogacać swój ścisły umysł księgowego problemami bazy, nadbudowy, środków produkcji i pracy w procesie uczłowieczania małpy. Po kilkumiesięcznych intensywnych studiach Karl znalazł się w opuszczonym magazynie stoczni rzecznej na An der Viehweide, stanął na skrzynce po piwie, a jego mocny głos bluznął tak wielką nienawiścią do kapitalistów i burżujów, że towarzysze słuchali go w ekstazie, a agenci policyjni zaczęli się zastanawiać, czy jego działalność nie przyniesie skutków przeciwnych do zamierzonych. Po kilku tygodniach agent, który zwerbował Urbanka, gratulował sobie trafnej decyzji. Nowa gwiazda komunistycznego firmamentu zaskarbiła sobie taką przychylność towarzyszy, że ci po partyjnych mityngach odkrywali przed nim na tyłach spelun swe tajne zamiary. W 1925 roku Urbanek udaremnił zamach na dowódcę miejskiej komendantury Stahlhelmu, kapitana Butha, wydając jego uczestników, i doprowadził do fali aresztowań członków wrocławskiego oddziału KPD, którym udowodniono przynależność do organizacji terrorystycznej. W ręce policji wpadły wówczas zapalniki, lonty, ręczne granaty oraz materiały wybuchowe o tajemniczych nazwach ammonit 5, romperit C i chloratit 3. W podzięce Karl otrzymał przez policyjną protekcję posadę portiera w *variétés* „Wappenhof" i zapomniał bardzo szybko o kantorze cuchnącym płynem szczurobójczym. Teraz pod wpływem słów Mocka poczuł znów ten zapach. Zastanawiał się przez chwilę, czy poszedłby na współpracę z radcą kryminalnym, gdyby ten nie odkrył małej tajemnicy, jaka łączyła go z dziewczyną od papierosów. Spojrzał na uparte i nieco rozbawione oblicze Mocka i udzielił sobie w myślach odpowiedzi twierdzącej.

– Jak wygląda ten pan? – zapytał.

– Średniego wzrostu, rudy, krępy – Mock skupił się, usiłując odszukać w pamięci jakąś cechę charakterystyczną Smolorza. – W starym, powyginanym kapeluszu. Był pijany lub przynajmniej podpity.

– Tak, widziałem dziś takiego pana, koło szóstej – Urbanek przeżywał po raz drugi dzisiaj platońską anamnezę. – Był u Mitzi.

– W którym pokoju urzęduje ta Mitzi? – Mock wyciągnął z kieszeni pogniecionego papierosa i starał się nadać mu właściwy kształt.

– Teraz jest z klientem – portier zawahał się i dodał świetnie opanowanym przymilnym tonem, okraszając wypowiedź rozdzierającym uśmiechem dużych, nierównych zębów: – Drodzy panowie, zobaczcie nasz rewelacyjny program artystyczny. Za chwilę będzie występować wrocławska Josephine Baker. Z nagim biustem. Jest na co popatrzeć. Gdy Mitzi będzie wolna, przyślę po panów pikolaka. Proszę zająć moją lożę służbową. Kelner panów zaprowadzi... A może zechcą panowie zamówić sznapsa na mój koszt? I bardzo pana proszę, panie radco – niech pan nikomu nie mówi o tych papierosach. Chcemy sobie trochę dorobić... Dziewczyna zbiera pieniądze na lepszą przyszłość... Jest godna lepszej przyszłości... Naprawdę...

– Będzie dobrze, jeśli uzbiera na wenerologa – mruknął Mock i odsunął kotarę. Urbanek spojrzał na niego bez wyrazu i wrócił do swoich modlitw.

Mock i jego dwaj towarzysze zostali zaprowadzeni do służbowej loży przez usłużnego obera, który całą pensję wydawał chyba na pomadę do wąsów. Mężczyźni, nie zdejmując kapeluszy ani płaszczy, rozpoczęli obserwację klientów *variétés*. Na scenie tańczyły, przytulały się i od-skakiwały od siebie dwie aktoreczki w mocno podkasa-nych sukienkach. Niektórzy goście byli bardzo rozochoceni i wtórowali im z zapałem. Jakiś opasły jegomość przechylał się na boki i dyrygując potężnym cygarem, śpiewał z takim zaangażowaniem, że złota dewizka omal nie pękła na jego wzdętym brzuchu. Pamiętał jednak tylko pierwsze słowa piosenki: *Wenn die beste Freundin mit 'ner besten Freundin...*[*].

Kelnerzy uwijali się, roznosząc pęta weisswurstów i na-ręcza butelek. Wypomadowany ober doprowadził do wibra-cji sztywny od krochmalu ręcznik i postawił przed Moc-kiem butelkę śląskiej wódki, talerz z dymiącymi kartoflami i tacę, na której pocięta w plastry pierś kaczki pławiła się w sosie z żurawin. Sprawnym gestem nałożył mężczyznom po kilka kawałków i oddalił się tanecznym krokiem. Akto-reczki zbierały owacje, widzowie buchali potem dymem z cygar, a Mock zajął się jedzeniem kaczki, podlewając ją co chwilę zmrożoną wódką. Zupitza, potężnie zbudowany towarzysz radcy, sekundował mu w tym dzielnie, natomiast Wirth, niewysoki mężczyzna o lisiej twarzy, nie wypił ani kropli. Był to człowiek o bogatych możliwościach imagina-cyjnych. Ilekroć czuł zapach alkoholu, stawała mu przed oczami pewna kopenhaska knajpa, w której za dużo wypił i – zamiast uciekać – niepotrzebnie podjął zaczepkę ze stro-ny włoskich marynarzy i tylko swojemu przyjacielowi, nie-mowie Zupitzy, zawdzięczał przeżycie. Ilekroć czuł zapach wódki, przypominał sobie portowe spelunki, w których wraz z Zupitzą odbierali haracz od przemytników, i burde-le, gdzie z racji hojności byli przyjmowani z otwartymi rękami. Dzisiaj w swej firmie w nadodrzańskim porcie rzecznym, która była jedynie przykrywką dla bandyckiego

---

[*] Kiedy najlepsza przyjaciółka z najlepszą przyjaciółką...

procederu, nie pozwalał pić żadnemu z podwładnych. Zupitza wykorzystywał zatem skwapliwie okazję i wychylał kieliszek za kieliszkiem.

Nagle zgasło światło i rozległ się odgłos tam-tamów. Dźwięk potężniał, a reflektory rozpalały się jeden za drugim i zamiatały światłem sufit, który – na wzór berlińskiego „Wintergarten" – był nocnym nieboskłonem z wymalowanymi na srebrno gwiazdami. Reflektory jak na komendę w jednym momencie omiotły scenę. W słupach światła sterczały palmy, a tancerka ubrana jedynie w spódniczkę z liści podskakiwała w szalonym tempie. Jej pomalowana na czarno skóra pokryła się szybko kropelkami potu. Gwałtowne poruszenia wydatnych piersi znakomicie się wpisywały w rytm ciała tańczącej i zapadały głęboko w pamięć wrocławskich filistrów. Nikt nie zwracał uwagi na tandetny pseudoegzotyczny sztafaż. Każdy w myślach przyciskał tancerkę do palmy, wprawiał w ruch swoje biodra i ją gwałcił. Towarzyszył temu wrzask małp dobiegający z potężnych tub patefonów stojących z przodu sceny.

Szept pikolaka przywrócił Mocka do rzeczywistości. Kiwnął palcem i jeszcze raz nastawił ucha. „Pokój 12" – zapamiętał i dał znak Wirthowi i Zupitzy. Wyszli z loży, zostawiając stygnącą kaczkę, ocieplającą się wódkę i rozpalonych statecznych ojców rodzin. Kiedy znaleźli się koło portierni, Urbanek wyskoczył przerażony i przepraszającym gestem rozłożył ręce.

– Najmocniej przepraszam – załkał. – Pikolak Jäger powiadomił panów, że Mitzi jest wolna, a tymczasem gość wyszedł i zapłacił za dodatkowe pół godziny. Nie mogłem mu odmówić, to bardzo dobry klient... Jest pijany i pewnie nie sprostał ognistej Mitzi... Panowie, rozerwijcie się jeszcze trochę, napijcie...

Mock odsunął Urbanka i wszedł na schody prowadzące do pokojów. Szatniarz spojrzał na Wirtha i Zupitzę i odechciało mu się protestować. Na korytarzu wyłożonym czerwonym chodnikiem panowała cisza. Mock zapukał energicznie do drzwi pokoju nr 12.

– Zajęte! – usłyszał kobiecy głos.

Zapukał jeszcze raz.

– Proszę się odczepić! Zapłaciłem! – klient musiał być wyjątkowo uprzejmym człowiekiem, który za dużo wypił, o czym świadczył jego ledwie zrozumiały bełkot.

Zupitza na znak Mocka cofnął się pod ścianę, rzucił do przodu i uderzył barkiem w drzwi. Rozległ się trzask i posypał tynk, lecz drzwi nie puściły. Zupitza już nie ponowił ataku, ponieważ podbiegł do nich Urbanek i otworzył je zapasowym kluczem. Widok, który ujrzeli, był żałosny. Mocno pijany nastolatek podciągał kalesony, Mitzi zaś siedziała w podwiniętej halce na brzegu żelaznego łóżka i zapalała obojętnie papierosa w długiej cygarniczce. Na widok radcy owinęła kapą krągłe biodra. Mock wszedł do pokoju i wciągnął w nozdrza woń kurzu i potu. Zamknął drzwi. Wirth i Zupitza zostali na korytarzu.

– Policja kryminalna – powiedział dość cicho, widząc, że nikogo nie musi straszyć swoją władzą. Chłopak zaplątał się w nogawki spodni i patrzył wokół bezradnie. Radca wiele razy był w burdelowych numerach i znał doskonale spłoszony wzrok klientów, których zawiodła męskość.

– Co jest, Willy? – rozległy się krzyki za oknem. – Tak ją ostro rżniesz, że ściany pękają?

Po tych słowach gruchnął śmiech, przerywany czkawką i beknięciami.

– To moi koledzy – chłopak wciskał zbyt małe buty i z każdą chwilą stawał się trzeźwiejszy. – Zrobili mi prezent. Opłacili dziewczynę, a ja nie mogę. Za dużo wypiłem.

– Ile masz lat? – zapytał go Mock, siadając na łóżku obok Mitzi.

– Siedemnaście.

- Chodzisz do gimnazjum?

- Nie - odparł chłopak i włożył marynarkę. Chwiał się jeszcze na nogach. - Jestem u krawca w terminie. Dzisiaj zdałem egzamin czeladniczy. Nie mam już forsy.

- I to miał być prezent za zdany egzamin? - Mock wypluł na podłogę niedopałek i spojrzał na chłopaka. Ten potwierdził skinieniem. - Dziś miałeś stać się prawdziwym mężczyzną, tak? Jeśli tego nie zrobisz, to kumple cię wyśmieją?

Zapytany skamieniał i schował twarz w dłonie. Mitzi roześmiała się głośno i spojrzała zachęcająco na Mocka, oczekując tego samego.

- Krzycz - powiedział cicho Mock.

- Co jest?! - ze zdziwienia pomalowane na czarno brwi Mitzi podjechały aż pod nasadę jej włosów. - Co za gówno mi wciskasz?

- Gównem jesteś ty - szepnął Mock i zlustrował uważnie jej zaczerwienione nozdrza. - A ja jestem policjantem. Krzycz tak, jakby ci ten mały ostro dogadzał.

Tym razem Mitzi nie okazała najmniejszego zdziwienia. Wydłubała papierosa z cygarniczki i rozpoczęła głośny koncert. Jej gardło rozrywały jęki i rzężenie. Uklękła na łóżku i zaczęła na nim skakać, nie przestając wydawać namiętnych pojękiwań. Kapa opadła z jej pulchnych bioder. Z podwórka doszły okrzyki uznania. Mock zamknął oczy i położył się na wznak na skołtunionej pościeli. Obok niego skakała Mitzi. Łóżko chwiało się na wszystkie strony jak dorożka, którą pędził z Sophie nocą przez park Szczytnicki. Było późne lato, Sophie ubrana w jasnozieloną sukienkę, a on w białe ubranie do tenisa. Poganiał dorożkarza i wpychał mu co chwilę do kieszeni garście banknotów. Wiał silny ciepły wiatr. Sophie, półleżąc na oparciu dorożki, w lewej dłoni ściskała butelkę szampana, a jej włosy ciężkimi snopami uderzały po jej pijanych oczach. Pierwszy raz Sophie westchnęła koło Japońskiego Ogrodu. Woźnica zaniepokoił się, lecz się nie odwrócił. Sophie nie panowała i nie chciała panować nad sobą. Woźnica zagryzł zęby i z furią uderzył konia. W pustej pergoli rozległy się gardłowe kobiece okrzyki i – odbijając się od kamiennych łuków – spłoszyły nieco zwierzę, którego grzbiet po raz pierwszy doznawał tylu batów. Sophie dotknęła ustami szyjki butelki, koń rzucił się nieco w bok i resztki szampana zabulgotały w jej krtani. Krople szlachetnego trunku dostały się do tchawicy i oskrzeli. Zesztywniała i zaczęła kaszleć. Przerażony Mock zapiął spodnie i zaczął wdmuchiwać w jej usta powietrze. To ostatnie, co zapamiętał: Hala Stulecia i zesztywniała Sophie. Nie pamiętał drogi do szpitala, nie pamiętał szybkiej reanimacji, jakiej poddano jego żonę, zapomniał, jak wyglądała dorożka i zmaltretowany koń. Przypominał sobie jedynie fiakra – starego Żyda, który wdzięczny za ogromną sumę i upokorzony orgiastycznymi krzykami Sophie ocierał z konia pianę.

Mock otworzył oczy, dał znak Mitzi, by przestała. Ta zaszlochała gwałtownie i ucichła. Z podwórka dobiegły odgłosy aprobaty.

– Wynoś się – powiedział do czeladnika krawieckiego. – Nie wytrzeszczaj na mnie gał i nie dziękuj mi. Po prostu wynoś się... Nie zamykaj drzwi i każ tu wejść moim ludziom.

Wirth i Zupitza pojawili się w numerze. Mitzi na ich widok poczuła zawstydzenie i znów zakryła kapą swoje *pudenda*. Obaj mężczyźni stali w drzwiach i patrzyli zaskoczeni na radcę, który wciąż leżał na poprzepalanej niedopałkami pościeli obok prostytutki.

Mock, nie wstając, obrócił głowę ku Mitzi i zapytał:

– Był u ciebie dzisiaj rudy, pijany facet. Co mówił i dokąd poszedł?

- Miałam pięciu klientów i ani jeden nie był rudy - odparła powoli Mitzi.

Mocka ogarnęła nuda. Poczuł się jak robotnik, który po raz tysięczny staje przy tej samej maszynie, po raz tysięczny umieszcza w imadle te same elementy, unieruchamia je i ściska. Ileż to razy widział zuchwałe spojrzenia alfonsów i nieruchome bandytów, ciężkie powieki morderców, rozbiegane oczy złodziei - a wszystkie one mówiły: „Odwal się, gliniarzu, i tak ci nic nie powiem!" Mock uzbrajał się w takich momentach w żelazny pręt, pałkę lub kastet, zdejmował surdut, podwijał rękawy, zakładał narękawki i gumowy fartuch, by się nie pobrudzić krwią. Te przygotowania zwykle nie wystarczały. Wtedy argumentami sentymentalnymi zaczynał przekonywać przesłuchiwanych. Siadał przy nich i bawiąc się pałką lub kastetem, mówił o ich chorych dzieciach, żonach, narzeczonych, zabiedzonych rodzicach i zamkniętych w więzieniach braciach. Obiecywał pomoc policji i uwolnienie od najpilniejszych trosk materialnych. Nieliczni dawali się przekonać i - patrząc ponuro w żeliwny zlew, jedyny przedmiot, który w pokoju przesłuchań pozwalał zatrzymać wzrok - wyszeptywali tajemnice, a Mock jak wrażliwy spowiednik długo potem z nimi rozmawiał i udzielał rozgrzeszenia. Wielu przestępców nie dawało się jednak zwieść argumentom sentymentalnym. Wtedy zrezygnowany radca kryminalny zdejmował strój oprawcy i dostrzegał w zuchwałych oczach alfonsów, nieruchomych ślepiach bandytów, pod ciężkimi powiekami morderców błyski triumfu. Gasły one jednak szybko, gdy Mock stawał daleko od przesłuchiwanych i ledwo dosłyszalnym szeptem prezentował najmocniejsze argumenty. Były to barwnie opowiedziane historie ich dalszego życia, prawdziwe eposy bratobójczych, przestępczych walk, zatrważające proroctwa upokorzeń i gwałtów, które kończyły się plastycznie odmalowaną śmiercią na śmietniku lub w ciemnych nurtach Odry z rybami wygryzającymi oczy. Kiedy to nie skutkowało, Mock wychodził z pokoju i przekazywał narzędzia tortur w ręce kilku krzepkich funkcjonariuszy, którzy prawie nigdy nie zdejmowali gumowych fartuchów. Po kilku godzinach wracał i rozpoczynał znów na przemian łagodne i groźne perswazje. Obserwował z rozpaczą oczy ginące wśród napuchniętych guzów i czekał, aż gardła przesłuchiwanych – jak to powiedział Poeta – „napełnią się lepką ugodą".

Teraz był znudzony, ponieważ Mitzi nie dała się oszukać zwykłym stwierdzeniem: „Ty jesteś kurwa, a ja – policjant", prostą konstatacją, która dawała w wypadku większości prostytutek natychmiastowy efekt. Mock musiał przejść do wyższych, bardziej ponurych form perswazji i po raz tysięczny odwoływać się do przytłumionego rozsądku. Popatrzył jeszcze raz w oczy Mitzi i dostrzegł w nich upór i rozbawienie. Tak patrzyła na niego Sophie, kiedy błagał ją o chwile miłości. Podobnie składała usta jego żona, gdy wypuszczała dym z papierosa; tak pewnie robi i teraz, siedząc w jakimś podłym berlińskim hoteliku i otulając smukłe biodra poprzepalaną petami pościelą.

Mock wstał gwałtownie, chwycił mocno Mitzi za ramię i wyprowadził na korytarz, gdzie zostawił ją pod opieką Zupitzy. Sam wszedł z powrotem do numeru i powiedział do Wirtha:

– Przeszukaj dokładnie ten pokój. Ognista Mitzi musi swój płomień gasić śniegiem.

Minęła chwila, nim Wirth zrozumiał, czego od niego żąda jego policyjny patron i opiekun – zaczął gruntowne przeszukiwanie. Mock stanął przy oknie i przyglądał się pijanym młodzieńcom, którzy pokrzykując, poklepywali czeladnika krawieckiego po ramionach. Obejmując się wzajemnie i ślizgając w gęstych czapach śniegu, ruszyli przez podwórko ku nadodrzańskim wałom. Hałasy w pokoju również ustały. Mock odwrócił się i zobaczył przed nosem blaszane puzderko po maści na odciski, trzymane w zakrzywionych palcach Wirtha. Był w nim biały pył.

– Jest kakao – wyseplenił Wirth.

– Przyprowadź ją – rzucił Mock.

Oczy Mitzi były teraz pełne rezygnacji. Usiadła na łóżku i westchnęła zgoła nieorgiastycznie. Drżała ze strachu.

– Wiesz, co teraz z tobą zrobię? Wysypię śnieg za okno i zamknę cię na długo. To będzie mój dobry uczynek, wyleczę cię z kokainizmu – Mock poczuł w żołądku ciężkie mięso kaczki. – A może nie chcesz być wyleczona i zależy ci na towarze? A może mi powiesz coś o rudym, pijanym facecie, który był dziś u ciebie. Co mówił i dokąd poszedł, skarbie?

– Był tu koło szóstej. Robił to ze mną, a potem wypytywał, gdzie urzęduje teraz Anna Złota Rybka – Mitzi stała się mniej strachliwa i bardzo rzeczowa. – Powiedziałam mu, że ona teraz siedzi w spelunce u Gabi Zelt. Tam chyba poszedł.

– Czy wyjaśnił ci, dlaczego szuka Anny Złotej Rybki?

– Tacy faceci jak on się nie tłumaczą.

Mock kiwnął na Wirtha i Zupitzę i zostawił Mitzi samą ze swoimi wyrzutami sumienia. Uczucie nudy ustąpiło. Rozpierała go duma z posiadania sprawnego imadła, któremu nie oparł się nikt: ani Urbanek, ani Mitzi, ani kiedyś przed laty Wirth i Zupitza, którzy bez słowa towarzyszyli mu teraz podczas tej knajpianej odysei. Zbiegając po schodach, zobaczył wystraszoną twarz Urbanka. Zwolnił. Każdy gwałtowny ruch przypominał mu o kaczce zalewanej wódką. Uświadomił sobie, że tylko jedna osoba oparła się działaniu imadła, że tylko jedna osoba nie mogła znaleźć dla siebie miejsca w jego uporządkowanym pedantycznie świecie.

– Masz to kakao? – zapytał Wirtha.

– Tak – usłyszał w odpowiedzi.

- Oddaj go jej - powiedział Mock powoli. - Nie naprawiaj świata. Nie jesteś w tym zbyt dobry.

Po minucie trzech mężczyzn siedziało w samochodzie. Zupitza zapytał o coś Wirtha w języku migowym. Wirth machnął na niego ręką i zapuścił motor.

- O co mu chodzi? - Mock wskazał oczami Zupitzę.

Wirth zastanawiał się przez chwilę, czy to, co powie, nie nadszarpnie autorytetu radcy, i przetłumaczył pytanie Zupitzy, starając się złagodzić jego drapieżność:

- Pyta, dlaczego ten portier i dziwka byli tacy hardzi i nie bali się pana.

- Powiedz mu, że mnie nie znali i zasłaniali się swoim szefem, który ma dobre kontakty z policją, myśląc, że nie mogę mu podskoczyć.

Wirth przetłumaczył, a Mock dostrzegł na twarzy kierującego autem bandyty uśmiech szyderstwa.

- Przetłumacz mu teraz dokładnie każde moje słowo - Mock zmrużył oczy. - Znam dobrze szefa tego burdelu. W sobotę i we wtorek grałem z nim w brydża. Dziwka i portier już mnie dobrze znają. Czy twój Zupitza też chce mnie dobrze poznać? Jeżeli nie, to niech daruje sobie te uśmieszki.

Wirth przetłumaczył, a Zupitza zmienił się na twarzy i zapatrzył w mijaną z lewej strony pustą, zimową plażę nad Oławą.

- Ale dziewczyny ma pierwsza klasa - Wirth próbował rozładować atmosferę. - Ta Mitzi była całkiem tego...

- Na dziwkach on się zna bardzo dobrze. Codziennie ma z nimi do czynienia - powiedział Mock, usiłując sobie przypomnieć, jak wyglądała Mitzi.

*Wrocław, piątek 2 grudnia,*
*godzina dziesiąta wieczorem*

Knajpę Truscha w kamienicy „Pod Czarnym Kozłem"
przy Krullstrasse naprzeciw wytwórni pieców Liebchena
nazywano od nazwiska energicznej kierowniczki „spelunką
u Gabi Zelt". Okiennice kamienicy były zawsze zamknięte,
co było podyktowane przede wszystkim chęcią zachowania
spokoju i dyskrecji. Właścicielce nie zależało na nowych
gościach, a poza tym chciała uniknąć ciekawskich spojrzeń
dzieciaków z okolicznych podwórek i żon szukających za-
ginionych mężów. Klientela była stała: drobni przestępcy,
zapijaczeni ekspolicjanci, szukające mocnych wrażeń młode damy z wyższych sfer oraz mniej lub bardziej tajemni-
czy „królowie życia". Wszystkich ich łączyła silna namiętność do białego proszku, którego ściśle odmierzone,
zapakowane w pergamin porcje sprzedawcy nosili za we-
wnętrznymi tasiemkami kapeluszy. Kapelusz był zatem znakiem rozpoznawczym dealerów, którzy w toalecie doko-
nywali dziennie około dziesięciu transakcji. To właśnie
„śnieg" był głównym towarem w knajpie Gabi Zelt. Nosząca
to nazwisko dawna burdelmama była jedynie figurantką,
użyczającą za sporą pensję swojego nazwiska faktycznemu
właścicielowi firmy, aptekarzowi Wilfriedowi Helmowi,
głównemu producentowi kokainy we Wrocławiu. Działalność knajpy Gabi Zelt była tolerowana przez policję wtedy, gdy – dzięki przebywającym tam stale informatorom
– udało się jej zamknąć jakiegoś niezależnego od Helma
handlarza kokainy lub przestępcę, który postanowił wydać
ciężko zarobione pieniądze na „cement". Gdy jednak kapu-
sie zbyt długo milczeli, policjanci z komisji narkotyków
robili na knajpę bezwzględne naloty, dzięki czemu łapali
płotki półświatka i mogli ze spokojem ducha uzupełniać
kartoteki, a Gabi Zelt i aptekarz Helm oddychali z ulgą,

ponieważ te naloty uwiarygodniały ich w oczach świata podziemnego.

Mock o tym wszystkim wiedział doskonale, lecz – jako wiceszef innego wydziału – nie wtrącał się w sprawy „cementowników", jak nazywano policjantów od narkotyków. Nikt go zatem nie znał u Gabi Zelt i nikt nie powinien zwracać na niego zbytniej uwagi. Tu się jednak Mock pomylił. Krótko po tym, jak znaleźli się za drzwiami, ozdobionymi szyldem ze sloganem reklamowym *Das beste aller Welt, der letzte Schluck bei Gabi Zelt*[*], i usiedli przy długiej ławie z niestarannie oheblowanych desek, do Mocka podszedł wytworny mężczyzna i przesunął po nosie wymanikiurowanym palcem. Choć Mock znał ten znak, na jego twarzy odbiło się zdziwienie – po raz pierwszy w życiu został wzięty za handlarza kokainą. Szybko zrozumiał powód – zapomniał zdjąć kapelusza. Zrobił to zatem, odprawiając wytwornisia ruchem ręki. Zawiedziony narkoman zerknął pytająco na Wirtha i Zupitzę, ale nie dostrzegł w ich spojrzeniach nawet cienia zainteresowania.

Jeszcze jeden człowiek siedział w kapeluszu, lecz był tak zajęty figlowaniem z otyłą kobietą, że trudno było sądzić, iż przyszedł do knajpy w jakimkolwiek innym celu. Jegomość ten sięgał co chwila do dużego akwarium i wyciągał z niego rybkę. Następnie przybliżał się do dekoltu swojej towarzyszki, a ona przyjmowała trzepoczące się stworzenie pomiędzy uwolnione od biustonosza potężne piersi. Wówczas mężczyzna z dzikim okrzykiem zanurzał rękę w obfity biust i wyciągał rybkę ku słabemu aplauzowi kilku pijaków i załzawionego mandolinisty. Aplauz był słaby, ponieważ kobieta odstawiała ten numer od dwudziestu lat i wszyscy bywalcy podłych knajp znali go bardzo dobrze. Od niego wzięła zresztą swoje przezwisko

---

[*] Najlepsza rzecz na świecie – ostatni łyk u Gabi Zelt.

- „Anna Złota Rybka". Mockowi również nie był obcy ten figlarny „biuściasty cud", a w miłośniku łowienia ryb bezbłędnie rozpoznał wachmistrza kryminalnego Kurta Smolorza, odrodzonego alkoholika.

Mock wypluł na klepisko łyk podłego piwa, które trąciło nieco benzyną, zapalił papierosa i czekał, aż Smolorz go dostrzeże. Stało się to niebawem. Smolorz, wracając od akwarium, spojrzał wesoło na trzech mężczyzn, którzy mu się uważnie przyglądali, i w jednej chwili stracił cały dobry humor. Mock wstał, minął Smolorza bez słowa i ruszył w stronę toalet, które mieściły się w ciemnym korytarzyku zastawionym skrzynkami po piwie i wódce, a kończącym się masywnymi drzwiami. Mock otworzył je i znalazł się na mikroskopijnym podwórku, na dnie ciemnej studni, której boki stanowiły pozbawione okien ściany szczytowe trzech kamienic. Schylił się i wystawił twarz ku zachmurzonemu niebu, skąd bardzo wolno leciał biały puch. Za chwilę stanął obok niego Smolorz. Wirth i Zupitza zostali w knajpie, zgodnie z poleceniem radcy, który nie życzył sobie żadnych świadków podczas rozmowy z podwładnym. Mock położył Smolorzowi ręce na ramionach i mimo bijącego od niego ostrego alkoholowego odoru przybliżył ku niemu twarz.

– Miałem dzisiaj ciężki dzień. W nocy odeszła ode mnie żona. Mój bliski współpracownik, który miał ją śledzić, nie robił tego, lecz pił. Jedyny człowiek, któremu ufałem, nie wykonał mojego tajnego polecenia. W zamian za to złamał uroczyste, podpisane w kościele, przyrzeczenie abstynencji.

Mock nie wytrzymał wódczanej woni, odsunął się od Smolorza i wetknął mu w usta papierosa. Wachmistrz zachwiał się do przodu i do tyłu i byłby upadł, gdyby jego plecy nie znalazły oparcia w ceglanej ścianie.

140

- Moja żona zdradzała mnie. Mój przyjaciel musi coś na ten temat wiedzieć, lecz nie chce mi nic wyznać - kontynuował Mock. - Ale teraz mi wszystko powie, łącznie z tym, dlaczego zaczął pić.

Smolorz przesunął palcami po twarzy i odgarnął z czoła wilgotne od śniegu kosmyki włosów. Na próżno usiłował je zaczesać. Jego twarz była bez wyrazu.

- Miałem dziś ciężki dzień - głos Mocka przechodził w szept. - W moim imadle była pewna Cyganka, pewien szatniarz, kurwa i bandyta. Jestem zmęczony i znudzony szantażowaniem ludzi. Nie zmuszaj mnie, bym to zrobił. Będę się czuł parszywie, kiedy zacznę cisnąć kogoś, kto jest lub był mi bliski. Oszczędź mi tego, proszę...

Smolorz dobrze wiedział, że szept Mocka zwiastuje wyższy stopień przesłuchiwania - przedstawienie argumentów nie do odparcia. Wspomnienie o Franzisce uświadomiło Smolorzowi, że Mock takie argumenty posiada.

- Taak - wybełkotał. - Orgie. Baron von Hagenstahl, Elisabeth Pflüger i pańska żona. One z baronem i ze sobą. Kakao.

Umysł Mocka w trudnych sytuacjach szukał oparcia w tym, co stałe i niezniszczalne. Przypominał sobie swe najlepsze lata młodości: uniwersytet, starych, siwych, wiecznie skłóconych ze sobą profesorów, zapach przemoczonych palt, seminaria, na których dyskutowano po łacinie, i całe stronice wykutych na pamięć starożytnych wierszy. Powracało jedno miejsce z Lukrecjusza, w którym mowa była o „płonących ścianach świata". Teraz płonął mur otaczający podwórko. Cegły, na których oparł dłonie, paliły, a płatki śniegu spadały mu na głowę, parząc go jak kropelki roztopionego oleju. „Lukrecjusz pisał w innym miejscu - pomyślał Mock - o miłości jako tragicznym i wiecznym niespełnieniu. O kochankach, którzy kąsają się wzajemnie, by po chwili znów marzyć o ponownych ugryzieniach".

Przypomniał sobie historię beznadziejnie zakochanego rzymskiego poety, jednego z pierwszych *poètes maudits*, który popełnił samobójstwo w wieku czterdziestu czterech lat. Pomyślał o swoich czterdziestu czterech latach i o małym pistolecie Walther obciążającym wewnętrzną kieszeń marynarki. Świat płonął, a między *flammantia moenia mundi** stał zdradzany mąż, żałosny rogacz, nędzny i bezpłodny manipulator.

– Na basenie – dukał dalej Smolorz. – Goryl barona złapał mnie. Musiałem się rozebrać. Sala gimnastyczna. Drabinki. Tam zrobili mi zdjęcie. Ja goły z kutasem w łapie. Potem na tle tych samych drabinek pańska żona z otwartymi ustami. Powiedzieli: „Przestań śledzić, bo inaczej Mock dostanie zdjęcie. Fotomontaż. Na nim jego żona i ty..."

Świat płonął, kochankowie odgryzali sobie wargi, wiarołomne żony zdradzały mężów na basenach, muzykalne blondynki o łagodnym dziecinnym głosie klękały przed szukającymi podniet arystokratami, a przyjaciele zapominali o swej przyjaźni. Świat płonął, a Lukrecjusz – piewca ognia – zażywał jakiś narkotyk, który miał go uczynić atrakcyjniejszym dla zimnej wybranki i który był jednocześnie przyczyną jego obłędu. Świat płonął, a obojętni bogowie siedzieli apatycznie, bezczynnie i bezcelowo w luksusowych międzyświatach.

Mock wyjął walthera i przyłożył do zlepionych śniegiem włosów Smolorza. Ten odwrócił się twarzą do ściany. Mock odbezpieczył. W nędznym pokoiku rudowłosy malec jadł kaszkę mannę. „On zabije tatusia?" – zapytał po czesku młodą Cygankę. Mock schował z powrotem pistolet i usiadł na śniegu. Był pijany, w kieszeni płaszcza czuł ciężar walthera. Ciemną studnię wypełniał powoli dywan śniegu.

---

* Płonące ściany świata.

142

Smolorz czekał na wykonanie wyroku, a Mock położył się na ziemi i przycisnął do niej twarz. Po pięciu minutach wstał i kazał Smolorzowi się odwrócić. Podwładny drżał ze strachu.

– Nie miałem z nią nic. To fotomontaż – wychrypiał.

– Posłuchajcie mnie, Smolorz – Mock otrząsał śnieg z płaszcza – przestańcie pić i śledźcie dalej von Hagenstahla. Może moja żona będzie się z nim kontaktowała. Nawet jeśli baron was zauważy i spełni groźbę, możecie być spokojni. Po prostu dostanę fotomontaż. Już o tym wiem i nic wam nie zrobię. A teraz wytrzeźwiejcie i idźcie krok w krok za baronem von Hagenstahlem. To wszystko.

Smolorzowi udało się zaczesać palcami włosy, zapiął marynarkę, poprawił przekrzywiony kapelusz i wszedł do knajpy. W ciemnym korytarzyku zatrzymała go potężna dłoń Zupitzy. Wirth wyszedł na podwórko i zbliżył się do Mocka.

– Puścić go? – zapytał.

– Tak, nie musisz go śledzić. Będzie go śledziło własne sumienie.

Wirth dał Zupitzy odpowiedni znak.


*Wrocław, piątek 9 grudnia,*
*godzina siódma rano*

Przez środę i pół czwartku padał śnieg. Miasto spowite było lekkim, tłumiącym wszystko całunem. Zamiast stukania kopyt dorożkarskich szkap wrocławianie słyszeli lekki szmer sunących po ulicach sań, zamiast stukania po trotuarach damskich pantofli – skrzypienie śniegu, zamiast chlupotu brudnej wody – suchy trzask mrozu. Szyby pokryły się lodowym kwieciem, kominy buchały kopciem, łyżwiarze ścigali się na sadzawce koło budynku Regencji

143

Śląskiej, służące czyściły śniegiem dywany, a furmani wydzielali gorzelnianą woń. Po południu w czwartek przestało śnieżyć. Ścisnął mróz. Lekkie i grube płachty śniegu zbiły się w grube i szorstkie grudy. Ich czyste powierzchnie zostały poprzecinane psim moczem i splamione końskimi odchodami. W zaułkach koło Rynku Solnego bezdomni wybierali pozycję, w której chcieli umrzeć, a kryminaliści zamykali się w swych bezpiecznych, ciepłych i cuchnących jaskiniach między Neuweltgasse i Weissgerbergasse. W gazetach pisano o oszustwach Willego Wanga, który przebrany w mundur huzara okradał i rozkochiwał w sobie służące i stateczne mężatki, i o dwóch przerażających, wymyślnych morderstwach. Ich sprawca interesował jedynie dziennikarzy i doczekał się już kilku psychologicznych charakterystyk.

O tym wszystkim nie wiedział ten, którego gazety nazywały „gwiazdą wrocławskiej policji kryminalnej" lub „psem gończym o nieomylnym instynkcie". „Geniusz kryminalistyki" wsadzał już po raz trzeci tego ranka skołataną kacem głowę pod lodowaty strumień wody, a służący Adalbert wycierał szorstkim ręcznikiem jego skołtunione włosy i zaczerwieniony kark.

Mock, nie patrząc w lustro, rozczesał włosy kościanym grzebykiem, z trudem dopiął sztywny kołnierzyk i przeszedł do jadalni, gdzie na stole dymił dzbanek z kawą, porzeczkowe konfitury słodko się rozlewały po zadziornych załamaniach chrupiącej skórki kajzerki, a żółtko kusiło, drżąc w śliskiej błonie białka. Mock nie miał jednak apetytu i nie było to spowodowane portwajnem, który naruszył wczoraj w dużym stopniu równowagę płynów w jego żołądku, lecz obecnością dyrektora kryminalnego Mühlhausa. Siedział on przy stole, spoglądał łakomie na śniadanie i wiercił zapamiętale szpikulcem w cybuchu zatkanej fajki.

Mock przywitał się ze zwierzchnikiem i usiadł przy stole. Nalał sobie i gościowi kawy. Milczenie.

– Przepraszam pana, Mock, za to ranne najście – Mühlhaus przetkał w końcu fajkę i przerwał milczenie. – Mam nadzieję, że nie obudziłem madame Sophie.

Mock nie odpowiedział i rozcierał na podniebieniu żółtko, które miało smak żelaza.

– W środę nie było w pracy Smolorza – ciągnął Mühlhaus. – Wie pan dlaczego?

Mock wypił trochę ołowianej kawy, a poszarpane skrawki chrupiącej kajzerki jak stalowe opiłki raniły mu dziąsła.

– Niech pan milczy dalej – westchnął Mühlhaus i podniósł się z krzesła. – Niech pan pomilczy, napije się wódki i wspomni stare, dobre czasy... One już mijają. Bezpowrotnie.

Mühlhaus poprawił melonik, schował fajkę do skórzanego futerału i leniwie wstał od stołu.

– Adalbert! – krzyknął Mock. – Śniadanie dla pana dyrektora kryminalnego.

Następnie pociągnął potężny łyk kawy i poczuł dziwną harmonię smaku: dobrze wyprażonej kawy z przypalanym posmakiem mocnego wina, którego wspomnienie drażniło jego żołądek.

– Wszystko, co minęło, jest bezpowrotne – Mock spojrzał na Mühlhausa moszczącego się wygodnie za stołem. – To najmądrzejsza tautologia, z jaką się spotkałem.

– Seneka ujął to trafniej – przed Mühlhausem brzęczały sztućce i talerze, wprawnie rozkładane przez Adalberta. – *Quod retro est, mors tenet*[*].

– Seneka był zbyt mądry, by utożsamić śmierć z niepamięcią – Mock przesunął językiem po szorstkim podniebieniu.

---

[*] To, co minęło, jest we władaniu śmierci.

– Możliwe – Mühlhaus dłubał w jajku łyżeczką dokładnie tak samo jak przedtem w cybuchu, a kajzerka chrzęściła w jego popsutych zębach. – Ale o tym to pan już lepiej wie.

– Tak, wiem. To, co minęło, jest nie tylko w posiadaniu śmierci. Jest również w skarbnicy mojej pamięci – Mock zapalił papierosa ze złotym ustnikiem. Nad stołem zawirował dym. – A nad pamięcią, podobnie jak nad śmiercią, nie panujemy. Choć niezupełnie. Popełniając samobójstwo, wybieram rodzaj śmierci, a walcząc, decyduję, czy umrę z honorem, czy nie. Pamięć jest silniejsza niż śmierć, w odróżnieniu od niej nie daje żadnego wyboru i podsyła mi pod oczy wbrew mojej woli minione obrazy. Nie mogę wymazać pamięci, jeśli nie chcę się znaleźć w szpitalu wariatów...

Mock umilkł gwałtownie i rozgniótł papierosa w popielniczce. Mühlhaus rozumiał, że nadchodzi chwila niosąca nieodwracalny skutek. Albo Mock wszystko wyjawi i tym samym uwolni Mühlhausa od jakichkolwiek decyzji, albo niczego nie powie i będzie musiał wypełnić suchy formularz – ostatni dokument w jego policyjnych aktach personalnych.

– Proszę o miesięczny urlop bezpłatny, *Herr Kriminaldirektor* – Mock obracał w palcach przycinacz do cygar.

– Z powodu? – Mühlhaus skończył jeść i przełknął resztki kawy, przechylając głowę tak gwałtownie, jakby wypijał kieliszek spirytusu.

Zapadło milczenie. Wybór należał do Mocka: albo pomoc Mühlhausa, albo dymisja.

– Muszę odszukać żonę. Odeszła ode mnie. Uciekła. Jest chyba w Berlinie – radca dokonał wyboru.

Mühlhaus podszedł do okna i kiwnął dłonią.

– Wyśmienite śniadanie – powiedział, zapalając fajkę. – Ale już musimy iść. Rajca Eduard Geissen nie żyje.

Mock znał dobrze rajcę miejskiego Geissena, człowieka nieposzlakowanej uczciwości, który nade wszystko uwielbiał opery Wagnera i każde posiedzenie śląskiego Landtagu kończył dramatycznymi apelami o budowę letniej opery.

– Gdzie? – Mock zapinał szybko bursztynowe spinki.

– W burdelu – Mühlhaus wciskał przed lustrem zbyt mały melonik.

– Którym? – Mock wsuwał ramiona w rękawy trzymanego przez Adalberta płaszcza.

– Na Burgfeld, koło starej wozowni – Mühlhaus otwierał drzwi, rozsnuwając wokół wonny obłok dymu.

– Jak? – Mock pogłaskał Argosa i ruszył po schodach.

– Ktoś go powiesił głową w dół – Mühlhaus zadudnił obcasami na drewnianych stopniach. – Nogę Geissena morderca wcisnął w pętlę zrobioną ze struny od fortepianu, a drugi koniec przywiązał do żyrandola. Kiedy Geissenowi krew napłynęła do głowy, przeciął tętnicę biodrową. Najprawdopodobniej bagnetem. Geissen się wykrwawił.

– Gdzie była dziwka Geissena?

– Obok. Zarżnięta tym samym bagnetem – Mühlhaus przepuścił w drzwiach jakiegoś łysego pana w binoklach, który omiótł Mocka ostrym spojrzeniem. Radcy przypomniał się dwukrotnie błysk tych binokli, gdy usiłował żonę – owiniętą wokół jego bioder – wetrzeć w ścianę korytarza, i potem w tę noc czwartkową, kiedy zgwałcona Sophie w panice zbiegała, stukając obcasami. Teraz binokle błyszczały zapiekłą bezsennością, pogardą i szyderstwem. Mock porażony wspomnieniami zatrzymał się gwałtownie na trotuarze.

– Muszę odnaleźć żonę.

Nadjechały sanie i stanęły obok nich przy krawężniku. Koń buchnął wonią stajni, woźnica – źle przetrawionego samogonu. W saniach siedział młody człowiek w meloniku

147

i palił cygaro. Zniecierpliwiony koń bił kopytem w zamarznięty śnieg.

– Odnajdzie ją ktoś inny – Mühlhaus wskazał na mężczyznę siedzącego w saniach. – Ktoś, kogo ona nie zna.

– Ona zna wszystkich – powiedział Mock. – Wszystkich mężczyzn i wszystkie kobiety. Ale tego chyba nie. Nie słyszałem, aby zadawała się z pedałami.

Mühlhaus ujął Mocka pod ramię i popchnął go lekko w stronę sań. Młody człowiek uśmiechnął się na powitanie i stuknął palcem w rondo melonika, zdradzając wojskowe przyzwyczajenie. Mock odsalutował.

– Przedstawiam panu, panie radco – rzekł Mühlhaus – prywatnego detektywa z Berlina, pana Rainera Knüfera.

– Mieszka pan od dawna w Berlinie? – Mock wyciągnął rękę do detektywa Knüfera.

– Od urodzenia – Knüfer czym prędzej uścisnął prawicę Mocka i wręczył mu swoją wizytówkę. – I znam to miasto równie dobrze jak własne mieszkanie. Znajdę w nim każdą pluskwę.

Nikt się nie roześmiał oprócz detektywa Knüfera. Sanie ruszyły. Śnieg zatrzeszczał pod płozami, zatrzeszczała czaszka Mocka w imadle kaca. Kopyta konia biły w jego skronie, a pod powieki dostał się śnieg zmieszany z solą i piaskiem. Radca mimo przejmującego mrozu zdjął kapelusz, powachlował się nim i szybkim ruchem chwycił Knüfera za gardło.

– Znajdziesz każdą pluskwę? – spojrzał na Knüfera ołowianym wzrokiem. – Skurwysynu, moja żona nie jest pluskwą, która wlazła za twoją tapetę.

Mühlhaus szarpnął go za przedramię. Mock opadł na tylne siedzenie sań. Knüfer odkaszlnął i wyrzucił niedopałek cygara. Stara pomarańczarka – przeklinając głośno – szukała peta wśród zamarzniętych owoców, Mühlhaus przytrzymywał Mocka za ramię, a Knüfer obojętnie obserwował przebiegającego przez Augustastrasse kundla. Mock

148

rozsiadł się wygodnie i zaczął rozcierać zaczerwienione uszy.

– Znajdę pańską żonę – powiedział sucho Knüfer. – Mówiąc o pluskwie, miałem oczywiście na myśli własne mieszkanie, nie Berlin. Proszę mi wybaczyć.

– I *vice versa* – odparł Mock. – Co pan chce wiedzieć o mojej żonie?

– Wszystko. W mojej pracy najwięcej mam spraw o zaginięcie – wyjął z teczki formularz wydrukowany na grubym papierze. – Opracowałem specjalny kwestionariusz. Niektóre pytania są intymne i kłopotliwe, ale powinien pan na nie odpowiedzieć, choćby „nie wiem". Proszę również dołączyć aktualną fotografię żony i wszystko odesłać mi do hotelu „Königshof" na Claasenstrasse najpóźniej o drugiej. Kwadrans na trzecią proszę do mnie zatelefonować. Mogę mieć do pana jakieś dodatkowe pytania. Numer telefonu hotelu na odwrocie wizytówki. O trzeciej mam pociąg do Berlina.

Sanie zatrzymały się, przepuszczając jakąś chłopską furmankę.

– A teraz żegnam – Knüfer wyskoczył z gracją, rozpędził się i jak chłopczyk ruszył długim ślizgiem po zamarzniętej kałuży koło trafiki Spingarna, na rogu, gdzie zwykle rozkładali się uliczni sprzedawcy. Teraz zamiast nich było tam kilku wyrostków w dziurawych kaszkietach, pocerowanych swetrach i włóczkowych rękawiczkach. Kandydaci na przestępców rysowali łyżwami w tanecznych zwrotach taflę lodowiska. Knüfer wylądował na przeciwległym brzegu kałuży wprost koło blaszanej skrzyni, pod którą płonęło niewielkie ognisko uwięzione w żelaznym stelażu. Detektyw sięgnął do kieszeni płaszcza, a sprzedawca otworzył klapę skrzyni i wydobył z gotującej się wody grubą parówkę, którą wręczył Knüferowi wprost do ręki.

- Ci chłopcy nie powinni być w szkole? - zapytał Mühlhaus, patrząc na zegarek.

- Nie wiem. Wiem natomiast, że wolą być na ślizgawce niż pod okiem belfra lub pijanego ojca - Mock wyjął z kieszeni płaszcza wełnianą opaskę i założył ją na uszy. - Pan wiedział o wszystkim. Stąd błyskawicznie sprowadzony z Berlina dzielny detektyw. To się stało zaledwie kilka dni temu. Żona uciekła ode mnie, a tu już ten Knüfer... Skąd pan dyrektor wiedział?

- Ściany mają uszy, Mock - odpowiedział po chwili wahania Mühlhaus. - A najlepsze uszy mają ściany małego podwórka na zapleczu knajpy Gabi Zelt.

- Dziękuję panu. Rzeczywiście, lepiej będzie, jeśli poszuka jej ktoś, kogo ona nie zna.

Umilkli i zmrużyli oczy przed wściekłym słonecznym blaskiem, który rozpalał sople wiszące pod dachem Więzienia Śledczego na Neue-Graupner-Strasse. Mock spojrzał na kwestionariusz i wyjął z kieszeni płaszcza zaostrzony ołówek. Szybkimi ruchami wypreparował jak lancetem istotę swojej wiarołomnej żony. Zaczęło się od charakterystyki zewnętrznej.

„Wiek: 24; wzrost: 166 cm; waga: ok. 60 kg; kolor włosów: jasny blond; kolor oczu: zielone; cechy szczególne: wydatny biust".

Wjeżdżali w Przedmieście Mikołajskie słynące od wieków z przybytków Afrodyty. Minęli koszary na Schweidnitzer Stadtgraben, Königsplatz i znaleźli się między szpitalem Wszystkich Świętych a Arsenałem. Mock spojrzał na kwestionariusz i kilkoma pociągnięciami ołówka przywołał przeszłość Sophie: oto stary i zubożały baron z Pasawy podrzuca do góry swoją piątą córkę, oto owa piąta córka, księżniczka i oczko w głowie tatusia, modli się w przydomowej kaplicy, a jej blond warkocze uczesane są w misterną koronę, oto siedzi na werandzie otulonego dzikim winem domu i wtula twarz w sierść wielkiego bernardyna.

„Miejsce urodzenia: Pasawa; akcent: lekki bawarski; wyznanie: rzymskokatolickie; zaangażowanie religijne: śladowe, ceremonialne; kontakty z rodziną: żadne; miejsce zamieszkania rodziny: Pasawa, Monachium; kontakty z przyjaciółmi: Philipp baron von Hagenstahl, arystokrata, Elisabeth Pflüger, skrzypaczka".

Mühlhaus i Mock weszli na brudne podwórze na Burgfeld. Mock, który do niedawna pracował w Wydziale II wrocławskiego Prezydium Policji, wiedział bardzo dobrze, że właściciel parterowego budynku przerobionego z wozowni wyjechał na dłuższy czas do Ameryki i wynajął willę pewnemu Węgrowi, który robił różne interesy z Wirthem i Zupitzą. Przede wszystkim zbijał majątek na starym jak świat procederze.

W drzwiach budynku stał potężny mundurowy ubrany w szynel koloru *feldgrau*. Z odpiętej kabury groźnie wystawał pistolet Walther 08. Na widok Mühlhausa i Mocka mundurowy przyłożył dwa palce do daszka czaka ozdobionego na środku wieloramienną gwiazdą.

– Wachmistrz Krummheltz z piątego rewiru melduje się na rozkaz.

– Jesteście wolni, Krummheltz – powiedział Mühlhaus. – I milczcie na temat tego, co tu widzieliście. Sprawę przejmuje Mordkommission z Prezydium Policji.

– Ja mało co mówię – poważnie odpowiedział Krummheltz.

– To bardzo dobrze – Mühlhaus podał rękę Krummheltzowi i wszedł do budynku. Na kanapach i fotelach siedziały dziewczyny w halkach, szlafrokach i papilotach. W sinych od zmęczenia oczach jednej z nich Mock dostrzegł błysk rozpoznania. Ehlers stał na schodach i spisywał ich zeznania. Znużonym głosem powtarzał te same suche pytania i otrzymywał odpowiedzi pełne beznadziejnych epifor: „Spałam. Nie wiem", „Nie pytałam o to nigdy. Nie wiem", „To niemożliwe. Nie wiem". „Nie wiem, nie wiem – myśli Mocka pobiegły ku kolejnym punktom kwestionariusza Knüfera. – Czy jest małomówna, czy gadatliwa, czy impulsywna, czy zrównoważona... Nie wiem nic o najbliższej mi osobie..."

Mühlhaus i Mock szli wąskim korytarzykiem. Po jego obu stronach ciągnęły się drzwi, które były śladami wielu ludzkich upokorzeń. Mühlhaus pchnął jedne z nich.

„Wiem, wiem na pewno – Mock wbijał wzrok w kolejne pytania, które miały prześwietlić złożone psychiczne uniwersum jego żony. – Nie jest inteligentna, jest zazdrosna i zakłamana... Jest chyba uzależniona od kokainy. Jest godna kochania i zabicia. Przez całe lata nie zauważałem, że jest kokainistką... Po prostu jej nie znałem, znałem jedynie moją ideę Sophie, a nie żywą kobietę z krwi i kości, która – tu przypomniał sobie pewien cytat – «Nie jest motylem fruwającym w różowej mgle i czasem musi wyjść do łazienki»".

Łysina patologa doktora Lasariusa błyszczała od potu. Zgodnie z tak zwanymi zaleceniami ogólnymi nie odsłonił on nawet zasłon, a jedyne, czego mógł dotykać, to ciała zabitych. Te dwa były jeszcze ciepłe. Lasarius trzymał w ustach uchwyt latarki i spisywał w notesie swoje spostrzeżenia. Ciało rajcy Eduarda Geissena wisiało na żyrandolu, który przypominał ogromnego pająka o zlepionych woskiem odnóżach. Do jednego z nich struną od fortepianu za jedną nogę przywiązany był denat. Ręce skrępowane były taką samą struną. Druga noga zwisała pod osobliwym kątem i wyglądała tak, jakby ją wyłamano ze stawu biodrowego. W ustach tkwił kawałek podartego prześcieradła. Na głowie widoczne było głębokie rozcięcie. Owłosione plecy i pośladki pocięte były sinymi nitkami nabrzmień i opuchlizn. Mock spojrzał na martwą dziewczynę i zorientował się bez trudu, iż owe rany pochodzą od pejcza, który zaciskała w prawej pięści. Podszedł do martwej prostytutki. Znajomy, wysunięty nieco podbródek. Próbował sobie przypomnieć, skąd ją zna.

„Upodobania seksualne i ewentualne zboczenia: biseksualizm, przebieranie się za kurtyzanę, biżuteria na gołym ciele, długie pieszczoty przed stosunkiem".

Na stole stał ogromny patefon z płytą. Igła patefonu zataczała z trzaskiem niewielkie koła. Dziewczyna siedziała z rozrzuconymi nogami i rękami na kanapie. Jej głowa była prawie odcięta, a potylica opierała się na kruchych łopatkach. W oczodołach rozlewały się brunatne zakrzepy. Czarny pas krwi powlekał lepką warstwą oczy, przylepiał się do skroni i wąskimi strumykami okrążał kształtne uszy. Ta makabryczna opaska uniemożliwiała identyfikację.

– Bagnetem odrąbał jej głowę i wykłuł oczy – powiedział Lasarius i rozpoczął badania *par excellence* dogłębne.
– Była chora wenerycznie. Przed śmiercią nie odbyła stosunku. Nie ma śladów penetracji.

„Przebyte i aktualne choroby: nie znam".

Krew Geissena po uwiązaniu go do żyrandola wypełniła gęstym i lepkim ciężarem czaszkę. Wzrastało ciśnienie, purpurowiały policzki, narastało pulsowanie w uszach. Litościwy bagnet wymierzony w tętnicę w pachwinie przerwał cierpienia konserwatywnego rajcy, zwolennika silnej władzy ojcowskiej, orędownika tanich mieszkań czynszowych i miłośnika opery.

„Poglądy polityczne i przynależność partyjna: sympatyzowanie z NSDAP, a właściwie z prymitywną siłą jej członków".

– Nie żyją od dwóch godzin – powiedział Mühlhaus.
– Przesłuchałem burdelmamę. Nie wie, kim jest denat. Jego tożsamość znamy tylko my – pan, Ehlers i ja. A, jeszcze

Krummheltz, ale ten nie puści pary z ust... Krummheltz miał nocny patrol. Był sam. To jego wezwała roztrzęsiona burdelmama. Oto, co wiemy: Geissen przychodził nie za często, lecz regularnie. Zawsze o szóstej rano, kiedy większość dziewczyn spała mocnym, zasłużonym snem. Chciał zachować *incognito*. Umawiał się zawsze z tą samą dziewczyną. Telefonicznie. Z tą spotkał się po raz pierwszy. Była nowa. Przyjmował jej słodkie razy przy operze – Mühlhaus przyjrzał się płycie *Pierścień Nibelungów*. – Wiemy zatem, co lubił. Operę. W alkowie i poza nią.

„Zainteresowania pozaseksualne: muzyka Mahlera; ulubione przedmioty i potrawy: pluszowe misie, berlińska porcelana, kawa pół na pół z mlekiem, strucla makowa, likier czereśniowy od Fachego, papierosy «Astoria», mocni mężczyźni wydzielający mocną woń".

– O szóstej rano – ciągnął Mühlhaus – nie było w burdelu żadnego innego klienta, wszystkie dziewczyny, oprócz tej tutaj, spały. Burdelmama również. Jedynymi aktywnymi ludźmi w tym przybytku byli: nasi kochankowie i strażnik Franz Peruschka. Do jego zadań należy przypominanie gościom, że przekraczają opłacony limit czasowy. Peruschka zapukał kilkakrotnie do drzwi i – wobec braku odzewu – wszedł, zobaczył tę romantyczną scenę i obudził burdelmamę. Ta w histerii wybiegła na ulicę i spostrzegła patrolującego ulicę Krummheltza, który zatelefonował do dyżurującego dziś w nocy Ehlersa, a Ehlers próbował bezskutecznie dodzwonić się do radcy Eberharda Mocka. Nie wiedział, że odłożył pan słuchawkę. Zadzwonił do mnie. Przyjechałem tutaj, zbadałem miejsce zbrodni i pojechałem po pana. To tyle.

– Mam dzisiaj kaca – Mock potarł palcami napuchnięte powieki. – I chyba dlatego nie wszystko rozumiem. Jeszcze był jeden aktywny człowiek w tym burdelu. Morderca. A może nie... Może było rzeczywiście tylko troje aktywnych.

154

- Nie rozumiem.

- To ja nie rozumiem pańskiego postępowania, *Herr Kriminaldirektor.* Geissen wisi na żyrandolu. Powiesił go tam jakiś bardzo silny facet. Oprócz rajcy jedynym – i to wcale mocnym – mężczyzną był strażnik Franz „Jak-mu-tam". Pytam: czy Franz „Jak-mu-tam" siedzi na komisariacie i przyznaje się do winy? Czy ktoś go w ogóle przymknął, *Herr Kriminaldirektor?* Gdzie on jest?

- U swojej szefowej. Uspokaja ją. Jest dla niej bardzo czuły. Jak można sądzić, łączą ich nie tylko stosunki służbowe. Burdelmama doznała szoku. A poza tym – Mühlhaus rozparł się wygodnie na kanapie, tuż obok zamordowanej dziewczyny. – Myśli pan, Mock, że złośliwie pana obudziłem i ściągnąłem do tego przybytku? Niech pan pomyśli – czy to normalne, że szef, wiceszef i jeden z trzech szeregowych pracowników komisji zabójstw idą na miejsce zbrodni i wspólnie prowadzą śledztwo? Może już tak kiedyś było, co?

- Było tak w zeszłym tygodniu – mruknął Mock. – Spotkaliśmy się przy zabójstwie Honnefeldera...

Mühlhaus wyjął z teczki ciemnobrązową kopertę, a z niej delikatnie wysunął szczypcami kartkę z kalendarza ściennego z datą 9 grudnia 1927 roku.

- Nadgarstek Geissena – rzekł dobitnie Mühlhaus – był owinięty gumką aptekarską. Pod gumkę wciśnięto tę kartkę z kalendarza.

- Proszę mi wybaczyć – odparł Mock. – Ale strażnik Franz mógł zabić Geissena i podszyć się pod „zabójcę z kalendarza".

- Proszę więcej nie pić, Eberhardzie – w głosie Mühlhausa było autentyczne zatroskanie. – Alkohol nie sprzyja pańskiej fantazji – ładna nazwa „zabójca z kalendarza" – lecz zabija logikę. O roli kalendarza w sprawie Gelfrerta-Honnefeldera-Geissena nie wiedzą ani spekulujące gazety, ani nikt inny oprócz naszych ludzi z komisji zabójstw

- Mühlhaus uderzył się dłonią w udo. Mock przysiągłby, że jego szef plasnął po gołym udzie martwą dziewczynę.
- A na pewno nie wiedział o tym Franz Peruschka.

- A dlaczego zakłada pan, że mordercą Gelfrerta, Honnefeldera i Geissena - zapytał Mock - nie jest właśnie Franz Peruschka?

- Z relacji wachmistrza kryminalnego Krummheltza wiemy, że burdelmama wpadła w histerię i - zapomniawszy, że w domu jest telefon - wybiegła na ulicę. Zanim jednak się tam znalazła, potknęła się na podjeździe i upadła. Zdumiony Krummheltz, który właśnie przechodził koło domu, zobaczył następnie wybiegającego Peruschkę. Strażnik rzucił się na pomoc starszej damie i zemdlał. Proszę, niech pan kontynuuje swoją wypowiedź, doktorze Lasarius.

- Peruschka cierpi na ostrą odmianę agorafobii - patolog włożył palec do ust denatki. - Kiedy znajduje się na zewnątrz budynku, na otwartej przestrzeni - mdleje. Nie mógł zatem zabić Gelfrerta i Honnefeldera, bo musiałby opuścić ten dom.

- Doktorze - Mock patrzył w zamyśleniu na tęgi kark Lasariusa. - Czyżby ten człowiek urodził się w tym budynku i nigdy z niego nie wychodził?

- Może wyjść tylko z zamkniętymi oczami. W wypadku ostrej agorafobii jest to jedyny sposób i zresztą nie zawsze skuteczny.

- A zatem, gdyby Peruschka był mordercą, musiałby mieć pomocnika, który zawiózłby go do Gelfrerta i Honnefeldera?

- Na to wygląda - przytaknął Lasarius.

- Jak się panu udało tak szybko ustalić diagnozę? Agorafobia jest chyba dość rzadką chorobą - nigdy o niej nie słyszałem - a pan jest fizjologiem, nie psychiatrą.

- Nie ustaliłbym tego nigdy... - Lasarius spojrzał na swe popękane od formaliny dłonie - lecz strażnik, kiedy się ocknął, pokazał mi dokument komisji poborowej, w którym uznaje się go za niezdolnego do służby z powodu choroby psychicznej. Lekarz wojskowy – podobnie jak pan radca – nie miał pojęcia o istnieniu tej choroby, a zatem nie nazwał jej, lecz jedynie dokładnie opisał jej objawy. Po tym rozpoznałem. Sama choroba została opisana dokładnie przez Oppenheima i Hochego. Niedawno ukazała się jeszcze jedna rozprawa na jej temat, ale zapomniałem nazwiska autora...

– Peruschka mógł odstawić cyrk z omdleniem – mruknął nieprzekonany Mock. – I zapewnić sobie doskonałe alibi... W czasie wojny nie brakowało symulantów z fałszywymi zaświadczeniami...

– Niech pan nie przesadza – zirytował się Mühlhaus. – Peruschka symulował podczas wojny, by dwanaście lat później mieć alibi po zabójstwie Geissena! Pan jest zbyt podejrzliwy.

– Szkoda, że tylko w pracy... – Mock zapalił papierosa i wypuścił zgrabne kółko. – W tym burdelu płaci się za godzinę. Ile czasu minęło, nim Geissen się wykrwawił? – zapytał Lasariusa.

– Człowiek po przecięciu tętnicy biodrowej wspólnej wykrwawia się w ciągu około pięciu minut – odparł patolog.

– Morderca miał zatem – kontynuował Mock – dziesięć minut na ogłuszenie obojga, zakneblowanie Geissena, powieszenie go głową w dół, rozcięcie mu tętnicy, a następnie poderżnięcie gardła dziewczynie. Prawdziwy *Blitzkrieg*. Trzeba go jednak przeprowadzić po jakimś kwadransie, kiedy klient na tyle się rozogni, że zapomni o bożym świecie...

– Naprawdę tak długo to trwa? – przerwał Mühlhaus ze zgryźliwym uśmieszkiem.

– Czyli morderca zaczął działać kwadrans na siódmą, kiedy Geissen figlował od kwadransa – Mock pominął uwagę Mühlhausa. – Zrobił swoje w ciągu dziesięciu minut, a potem czekał, aż ofiara się wykrwawi. Pięć minut. Potem wyszedł.

- Którędy?

- Tak jak wszedł - przez okno.

- Zbadałem dokładnie trawnik. Żadnych śladów na śniegu, który jest twardy, ale nieubity. Pod oknem numeru jest mała zaspa. Nietknięta.

- Mógł to być jakiś klient burdelu, który wśliznął się do pokoju dziewczyny. W środku tygodnia, po dniu targowym, jest tu zwykle wielu klientów i któryś z nich mógł się schować, nie zwracając uwagi strażnika...

- Może i racja, lecz jak wyszedł? Franz Peruschka twierdził, że nie zmrużył oka - Mühlhaus wstał i zapiął płaszcz.

- Pana scenariusz, poza tym wejściem i wyjściem przez okno, wygląda wiarygodnie. Ale ja nie mam dziś kaca, a mimo to czegoś również nie rozumiem: dlaczego morderca czekał na wykrwawienie? Przecież po przecięciu tętnicy przywiązany głową w dół człowiek tak czy siak umrze. Dlaczego zatem ten bydlak czekał, aż się Geissen wykrwawi? Z czego pan to wnosi?

- Niech pan uwzględni to - Mock trzymał w szczypcach kartkę z kalendarza. - Jeżeli jest nim ten sam psychopata, który zabił Gelfrerta i Honnefeldera, to musi postępować podobnie. Tamtym dwóm kartkę przyczepił po śmierci. To nie ulega wątpliwości. Teraz też musiał czekać, aż ofiara umrze. Potem wyszedł, ukrył się na korytarzu, na przykład za kotarą, i poczekał, aż Franz przypomni klientowi, że jego czas mija. O obowiązkach strażnika wie każdy bywalec burdelu...

- Doprawdy? - Mühlhaus ugniatał w cybuchu tytoń.

- Tak, panie dyrektorze, morderca musiał bywać w burdelach. Poczekał zatem na przyjście strażnika, na jego wtargnięcie do pokoju, a potem wymknął się cicho z budynku.

- Zaczyna pan sensownie myśleć, Mock - Mühlhaus spojrzał na Lasariusa. - Doktorze, jak długo trwa kac?

- Po portwajnie dość długo - powiedział Mock w zamyśleniu.

*Wrocław, piątek 9 grudnia,*
*godzina dziewiąta rano*

Mock wtopił się w tłum kłębiący się pomiędzy stragarami na Neumarkt. Spojrzał na zegarek. Miał jeszcze godzinę do odjazdu pociągu do Berlina. Chciał ją spędzić w towarzystwie butelki dereniówki, która przyjemnie obciążała prawą kieszeń płaszcza.

Wokół słyszał okrzyki samozadowolenia i zajadłe targi. Oparł się o murek stojącej na środku placu fontanny i – podobnie jak wznoszący się ponad nią Neptun – z ironią obserwował handlarzy. Gruby i czerwony od mrozu leśnik w czapce ozdobionej emblematami milickich lasów von Maltzanów zachwalał w śląskiej niemczyźnie sprzedawane przez siebie adwentowe wieńce i zbierał zamówienia na choinki. W sąsiedniej budzie potężna Ślązaczka, której wydatny zad owijały niezliczone pasiaste zapaski, kłóciła się po polsku ze swoim niewysokim i drobnym mężem, uśmiechającym się przymilnie do jakiejś służącej i wciskającym jej do rąk wiklinowy kosz z dorodną gęsią. Obok wąsaty piekarz szerokimi ruchami wskazywał na spiralne piramidy wypieków ośnieżone lukrem i przyczernione makiem.

Mock pogłaskał dereniówkę, przystanął koło śląskiej budy i z przyjemnością wsłuchiwał się w szelest polskiej mowy. Sophie potrafiła świetnie naśladować Polaków. Nie robiła tego jednak chętnie, twierdząc, że bolą ją usta od ciągłego napinania. Polak, nie zwracając uwagi na żonine łajania, oferował gęś kolejnej klientce. Ta kupiła po krótkim wahaniu i zażądała, by sprzedawca oporządził ptaka. Położył głowę ptaka na pieniek i spod powały zdjął wojskowy bagnet podoficerski z wygrawerowanym napisem *Zur Erinnerung an meine Dienstzeit*[*].

---

[*] Na pamiątkę mojej służby wojskowej.

"Z wojny francusko-pruskiej. Pewnie jego dziadka" – pomyślał Mock. Gęś traci bezcenny kapitel swojego ciała. Bagnet odciął głowę ptaka, bagnet uwolnił krwawy wodospad z szyi von Geissena, bagnet odwalił kształtną czaszkę publicznej dziewczyny na jej kruche łopatki, bagnet rozciął siatkówkę jej oczu, bagnet wiercił się w śliskiej wydzielinie oczodołów. W jednej chwili Mock uświadomił sobie, że nie zna nawet nazwiska zabitej dziewczyny. Nie zapytał o nie Mühlhausa.

Radca kryminalny zapalił papierosa. Przystanął między straganami i nagle przestał słyszeć targowanie się i reklamowe slogany – toporne jak uderzenia cepem. Zamordowana dziewczyna, zaszlachtowana jak rzeźne zwierzę, była dla niego rzeczywiście bezimiennym ciałem, jednym z wielu plugawych rezerwuarów, w których biedni i możni tego miasta łagodzili swe frustracje i zostawiali ślepe zasiewy, z których nigdy nic się nie urodzi. Mock, choć znał wiele prostytutek, nie wierzył w istnienie „kurew o złotym sercu" – po prostu nigdy takich nie spotkał. Wiele razy gładził je po smukłych plecach wstrząsanych szlochem, targanych serdecznym bólem, lecz równie często widział, jak pod alabastrem skóry napinały się mięśnie podczas akrobatycznych ćwiczeń z klientem, wiele razy przytulony do ich piersi słuchał szybkich i bolesnych uderzeń kołatki, lecz o wiele częściej te same piersi podskakiwały drwiąco przed jego twarzą, a zaciśnięte wargi i oczy łatwo imitowały ekstatyczne uniesienia.

Zamordowanych prostytutek widział dotąd niezbyt wiele, lecz wszystkie one posiadały nazwiska, dzięki czemu mógł akta ich spraw starannie umieścić w swoim rejestrze w odpowiedniej przegródce, o której doktor Lasarius powiadał, że „zawiera nienaturalne, bo nieweneryczne zgony kapłanek Wenery".

„Ta zamordowana dziewczyna była niegodna nawet znaleźć się w towarzystwie jej podobnych, nawet po śmierci wylądowała poza nawiasem swojej brudnej kasty, a to tylko z tego powodu, że nie zainteresowałem się, jak się nazywa – pomyślał Mock. – To tylko dlatego, że uganiam się za inną kurwą, która ma nazwisko, a jakże – moje nazwisko. I tylko dlatego tamtą rozprutą dziewczynę odarłem z najpodlejszego zaszczytu przebywania w jednej kartotece z całym plugastwem tego miasta".

Mock poczuł w ustach gorzki smak wyrzutów sumienia i zawrócił. Nie poszedł na dworzec, skąd za pół godziny odjeżdżał pociąg do Berlina – pozwolił Rainerowi Knüferowi samemu szukać swojej wiarołomnej żony Sophie w mieście Marleny Dietrich. Niedaleko straganu, gdzie w zimowym, ostrym słońcu migał bagnet sprzedawcy śląskich gęsi, wyrzucił do śmieci bilet na pociąg do miasta nad Szprewą, gdzie zamiast „g" wymawiają „j", i pozostał w mieście nad Odrą, gdzie na „łóżko" mówią „Poocht". Zawrócił w Messerstrasse, rzucił do połowy opróżnioną flaszkę dereniówki jakiemuś żebrakowi, który siedział pod kamienicą „Pod Trzema Różami", i powlókł się w stronę Prezydium Policji – ponury i milczący radca kryminalny, który nade wszystko cenił porządek w aktach.

*Wrocław, piątek 9 grudnia,*
*godzina dziesiąta rano*

W gabinecie Mühlhausa byli wszyscy policjanci z komisji zabójstw oprócz Smolorza. Grupę uzupełniali Reinert i Kleinfeld, detektywi do specjalnych poruczeń, podlegający bezpośrednio Mühlhausowi. Z filiżanek dymiły kawa i mleko. W ostrym słońcu kręciły się leniwie słupy tytoniowego dymu.

- Jakieś pomysły? - zapytał Mühlhaus.

Milczeli. W głowach im huczało od wywodów Mocka. Sposób, miejsce i czas. Tylko to jest ważne. Ofiara jest nieistotna, przypadkowa. Tak brzmiała teza Mocka, której nie akceptował nikt oprócz jej twórcy. Ten - zmęczony dwoma kwadransami nadaremnego przekonywania, myślami o Sophie, wspomnieniem krwawej rany bezimiennej prostytutki, kilkoma solidnymi łykami dereniówki - patrzył na Reinerta, Kleinfelda, Ehlersa i Meinerera i dostrzegał w ich oczach rezygnację i znudzenie. To ostatnie uczucie trzej policjanci dzielili ze starym Żydem, stenografem Hermannem Lewinem, który splótł ręce na brzuchu, a jego kciuki błyskawicznie kręciły się wokół siebie. Mock nalał sobie jeszcze jedną filiżankę gorącego mleka i sięgnął po tackę z cukierkami czekoladowymi, która stała na koronkowej serwetce. Mühlhausowi zamknęły się czerwone, napuchnięte powieki. Jedynie strugi dymu wzbijające się ku sufitowi z zakratowanego cybucha jego fajki świadczyły o gorączkowej pracy mózgu.

- Mam was, panowie, wywoływać do odpowiedzi jak uczniaków? - szef otworzył oczy i szepnął złowieszczo. - Radca Mock przedstawił swoją hipotezę. Wszyscy się z nią zgadzają? Nikt nie ma żadnych uwag? A może zdopinguję panów, gdy powtórzę uwagi burmistrza i prezydenta policji, którzy na wieść o śmierci rajcy Geissena stracili do nas cierpliwość? Reinert, co pan o tym wszystkim sądzi?

- Niech się pan nie boi, Reinert - powiedział Mock, przełykając z grymasem mleczno-czekoladową gęstą zawiesinę. - Jeżeli ma pan inne zdanie niż ja, niech pan je śmiało przedstawi. Nie będę tupał ze złości.

- Tak. Mam inne zdanie - powiedział dobitnie Reinert. - Co z tego, że wszystkie ofiary wykonywały inny zawód i rażąco różniły się wykształceniem, zainteresowaniami i poglądami politycznymi? Jest coś, co łączy ludzi niezależnie od tego wszystkiego. Są to nałogi: niszczące, jak na przykład hazard, zboczenia, alkohol, narkotyki, i łagodne – na przykład wszelkiego rodzaju hobby. Tym tropem musimy pójść. Zbadać przeszłość ofiar i ustalić, co je łączyło.

Reinert umilkł. Mock nie przejawiał najmniejszej ochoty do polemiki. Wypijał kolejną filiżankę mleka i obserwował szybkie ruchy wiecznego pióra, którym stenograf Lewin utrwalał wypowiedź Reinerta.

– Teraz pana wywołuję do odpowiedzi. – W fajce Mühlhausa zabulgotała ślina, kiedy spojrzał na Kleinfelda. – Po tym, jak wszyscy przedstawią swój punkt widzenia, podejmę decyzję, którym tropem pójdziemy.

– Panowie, przez chwilę spójrzmy na daty morderstw i na miejsca zbrodni – Kleinfeld przecierał binokle. – Ale nie w rozumieniu radcy Mocka. Pierwszego trupa, zamurowanego w warsztacie szewskim, najtrudniej było odkryć. To był prawdziwy przypadek, że ktoś powiedział szewcowi o śmierdzących jajkach zamurowanych w ścianach i ten rozwalił je kilofem. Szewc mógł albo machnąć na wszystko ręką i dalej pracować w smrodzie, albo znaleźć inny warsztat. I kolejny rzemieślnik wynajmujący tę norę mógłby postąpić tak samo. Skargi składane właścicielowi kamienicy nie musiałyby wcale doprowadzić do odkrycia trupa. Właściciel szukałby czegoś w kanalizacji i na tym sprawa by się kończyła. W końcu jakiś rzemieślnik nie przejąłby się smrodem i pracowałby spokojnie, ciesząc się, że ma warsztat w doskonałym punkcie miasta. Krótko mówiąc, ciało Gelfrerta mogłoby zostać nigdy nieodkryte. A co powiecie, panowie, o Honnefelderze i Geissenie?...

– Tak jest – Reinert aż podskoczył, rozlewając nieco kawy na spodek filiżanki. – Honnefelder został zabity we własnym mieszkaniu. Znalezienie go było zatem pewne, lecz mogło nastąpić dopiero wtedy, gdy smród trupa stałby się dla sąsiadów nie do zniesienia...

- A Geissen? - Kleinfeld zaczął stukać krogulczymi paznokciami o blat biurka.

- Znalezienie Geissena było absolutnie pewne - Mock włączył się do dyskusji. - I to pół godziny po popełnieniu zbrodni, wtedy gdy strażnik wejdzie do numeru, by przypomnieć klientowi o przekroczeniu limitu czasowego...

- Czyli widzimy jakby stopniowanie - Kleinfeld z wyraźnym zadowoleniem przyjął zainteresowanie Mocka.

- Pierwszy mord mógłby zostać odkryty po bardzo długim czasie lub nigdy nieodkryty, drugi - z pewnością odkryty, lecz po dłuższym czasie, trzeci - z pewnością odkryty, po półgodzinie. Jak wyjaśnić to regularne skracanie czasu?

- Ma pan jakieś propozycje? - Mühlhaus wystukiwał fajkę w kryształowej popielnicy.

- Mam - powiedział Kleinfeld z wahaniem. - Morderca wystraszył się, że nie znajdziemy pierwszej ofiary, i dlatego zabił drugą...

- To oczywiste - przerwał mu Mock. - Chce nam zwrócić uwagę na daty. Gdybyśmy nie znaleźli ofiary, nie zrozumielibyśmy przesłania mordercy, które tkwi na kartkach kalendarza.

- Myślę, że zabójca chce się do nas zbliżyć - ciągnął Kleinfeld, niezrażony ironicznym uśmiechem Mocka. - Czytałem kiedyś w „Archiv für Kriminologie" relację o seryjnych mordercach w Ameryce. Niektórzy z nich podświadomie chcą być złapani i ukarani za swoje zbrodnie. Dotyczy to zwłaszcza zbrodniarzy, którzy byli bardzo surowo wychowani w poczuciu winy, kary i grzechu. Wygląda na to, że nasz poszukiwany działa tak, jakby chciał, byśmy wpadli na jego trop. Aby to jednak ustalić z całą pewnością, musimy poznać jego psychikę.

- Ale jak poznać psychikę człowieka, którego w ogóle nie znamy? - Meinerer, ku ledwo ukrywanej niechęci Mocka, po raz pierwszy okazał zainteresowanie sprawą.

- Musimy poprosić jakiegoś psychiatrę, który miał do czynienia ze zbrodniarzami, o hipotezę, o próbę ekspertyzy - powiedział powoli Kleinfeld. - Niech nam napisze coś w rodzaju raportu: co może znaczyć wspomniane przeze mnie skracanie czasu, dlaczego morduje w sposób tak wymyślny, co w końcu mogą znaczyć te kartki z kalendarza. We Wrocławiu nie było do tej pory seryjnych morderców. Sprowadźmy kopie akt seryjnych morderców z całych Niemiec, na przykład Grossmanna, Haarmanna - rzeźnika z Hanoweru - i innych. Niech nasz ekspert je przeczyta. Może znajdzie jakieś podobieństwa. To wszystko, *Herr Kriminaldirektor*, co przyszło mi do głowy.

- Niemało - zauważył z uśmiechem Mühlhaus. - A co powiedzą nam najbliżsi współpracownicy radcy?

„Nic innego, czego nie powiedziałby Mock" - mówiła wyraźnie mina milczącego Ehlersa. Natomiast Meinerer miał coś do dodania.

- Myślę, że trzeba by sprawdzić te daty pod kątem znaczenia liczb. Może mają one znaczenie symboliczne. Należałoby zatrudnić jakiegoś znawcę kabały.

Kleks kapnął na stenogram Lewina. Stary stenograf najpierw westchnął, a potem rozpostarł ręce, wyciągnął je ku niebu i krzyknął:

- No nie, nie wytrzymam, gdy słyszę takie głupoty! On chce - pokazał palcem na Meinerera - zatrudnić kabalistę! Czy pan w ogóle wie, co to jest kabała?!

- Czy ktoś pana prosił o zdanie, Lewin? - zapytał chłodno Meinerer. - Niech się pan skupi na swoich obowiązkach.

- Coś panu powiem - roześmiał się głośno stenograf, który z powodu ostrego języka był ulubieńcem Mühlhausa. - Poddam panu inną myśl. Proszę połączyć miejsca zbrodni na mapie liniami. Wyjdzie panu z pewnością jakiś tajemny znak. Symbol sekty... Co, spróbujemy?... – mówiąc to, podszedł do mapy Wrocławia wiszącej na ścianie.

– Tak, spróbujemy – powiedział poważnie Mock. – Rynek 2 – kamienica „Pod Gryfami", Burgfeld 4 i Taschenstrasse 23–24. No, co się pan tak patrzy, Lewin... Niech pan wetknie w te miejsca szpilki...

– Czyżby pan radca miał w szkole najgorszą notę z geometrii? – odezwał się zdumiony Lewin. – Tak czy siak wyjdzie trójkąt. Trzy miejsca – trzy wierzchołki.

Mock, nie zwracając uwagi na gderanie stenografa, wstał, podszedł do mapy i wbił trzy szpilki w trzy miejsca zbrodni. Wyszedł trójkąt rozwartokątny. Mock patrzył przez chwilę na kolorowe łepki, następnie zbliżył się do wieszaka, zdjął z niego swoje palto i kapelusz, po czym skierował się ku drzwiom.

– Mock, dokąd pan idzie? – warknął Mühlhaus. – Odprawa się jeszcze nie skończyła.

– Drodzy panowie, te wszystkie budynki znajdują się na obszarze ograniczonym starą fosą – powiedział cicho, wpatrując się w mapę. Sekundę później opuścił gabinet swojego szefa.

*Wrocław, piątek 9 grudnia, południe*

– Panie radco – dyrektor Biblioteki Uniwersyteckiej, Leo Hartner, uśmiechnął się nieznacznie. – No i co z tego, że te budynki znajdują się na obszarze ograniczonym starą fosą?

Mock wstał z osiemnastowiecznego fotela, obitego niedawno zielonym pluszem, i rozpoczął gorączkową przechadzkę po gabinecie Hartnera. Gruby purpurowy dywan wytłumił jego kroki, kiedy podszedł do okna i zapatrzył się w gołe konary drzew na Wzgórzu Holteia.

- Panie dyrektorze - Mock odwrócił się od okna i oparł o parapet - siedziałem niedawno prawie cały dzień w Archiwum Budowlanym, potem w archiwum policyjnym i szukałem śladu jakiejś zbrodni, czegoś, co wydarzyło się w tych budynkach, ponieważ, tak jak panu mówiłem...

- Wiem, mówił pan, liczy się sposób, miejsce i czas - przerwał Hartner nieco zniecierpliwiony. - Nie ofiara...

- No właśnie... - Mock uwolnił parapet od swojego ciężaru. - I nie znalazłem niczego... Wie pan dlaczego? Dlatego, że odwiedzane przeze mnie archiwa zawierają tylko akta dziewiętnastowieczne i niewiele wcześniejszych. Jak poinformowali mnie archiwiści, większość wcześniejszych akt zalana została podczas powodzi z 1854 roku. W Archiwum Miejskim są natomiast akta wcześniejsze: kryminalne, budowlane i wszelkie inne. Może zatem coś, co jest istotne dla naszej sprawy, zdarzyło się wcześniej w tych budynkach, lecz ślad o tym z różnych powodów zaginął albo jest możliwy do odnalezienia jedynie przez specjalistę, który umiałby czytać stare dokumenty?

- Dalej nie rozumiem, dlaczego tak duże znaczenie przypisuje pan radca temu, że zbrodni tych dokonano w obrębie fosy staromiejskiej.

- Drogi dyrektorze - Mock zbliżył się do wiszącej na ścianie mapy Wrocławia i uważnie odczytał datę zamieszczoną u dołu - ta piękna mapa pochodzi z 1831 roku, czyli przedstawia miasto w granicach ustalonych chyba na początku dziewiętnastego wieku. Czy się mylę?

- Nie - powiedział Hartner. Sięgnął na stojącą przy biurku półkę i wyjął jakąś książkę. Otworzył ją powoli i zaczął starannie kartkować. Po kilku minutach znalazł poszukiwaną przez siebie informację. - Nie myli się pan. W 1808 roku dołączono do naszej nadodrzańskiej metropolii wsie Kleczków, Szczepin i Ołbin oraz tereny wzdłuż Oławy i dzisiejszej Ofenerstrasse. Ta mapa przedstawia miasto po włączeniu do niego wspomnianych wsi.

- Kiedy wcześniej, przed 1808 rokiem, powiększano obszar miasta? - zapytał Mock ostrym tonem przesłuchującego.

Hartner nie zwrócił uwagi na tembr głosu radcy i całą uwagę poświęcił książce. Po chwili znalazł odpowiedź na zadane pytanie.

- W 1327 roku. Dołączono wówczas obszar tzw. Nowego Miasta, czyli tereny - Hartner podszedł do Mocka, ujął go pod ramię, podprowadził do okna i wskazał na budowę wysokościowca poczty czekowej - położone za Ohlau Ufer i Alexanderstrasse.

- A jeszcze wcześniej? - Mock wpatrywał się w jedenastopiętrowy szkielet budynku poczty wyłaniający się zza drzew Wzgórza Holteia.

Hartner zmarszczył nos, czując od gościa woń alkoholu, i podszedł do mapy. W jednej ręce trzymał książkę, drugą skierował w stronę mapy. Okulary zsunęły mu się na czubek nosa, a krótko przycięte szpakowate włosy jeżyły się na karku.

- W 1261 roku, jak pisze Margraf w swej pracy o ulicach Wrocławia - Hartner przerzucał wzrok z książki na mapę. - Do wczesnomiejskiego ośrodka nad Odrą oficjalnie dołączono te oto tereny...

Dyrektor wodził palcem po mapie, zataczał nim kręgi, wycinał z mapy nieregularne - raz większe, raz mniejsze - okręgi lub elipsy, które przy odrobinie dobrej woli można by uznać za współśrodkowe, a środek umiejscowić gdzieś w Rynku. Mock podszedł do Hartnera i wolno przesunął palcem po niebieskim wężu fosy staromiejskiej.

- Czy to ten obszar? - zapytał.

- Tak, to właśnie te tereny dołączono w trzynastym wieku do miasta.

- Tereny wewnątrz fosy, tak?

- Tak.

- Czyli ten ograniczony fosą teren, na którym dokonano trzech morderstw, jest oprócz Ostrowa Tumskiego najstarszą częścią miasta.

- Zgadza się.

- Już pan rozumie, dyrektorze? - Mock chwycił mocno palec Hartnera i rysował nim esy-floresy na mapie wewnątrz owego obszaru. - Już pan rozumie? Siedziałem w archiwach i szukałem śladu jakichś zdarzeń, które miałyby miejsce dokładnie tego dnia i tego miesiąca, który widniał na kartce z kalendarza przy ofiarach. Ale wszystkie te archiwa zawierają akta stosunkowo nowe, podczas gdy obszar zbrodni należy do najstarszej części Wrocławia. A zatem trop ten nie jest błędny i zbyt wydumany, jak utrzymuje mój szef i moi ludzie, lecz jest po prostu tropem... - Mock zamyślił się, szukając odpowiedniego słowa.

- Którym idzie pan trochę po omacku - pomógł mu Hartner i zdecydowanie odsunął się od mapy, odzyskując tym samym panowanie nad swoim palcem. - Trudnym ze względu na szczupłą i niełatwą do odczytania dokumentację, mało efektownym i niedającym widoków na sukces.

- Dobrze pan to ujął - Mock opadł na fotel, skrzyżował wysunięte nogi i zamknął oczy. Był zadowolony, ponieważ chciało mu się spać, a to znaczyło, że litowały się nad nim wszystkie erynie, wszystkie dziwki - imienne i bezimienne, żywe i martwe - wszystkie robaczywe, poćwiartowane i bezkrwiste trupy, cały jego świat litościwie pozwalał mu usnąć. Mock zapadł w letarg, lecz poczuł dziwne ukłucie może w przeponie, może w sercu, może w żołądku - ukłucie, które pielęgnował w sobie, zwłaszcza gdy budził się po przepiciu; wtedy jego skręcone kacem ciało domagało się snu, a rozsądek rozkazywał „wstawaj, masz dzisiaj kupę roboty"; wtedy Mock przywoływał przed oczy jakiś nieprzyjemny obraz - rozsierdzonego szefa, beznadzieję i szaryznę pracy policyjnej, głupotę podwładnych -

i utrwalał go w sobie, aż czuł przenikliwy ból i niepokój, który już nie pozwalał mu usnąć. Wówczas podnosił udręczoną kacem głowę, wkładał ją pod strumień zimnej wody, przesuwał mokrymi od wody kolońskiej palcami po bladych policzkach i podpuchniętych powiekach, a potem w zbyt ciasnym meloniku, w krawacie zaciągniętym mocno jak stryczek, wchodził w stare, zimne mury Prezydium Policji. Teraz Mock, siedząc na osiemnastowiecznym fotelu, czuł również taki niepokój, lecz w odróżnieniu od kacowych poranków, nie potrafił zidentyfikować jego źródła. Przed oczami nie pojawiał się ani rozwścieczony Mühlhaus, ani Sophie wśród papierosowych petów w brudnej pościeli, ani wodospad szlacheckiej krwi Geissena. Mock wiedział, że musi powtórzyć sytuację, która wywołała niepokój. Otworzył oczy i spojrzał na Hartnera, który jakby zapomniał o gościu i kręcił w zamyśleniu korbką metalowej, przytwierdzonej do biurka temperówki.

– Panie dyrektorze – wychrypiał – proszę powtórzyć to, co pan przed chwilą powiedział.

– Powiedziałem – odparł Hartner, nie przerywając temperowania – że porusza się pan po omacku, że ma pan mało źródeł, by prowadzić to śledztwo, że źródła mogą być trudne do odczytania i interpretacji i że nie wróżę temu śledztwu sukcesu.

– Bardzo zgrabnie pan to ujął, dyrektorze, ale proszę mi wyjaśnić, co miał pan na myśli, mówiąc „mało źródeł".

– Jeżeli pan szuka czegoś, co się w przeszłości zdarzyło w tych miejscach czy wręcz w tych budynkach, to musi pan znaleźć jakieś źródła dotyczące historii tych miejsc, czyli jakieś archiwalia – tłumaczył cierpliwie Hartner. – Sam pan powiedział, że te archiwalia, które pan przestudiował, sięgają najdalej do początków dziewiętnastego wieku, a – jak stwierdziliśmy przed chwilą – historia miejsc zbrodni może być znacznie starsza, ponieważ dotyczy najstarszego obszaru miasta. Dlatego powiedziałem o szczupłych źródłach. Po prostu nie ma zbyt wielu akt od trzynastego do końca osiemnastego wieku.

– Jeżeli nie ma prawie żadnych akt – Mock był zirytowany – to gdzie mogę znaleźć jakiekolwiek informacje o tych miejscach czy budynkach? Gdzie pan by ich szukał, jako historyk?

– Drogi panie radco – Hartner na próżno starał się ukryć zniecierpliwienie – przede wszystkim jestem badaczem języków semickich...

– Niech pan się ze mną nie droczy, dyrektorze – Mock bardzo cenił sobie skromność Hartnera, niezbyt częstą wśród uczonych, którzy nie byli czynnymi wykładowcami i nie mogli weryfikować płodów swoich myśli na wykładach w krzyżowym ogniu studenckich pytań. – Jako człowiek, który odebrał solidne wykształcenie klasyczne w minionym wieku, prawdziwym *saeculum historicum**, wie pan, że traktuję pana raczej jako polihistora, historyka w Herodotowym znaczeniu...

– Bardzo mi miło – niecierpliwość Hartnera zaczynała wygasać. – Spróbuję panu odpowiedzieć na to pytanie, ale musi pan kilka spraw uściślić. Co to znaczy „informacje o miejscach"? Szczupła ilość akt nie zwalnia nas od obowiązku ich wnikliwego przestudiowania. A więc najpierw stare akta. Potem należy rozpocząć poszukiwania rzeczowe. Jak w indeksie rzeczowym czy terminologicznym w podręczniku. Ale czego mamy szukać? Czy panu chodzi o jakieś legendy dotyczące tych miejsc? Czy o właścicieli tych budynków? A może o ich mieszkańców? Czego pan szuka w tych miejscach?

– Jeszcze do niedawna myślałem, że w aktach szukam zbrodni, która miałaby być przypomniana po latach – tego samego dnia miesiąca, kiedy jej dokonano. Morderca,

_____

\* Stuleciu historii.

zabijając niewinnych ludzi, chce, abyśmy odnowili jakieś stare śledztwo i znaleźli zbrodniarza sprzed lat. Ale o żadnej zbrodni w dwu pierwszych miejscach – historii trzeciego jeszcze nie zbadałem – nie ma w archiwaliach nawet wzmianki. Zatem upada hipoteza przypomnienia po latach.

– Tak... – przerwał Hartner i zamarzył o obiedzie: rolada, czerwona kapusta i kartoflane kluski. – Zbrodnia jako wymuszenie odnowienia śledztwa w sprawie zbrodni sprzed wieków... Brzmi to rzeczywiście mało prawdopodobnie...

Mock poczuł jednocześnie i senność, i niezidentyfikowany niepokój. Po chwili ruszyła machina skojarzeń. Niepokój wiązał się z gimnazjum, z Sophie i z wyrazami „odnowienie" i „zbrodnia". Zastanawiał się gorączkowo, czy myślał o Sophie, kiedy przechodził lub przejeżdżał koło jakiejś szkoły. Po kilku sekundach zobaczył wczorajszy obraz: słup z ogłoszeniami koło Gimnazjum św. Elżbiety.

Ojciec duchowy książę Aleksiej von Orloff udowadnia rychłe nadejście Antychrysta. „Ma rację ten ojciec duchowy – pomyślał Mock – odnawiają się zbrodnie i kataklizmy. Mnie znów porzuciła kobieta, Smolorz znów zaczął pić".

Mock zobaczył siebie wychodzącego z kwiaciarni. U małego gazeciarza kupił „Breslauer Neuste Nachrichten". Na jednej ze stron ogłoszeniowych jego wzrok przykuł niezwykły rysunek. Mandala, koło przemian, otaczała ponurego starca z wzniesionym do góry palcem. „Ojciec duchowy książę Aleksiej von Orloff udowadnia, że koniec świata jest bliski. Oto następuje kolejny obrót Koła Historii – powtarzają się zbrodnie i kataklizmy sprzed wieków. Zapraszamy na wykład mędrca z Sepulchrum Mundi. Niedziela 27 listopada, Grünstrasse 14–16".

Mock usłyszał ponownie głos Hartnera: „Zbrodnia jako wymuszenie odnowienia śledztwa w sprawie zbrodni sprzed wieków... Brzmi to rzeczywiście mało prawdopodobnie..."

Mock spojrzał ponuro na Hartnera. Już wiedział, po co tu przyszedł. Dyrektor w ułamku sekundy zorientował się, że marzenia o upragnionym obiedzie dzisiaj mogą się nie ziścić.

*Wrocław, piątek 9 grudnia,*
*godzina druga po południu*

Ołówek ze złotym okuciem szybko poruszał się po prążkowanych kartkach notesu. Hartner zapisał ostatnie polecenie Mocka.

– To wszystko? – zapytał bez entuzjazmu, delektując się w myślach wyborną roladą.

– Tak – Mock wyjął podobny notes, notes podróżników i policjantów: czarny, obwiązany gumką, z wąskim parcianym paskiem, do którego przywiązany był ołówek. – O jeszcze jedno chciałbym pana prosić, dyrektorze. Proszę wobec personelu nie wymieniać mojego nazwiska ani stanowiska. Zachowanie *incognito* to najlepsze rozwiązanie w sytuacji, kiedy...

– Nie musi mi się pan tłumaczyć – powiedział cicho Hartner, przeżuwając w wyobraźni chrupiącą od skwarków kluskę pokrytą sosem i gęstwiną czerwonej kapusty.

– Proszę zrozumieć – Mock napisał w notesie nagłówek „Morderca z kalendarza". – Jest mi bardzo niezręcznie wydawać panu polecenia.

– Drogi radco – po „sprawie czterech marynarzy" może pan mi do końca życia wydawać polecenia.

– Tak – ołówek trafił między zęby Mocka. – A zatem zgadza się pan, bym siedział dzisiaj w pana gabinecie i pracował wraz z nim choćby do rana?

– Pod jednym warunkiem...

– Tak?

– Że pozwoli się pan zaprosić teraz na obiad... Oczywiście, najpierw wydam odpowiednie polecenia swoim pracownikom.

Mock uśmiechnął się, skinął głową, podniósł się ciężko i usiadł za zgrabnym, dziewiętnastowiecznym sekretarzykiem, gdzie zwykle rano sekretarka Hartnera zapisywała dzienne dyspozycje szefa. Hartner postawił przed nim telefon i otworzył drzwi do sekretariatu.

– Panno Hamann – zwrócił się do sekretarki i wskazał ręką na Mocka. – Pan profesor jest moim współpracownikiem i przyjacielem. Przez kilka najbliższych godzin, a może dni będziemy pracować wspólnie nad paroma kwestiami naukowymi. Mój gabinet jest jego gabinetem, a wszystkie jego polecenia – moimi.

Panna Hamann kiwnęła głową i uśmiechnęła się do Mocka. Taki sam uśmiech jak u Sophie, lecz inny kolor włosów. Mock wykręcił numer do Meinerera i – zanim Hartner zamknął drzwi – jednym spojrzeniem objął smukłą kibić i wydatny biust panny Hamann, a dźwięcząca mu jeszcze w uszach fraza dyrektora „wszystkie jego polecenia" uruchomiła wyobraźnię i podsunęła przed oczy nieprzyzwoite i dzikie sceny z nim samym i z panną Hamann w rolach głównych.

– Meinerer – mruknął Mock, kiedy usłyszał charakterystyczny falset swojego podwładnego. – Proszę przyjść do Biblioteki Uniwersyteckiej na Sandstrasse. U sekretarki dyrektora Hartnera, panny Hamann, czekać będzie na pana kartonowa teczka z nazwiskiem adresata. Zaniesie ją pan do hotelu „Königshof" na Claasenstrasse. Niezależnie od tego, jakie otrzymał pan zadania od Mühlhausa, rozkaz śledzenia Erwina jest wciąż w mocy. Za godzinę mój bratanek powinien kończyć lekcje. Jest tam gdzieś koło pana Reinert? Nie? To proszę go znaleźć.

Otrzymawszy szybkie zapewnienie posłuszeństwa ze strony Meinerera, Mock czekał na zgłoszenie się Reinerta.

– Proszę poprosić do mnie doktora Smetanę – zza zamkniętych drzwi brzmiał mocno baryton Hartnera. – Niech przyniesie ze sobą rejestr wypożyczeń.

– Reinert, dobrze, że pan jest – Mock patrzył na notatki sporządzone swym pochyłym pismem. – Niech pan nie odstępuje na krok księcia Aleksieja von Orloffa. Nie wie pan, kto to jest? Nie mam czasu teraz panu tłumaczyć. Informację o nim znajdzie pan na każdym słupie ogłoszeniowym i w każdej gazecie, a z pewnością w „Breslauer Neueste Nachrichten" z dnia, kiedy znaleźliśmy zamurowanego Gelfrerta. Pana zmiennikiem będzie Kleinfeld.

– Niech Specht z działu katalogowania – zahuczał głos Hartnera – przyniesie skrzynki katalogowe z hasłami „Wrocław", „Kryminalistyka", „Śląsk". Dobrze, powtórzę: „Wrocław", „Kryminalistyka", „Śląsk". Niech pani umówi mnie na rozmowę telefoniczną z dyrektorem Biblioteki Miejskiej Theodorem Steinem. Tak, doktor Theodor Stein. Po południu, wieczorem... wszystko jedno.

Mock wykręcił kolejny numer i szybko przekonał młodego człowieka, aby ten przerwał radcy Domagalli ważne zebranie.

– Witam cię serdecznie, Herbercie – powiedział po usłyszeniu nieco poirytowanego głosu swego partnera brydżowego. – Prowadzę teraz ważną sprawę. Tak, tak, wiem, że ci przeszkadzam, ale sprawa jest bardzo pilna. Muszę przejrzeć akta wszystkich sekciarzy, którymi zajmowali się twoi ludzie. Ponadto muszę wiedzieć wszystko o sekcie Sepulchrum Mundi i jej przywódcy Aleksieju von Orloffie. Dobrze, zapisz... Nie wiesz, jak się pisze *sepulchrum*? Co ty miałeś z łaciny? Tak myślałem...

175

– Z czytelni głównej – głos dyrektora zdradzał podniecenie. – Niech mi bezzwłocznie przyniosą następujące książki: *Antiquitates Silesiacae* Barthesiusa i *Świat przestępczy w dawnym Wrocławiu* Hagena.

Mock połączył się ponownie i już nie wydawał poleceń, lecz wysłuchiwał podniesionego głosu Mühlhausa. W pewnym momencie odsunął słuchawkę od ucha, a drugą wolną ręką postukał papierosem o blat sekretarzyka. Kiedy głos umilkł na chwilę, Mock włożył papierosa do ust i rozpoczął dziwny dialog, w którym jego lakoniczne wypowiedzi były co chwilę przerywane gniewnymi i misternie zbudowanymi frazami szefa.

– Tak, wiem, że zachowałem się jak gbur, wychodząc z zebrania... To jest nowy trop... Wszystko wytłumaczę jutro... Tak, wiem, ostatnia szansa... Nadużyłem cierpliwości pana dyrektora... Wiem... Będę jutro... O ósmej rano... Tak, z całą pewnością... Dziękuję i przepraszam...

Mock odłożył słuchawkę i po raz kolejny pomyślał ciepło o Reinercie i Kleinfeldzie. Nie powiedzieli nic Mühlhausowi i ruszyli w ślad za von Orloffem.

Hartner skończył wydawanie poleceń i wszedł do gabinetu, niosąc płaszcz i kapelusz Mocka. Po chwili obaj ruszyli w stronę drzwi. Hartner przepuścił Mocka przodem i uśmiechnął się promiennie do panny Hamann. Miał się ziścić jego sen o roladzie.

*Wrocław, piątek 9 grudnia,*
*godzina dziesiąta wieczorem*

Wrocław zapadał się w miękkim puchu śniegu. Na Sandstrasse było bezwietrznie i cicho. Czasami zawarczał jakiś automobil, z rzadka dzwoniły sanie. Nawet zgrzyt ostatnich tramwajów sunących w stronę Neumarkt i Poczty Głównej wytłumiony był przez miękki filtr zadymki. Okna klasztoru Norbertanów błyskały przyjaznym ciepłem. Mock obserwował to wszystko przez okno starego klasztoru Augustianów na Wyspie Piaskowej, gdzie mieściła się Biblioteka Uniwersytecka, i daleko mu było do nastroju radosnego świątecznego oczekiwania, którym zdawało się epatować całe miasto. Nie interesował go most Piaskowy ani Gimnazjum św. Macieja, ani Muzeum Mineralogiczne. Interesowały go rozjarzone choinkami okna ubogich kamienic skupionych na obwodzie Ritterplatz, gdzie spracowany ojciec, czekając na kolację, odkłada na bok fajkę dymiącą tanin tytoniem i podrzuca siedzące mu na kolanach dzieci, które wrzeszczą radośnie, a ich dzikie okrzyki nie denerwują ani ojca, ani przepasanej fartuchem matki, która ustawia na gorących fajerkach garnek z mężowską zupą; codziennie to samo – krupnik z wędzonką, zadowolone i syte beknięcia, pocałunek po kolacji, usta pełne dymu, łajanie dzieci i zaganianie ich do kąpieli w parującej balii, ich zaróżowione od snu buzie, mężowskie ręce pod ciężką pierzyną. Codziennie to samo – wiara, nadzieja i miłość.

Mock podszedł pod drzwi gabinetu Hartnera i położył dłoń na klamce.

„W tych czynszowych domach – myślał – w tych zakopconych kuchniach, pod zapluskwionymi tapetami mieszka jeszcze inna cnota, cnota nieewangeliczna, która nie mogła znaleźć dla siebie miejsca w sterylnie czystym, pięciopokojowym apartamencie przy Rehdigerplatz. Ta cnota nie dała się tam przyciągnąć ani siłą, ani pochlebstwem, ani drogim prezentem, nie chciała tam zostać dłużej, opuściła niedługo po ślubie eteryczną żonę i pewnego siebie męża, którzy nie wyartykułowali swoich potrzeb wobec siebie; ona – bo nie umiała, on – bo nie chciał. Pozostawiła ich samym sobie: ją wyniośle milczącą i jego – wściekle walącego w ściany kwadratowym łbem. Jak się nazywa ta cnota, która wzgardziła mieszkaniem przy Rehdigerplatz?"

Mock otworzył drzwi, wypuścił woźnego taszczącego wiadro z węglem i usłyszał głos Hartnera:

– Tak, panie dyrektorze Stein, chodzi mi o wypisanie pozycji książkowych z katalogu ogólnego, czyli sporządzenie katalogu rzeczowego wedle następującego klucza pojęć: Śląsk – kryminalistyka – Wrocław. Jeśliby te pojęcia krzyżowały się w jakiejś książce, byłoby wspaniale. Jeśli nie, to bardzo pana dyrektora proszę o przysłanie mi spisu książek, do których odnosi się choćby jedno słowo kluczowe. Myślę, że gdybym potem zdecydował się te książki wypożyczyć... Tak? To wspaniale, dziękuję za uprzejmą zgodę...

Mock zamknął drzwi od gabinetu i poszedł do ubikacji. Mijając woźnego, objął go za ramię i wyszeptał:

– Wiesz, jak się nazywa ta cnota, która nie chciała u mnie zamieszkać?

– Nie, nie wiem – odpowiedział właściciel zarośniętego gęstym włosem ucha.

– Wierność – sapnął Mock i wszedł do toalety. Zamknął się w kabinie i zlustrował dokładnie małe okienko, za którym usypiało miasto pełne wiernych żon, uśmiechających się przez sen dzieci i spracowanych ojców, miasto buchających ciepłem pieców, skomlących z radości wiernych psów o mądrych oczach. W tym mieście pewne pięciopokojowe mieszkanie było nieprzystającym *curiosum*, ponurym dziwolągiem.

„Tam w czterech kątach pokojów czai się zły demon przemocy, zrezygnowany demon ułudy i jeszcze jeden... – myślał Mock, odpinając pasek – jeszcze jeden... – powtarzał, wykonując znane, stare jak świat czynności potępiane przez Kościół – demon śmierci". Kiedy znalazł właściwe słowo, włożył głowę w pętlę utworzoną z paska i przytwierdzoną do klamki okna, za którym Wrocław stawał się bielszy niż otulający go śnieg.

178

*Wiesbaden, wtorek 13 grudnia,*
*godzina pierwsza po południu*

Prywatny detektyw Rainer Knüfer wysiadł z dorożki przy parku Zdrojowym i ruszył wśród czarnych, bezlistnych kasztanowców w stronę kasyna. Znad parkowego stawu wtargnął między drzewa zimny podmuch porywistego wiatru i wzbił się do góry słupami śnieżnego pyłu. Knüfer nacisnął kapelusz, postawił kołnierz palta, szybko minął przypudrowane szronem kamienne klomby i wpadł do rozjarzonej światłami świątyni hazardu. Podskoczył do niego pikolak, omiótł go energicznie włosianą szczotką, z radością przyjął kilka drobniaków i podbiegł z paltem i kapeluszem gościa ku garderobie. Knüfer stał w foyer, rozglądał się i podziwiał biało-brązową szachownicę posadzki, witraż nad wejściem, łukowate sklepienie i stojące pod ścianami wielkie rzeźby. Po kontemplacji przepychu skręcił w lewo do wielkiej sali gry. Stanął na progu i mrużył oczy przed bezlitosnym blaskiem kandelabrów, które ujawniały każdą zmarszczkę wokół rozjątrzonych bezsennością i nałogiem oczu hazardzistów, odbijały się w łysinach pokrytych skroplonymi oznakami przegranej, wykrawały fałszywy róż na policzkach podstarzałych arystokratek i lśniły w alabastrowej skórze młodych dam, których obyczaje były równie ciężkie jak różnobarwny puch piór zatkniętych za przepaskami, obejmującymi ich równo przycięte i lśniące fryzurki. Na jednej z młodych dam Knüfer zatrzymał przez kilka sekund wzrok. Nie był pewien, czy znalazł właściwą osobę. Wedle opisu, który dostał od Mocka, Sophie powinna mieć długie włosy. Roześmiana jasna blondynka miała włosy obcięte modnie, krótko i sportowo. Inne elementy opisu się zgadzały. Jej piersi, które mocno napierały na jedwab sukienki i zachwycająco się wznosiły, kiedy gwałtownym i radosnym ruchem wyrzucała ręce ku górze, odpowiadały trafnej charakterystyce Mocka: „wydatny biust o jędrności prawie że widocznej". Jej głos ciął duszne powietrze sali srebrną koloraturą i mógł śmiało być określony jako „perlisty" (opis Mocka). Z trudem odwrócił wzrok od blondynki i zajrzał do sąsiedniej sali karcianej. Kiedy już się przekonał, że żadna z obecnych dam nie odpowiadała rysopisowi sporządzonemu przez radcę kryminalnego, usiadł przy sąsiednim, niezajętym przez nikogo stole z ruletką, przy którym trwał na posterunku stary pyzaty krupier, i postawiwszy żetony za pięćdziesiąt marek na czerwone, zaczął rozważać problem: dlaczego domniemana Sophie Mock tak hałaśliwie się zachowuje. Kiedy krupier podsuwał w jego stronę podwojony słupek żetonów, Knüfer już znał dwa powody. Po pierwsze, blondynka nie żałowała sobie szampana, po drugie, jej okrzyki radości i wyrzucanie rąk były reakcją na hazardowe poczynania malutkiego mężczyzny o boleściwych, melancholijnych oczach. Knüfer postanowił grać jeden do jednego. Postawił całość znów na czerwone i szybko notował w pamięci charakterystykę zewnętrzną niewysokiego pana, któremu blondynka właśnie położyła głowę na ramieniu, czule obejmując dłońmi miejsce, gdzie inni mężczyźni mają biceps. Gracz niewiele wystawał ponad stół do gry. Nonszalancko podrzucał żetony, a one lądowały łagodnym łukiem na szorstkim zielonym suknie i zawsze znajdowały swe miejsce w jednym z trzydziestu sześciu kwadratowych pól.

– On wcale nie myśli – szepnął do Knüfera pyzaty krupier. – Zdaje się na przypadek. Rzuca na ślepo kilkoma żetonami i na ogół trafia. Jeżeli żeton spadnie na – powiedzmy – „dwadzieścia dwa czerwone", obstawia albo parzyste, albo czerwone. Nigdy nie gra na *en plain*, „konia", ani nawet na sześć numerów...

– A co się dzieje – Knüfer rozdzielił pokaźny słupek na dwie części i obie postawił znów na czerwone – jeśli jakiś żeton spadnie na linię pomiędzy dwoma polami? Na przykład między „osiemnaście czerwone" i „siedemnaście czarne"? Na co wtedy on stawia?

– Zawsze większa część żetonu – krupier zakręcił kołem ruletki – jest na jakimś polu. Nigdy granica między polami nie przecina żetonu idealnie na pół.

– Zatem on nie ma żadnego systemu – Knüfer beznamiętnie obserwował, jak kulka podskakuje i wpada w przegródkę „dwadzieścia dziewięć czerwone".

– Tak, to prawda – krupier przesuwał w stronę Knüfera cztery słupki żetonów. – Nie jest zabobonny jak inni gracze, nie wierzy w magiczne następstwa liczb, w przyciąganie przeciwieństw, nie nosi miedzianej biżuterii, kiedy Saturn jest w opozycji do Marsa, i nie stawia wtedy *va banque* na dwanaście, a na *voisons du zéro* na początku miesiąca. On wierzy – by tak rzec – w determinizm przypadków.

– Kto to jest? – Knüfer znów postawił wszystko na czerwone.

– Pan tu po raz pierwszy, prawda? – krupier zakręcił kołem zawiedzionych nadziei. – To znany gracz i słynny...

*Kochana Elisabeth,*

*jestem w Wiesbaden od piątku i towarzyszę Bernardowi von Finkelsteinowi. Jest to jeden z reżyserów UFA, znany na początku lat dwudziestych pod pseudonimem Bodo von Finckl. Po tej krótkiej informacji o moim obecnym pobycie opadły mi ręce. Tyle chciałabym Ci napisać i nie wiem, od czego zacząć. Może od wyjazdu z Wrocławia? Nie, po trzykroć nie! Nawet nie chcę wspominać nazwy tego miasta, gdzie spotkało mnie tyle niegodziwości. Oczywiście nie z Twojej strony, moja kochana; wszystko, co nas łączyło, było tak czyste i dobre!*

Napiszę Ci tylko o tym, co robię tutaj, w Wiesbaden, i przy czyim teraz jestem boku. Von Finckla poznałam przed pięciu laty w Berlinie, kiedy starałam się o drugoplanową rolę w filmie Zmęczona śmierć Fritza Langa. Zrobiłam wtedy na nim chyba duże wrażenie, ponieważ w dniu, kiedy mnie poznał, zaprosił mnie na kolację i otworzył przede mną najskrytsze zakamarki swej duszy. Okazał się mężczyzną nieśmiałym, który – mimo wielkich pieniędzy i świetnej pozycji w świecie artystycznym – pragnie nade wszystko miłości, tej krystalicznej i pełnej uniesień. Poprosił mnie wówczas o spełnienie swojego pewnego ekscentrycznego, intymnego pragnienia, a kiedy – nieco oburzona, choć, przyznaję, również mocno zaintrygowana – odmówiłam, błagał mnie o wybaczenie i przyrzekał powierzenie mi roli, o którą zabiegałam. Spotkałam się z nim wówczas jeszcze kilka razy i – mimo jego rozpaczliwych i gorączkowych nalegań – pozwoliłam mu jedynie na całowanie moich pantofelków, co czynił z wielką radością, oddając mi w ten sposób cześć i uwielbienie. Von Finckl był prawdziwym dżentelmenem i oczarował mnie kulturą, a nade wszystko miłością do sztuki. Wyszłabym być może za niego za mąż, gdyby w całą sprawę nie wplątał się mój świętej pamięci papa, który akurat wtedy – po długich poszukiwaniach – znalazł mnie w Berlinie, zwymyślał von Finckla od parszywych gudłajów i zabrał mnie z powrotem do Pasawy, gdzie wówczas o moją rękę starał się pewien bawarski właściciel ziemski. Nie zostałam jednak bawarską Hausfrau, lecz w towarzystwie pewnego malarza – och, ta moja miłość do sztuki! – udałam się do Wrocławia, gdzie dość szybko znalazłam się w wytwornym towarzystwie.

Wracam jednak do von Finckla. Kiedy przed kilkoma dniami przyjechałam do Berlina, on czekał już na mnie na dworcu, zaalarmowany moim nocnym telefonem (na szczęście, jak wiesz, nigdy nie wyrzucam notatników z adresami i telefonami) – zadzwoniłam tej samej nocy, kiedy zgwałcił mnie

*Eberhard. Von Finckl nic się nie zmienił, wciąż smutny, nie-*
*rozumiany przez innych, pełen kompleksów i dziwacznych,*
*mrocznych potrzeb. Zdawałam sobie sprawę, że – wiążąc*
*się z nim – będę musiała uczynić zadość jego pragnieniom,*
*i zdecydowałam się zrobić to już pierwszego dnia. Nie pytaj*
*nawet, co to było, być może wyszepczę Ci to kiedyś na uszko.*
*Dość, że von Finckl jest gotów oddać za mnie życie. Jak*
*łatwo człowieka uszczęśliwić! Stał się pewny siebie i stwier-*
*dził, że – mając mnie przy boku – może podjąć się najwięk-*
*szego wyzwania. Chce zdobyć majątek, aby samemu sfinan-*
*sować nowy film ze mną w roli głównej! Bodo – po przea-*
*nalizowaniu całego zbiegu przypadkowych zbieżności, które*
*doprowadziły mnie do niego i pozwoliły osiągnąć mu naj-*
*wyższe szczęście – doszedł do wniosku, że istnieje wyższy*
*determinizm przypadków, i przyjechał ze mną tutaj, do*
*Wiesbaden, aby zdobyć pieniądze i udowodnić swoją teorię.*
*I wyobraź sobie – cały czas wygrywa...*

– Naprawdę? To ten słynny von Finckl? – Knüfer zgarnął
do hebanowej szkatułki górę żetonów, które wygrał, po tym
jak krupier oznajmił „dwadzieścia trzy czerwone". Zapalił
pierwsze dzisiaj cygaro. – Jak się nazywacie?

– Richter, proszę szanownego pana...

– Powiedzcie mi, Richter, dlaczego to wszystko mi opo-
wiadacie? Przecież personelowi kasyna nie wolno rozmawiać z gośćmi! Krupierzy mogliby wchodzić z graczami
w rozmaite układy...

– Mnie tam wszystko jedno. I tak stracę tę posadę...

– Dlaczego?

– Każdy krupier jest przypisany do jednego i tylko jednego stołu. – Richter z przyzwyczajenia zakręcił ruletką,
mimo że Knüfer już nie zdradzał chęci dalszej gry i bucha-
jąc dymem z cygara, usiłował wepchnąć szkatułkę do kieszeni marynarki. – Mój stół uchodzi za feralny i nikt przy

183

nim nie gra. Jeżeli nikt nie gra, nie dostaję napiwków, a przecież z napiwków żyję, bo nasza pensja jest... Przepraszam, nie chciałem się o nic wobec szanownego pana przymawiać... – Od dziś twój stół nie jest już feralny. Przecież przy nim sporo wygrałem. – Knüfer odliczył dziesięć żetonów i wsunął je do kieszeni fraka krupiera. – Jeśli chcesz dostać więcej, dużo więcej, melduj mi o wszystkim, co robi ta blondynka ze swym małym fagasem.

Klepnął Richtera po ramieniu i opuścił salę, ścigany spojrzeniami graczy, spośród których blondynka i towarzyszący jej niewysoki mężczyzna sprawiali wrażenie najbardziej zainteresowanych niedawnymi poczynaniami Knüfera.


*Wiesbaden, wtorek 13 grudnia,*
*godzina piąta po południu*

Knüfer postawił fotografię Sophie koło telefonu i rozejrzał się po pokoju. Gdzie tylko przenosił wzrok – czy to na ścianę obitą bladoniebieską tapetą w różyczki, czy to na upstrzony zwłokami much sufit, czy to na parawan oddzielający żelazne łóżko od umywalki – wszędzie widział jej twarz, która zanikała w odwróconych, czarno-biało-szarych negatywowych barwach.

Knüfer poczuł nieokreślony niepokój i sięgnął po podskakującą na haku słuchawkę telefonu. Przyłożył ją do ucha i usłyszał heski dialekt telefonisty informującego, iż właśnie zostało zrealizowane połączenie z wrocławskim numerem 6381. Za chwilę dotarł do niego spokojny głos abonenta nr 6381, który robił długie przerwy między wyrazami, wydając z siebie dźwięki przypominające pyknięcia fajki.

- Dzień dobry, *Herr Kriminaldirektor* - Knüfer, przyciskając do ucha tubkę słuchawki, przybliżył głowę do mikrofonu. - Znalazłem ją. Jest w Wiesbaden pod nazwiskiem Isabelle Lebetseyder w towarzystwie niejakiego Bernarda Finkelsteina. Tak, wiem o nim co nieco. Jak się tego dowiedziałem? Mam współpracowników w Berlinie, a telegraf działa szybko. Finkelstein był na początku lat dwudziestych wziętym reżyserem... Naprawdę, zapewniam pana! Zna pan nazwisko Bodo von Finckl? Oczywiście, to ten sam. Po okresie sławy popadł w jakieś tarapaty. Był notowany w berlińskiej policji, w komisji obyczajowej, jako notoryczny hazardzista. Podejrzany o kręcenie filmów pornograficznych. Tu w Wiesbaden gra bardzo ostro i wygrywa góry pieniędzy. Sophie Mock vel Isabelle Lebetseyder jest najwidoczniej jego dobrą muzą.

- Proszę mnie teraz uważnie posłuchać - Knüfer usłyszał trzask zapałki i prawie poczuł aromat tytoniu „Austria". - Musi pan odizolować tę kobietę.

Głos umilkł. Milczał także Knüfer.

- Nie rozumie pan? - zabulgotała ślina w cybuchu. - Ma pan ją porwać i ukryć na miesiąc, dwa. Do odwołania. Koszty nie grają żadnej roli.

- Bardzo dobrze pana zrozumiałem, dyrektorze Mühlhaus - Knüfer odłożył słuchawkę.


*Wiesbaden, wtorek 13 grudnia,*
*godzina siódma wieczorem*

Krupier Richter z radością podsunął ogromny stos żetonów pod nieskazitelnie biały gors von Finckla. Reżyser nie okazał żadnego uczucia, wkręcił tureckiego papierosa w długą cygarniczkę z kości słoniowej i podał go swej

185

jasnowłosej towarzyszce. Sophie przyjęła go z zadumą i powoli podniosła powieki. Zielony płomień jej oczu liznął zgromadzonych wokół stołu mężczyzn. Spod rękawów smokingów wysunęło się kilka śnieżnobiałych mankietów, zaszumiały benzynowe zapalniczki w wymanikiurowanych palcach. Sophie otoczyła dłonią w koronkowej rękawiczce pulchne, czerwone palce, w których prawie ginął błyszczący stożek pstrykający niebieskawym ogniem. Właściciel palców był tym dotknięciem tak poruszony, że nie poczuł prawie bólu, jakim palił go rozgrzany metal.

Przy stoliku Richtera grał tylko von Finckl. Był to jedyny zajęty stolik w kasynie. Wszystkie inne były wolne, ponieważ siedzący przy nich do niedawna goście teraz otaczali stolik Richtera. Krupier przeżywał promiennie swój wielki dzień i błogosławił chwile, kiedy żetony Knüfera trafiały w wydrukowaną na zielonym suknie czerwono-czarną planszę. Pierwszy z nich był początkiem wspaniałej serii Knüfera, o której mówili wszyscy, ostatni – przyciągnął do gry Boda von Finckla, który od kilku godzin niezbicie potwierdzał wobec wszystkich gości i personelu kasyna, że zła fama otaczająca stolik i odstręczająca od niego graczy była głupim zabobonem, wymyślonym, jak utrzymywał Richter, przez zawistnych kolegów krupierów.

Wielki tłum gęstniał wokół stolika i prawie nie pozwalał oddychać krupierowi, graczowi i blond bogini hazardu.

– S'il vous plaît – zakrzyknął Richter. – Mes dames, monsieurs, faites vos jeux.

Von Finckl odliczył dwadzieścia żetonów dziesięciomarkowych i przysunął słupek w stronę Sophie, która – ku oburzeniu nielicznych obserwujących grę dam – wykonała nad nim gest błogosławieństwa. Von Finckl podrzucił następnie jeden żeton w stronę planszy. Większa jego część zakryła pole „dwadzieścia osiem czerwone". Sophie – zgodnie z poleceniem von Finckla – postawiła dwustumarkowy słupek na polu dwadzieścia osiem, a resztę żetonów, pięć takich słupków, na pole „czerwone". Publiczność westchnęła, ponieważ von Finckl po raz pierwszy nie postawił „jeden do jednego".

– *Rien ne va plus* – Richter zakręcił kołem ruletki i w śmiertelnej ciszy rozległ się stukot kulki podskakującej w przegródkach i lekki świst koła ślizgającego się w swym cylindrze. Po chwili koło się zatrzymało. Pomruk zachwytu rozfalował tłum. Sophie wyrzuciła obie ręce ku górze, odsłaniając wydepilowane pachy. Wypadło „dziewiętnaście czerwone". Słupek stojący na „dwadzieścia jeden" powędrował do Richtera, natomiast żetony leżące na polu „czerwonym" – w podwojonej liczbie – do von Finckla. Ten z wielkim uszanowaniem pocałował dłoń swej towarzyszki i podrzucił kolejny żeton, znów rozpoczynając akcję determinizmu przypadków. Po „błogosławieństwie" żeton upadł na linię oddzielającą pola „dziewiętnaście czerwone" i „parzyste". Sophie, von Finckl i Richter pochylili się nad stołem, a nad nimi zamknęło się sklepienie głów i ramion. Gracz wstał, zaczerpnął tchu, spojrzał na odsuwających się niechętnie kibiców.

– A może by tak państwo odsunęli się i pozwolili mi na podjęcie decyzji – powiedział spokojnym głosem i spojrzał pytająco na Sophie. – Co pani o tym sądzi, madame?

– To chyba *pair* – Sophie spojrzała niepewnie na von Finckla. – Nie... Sama nie wiem...

Gracz ujął żeton w dwa palce i włożył go do kieszeni fraka Richtera. Potem wybrał starannie inny, pozwolił odprawić nad nim czary i podrzucił go. Upadł i jego większa część zalegała na „sześć czarne". Wtedy von Finckl postawił na „sześć czarne" tysiąc marek, a dziesięć tysięcy na czarne. Richter wypowiedział francuskie zaklęcie i kulka rozpoczęła taniec wśród drewnianych przegródek koła. Von Finckl zamknął oczy i zobaczył swoje dzieciństwo w cuchnącej cebulą drewnianej chacie w Będzinie, która jego ojcu służyła za warsztat krawiecki, jego ośmiorgu rodzeństwa za pole nieustannych walk, a niezliczonym pluskwom – za wygodne schronienie. Teraz nie słyszał stukotu kulki, lecz terkotanie starej maszyny do szycia firmy Singer, nie słyszał jęku zawodu otaczających go ludzi, lecz krzyk niezadowolonego klienta zakładu krawieckiego, nie wyczuł strachu Sophie, lecz lęk swej matki przed kolejnym dniem głodowania. Von Finckl nie otworzył oczu, kiedy usłyszał oddalający się szelest żetonów, kiedy Sophie mocno wpiła się palcami w jego ramię, kiedy doszło do niego szuranie nóg niedawnych kibiców i kiedy nagle inne stoliki ożyły francuskimi formułkami, a jego krupier odśpiewał pogrzebowe *Les jeux sont faits*. Otworzył oczy dopiero wtedy, kiedy poczuł obok swojej dłoni chłodny dotyk szkła. Naprzeciwko siedział dystyngowany szpakowaty mężczyzna i ujmował delikatnie taki sam kieliszek szampana, jaki stał przed nim i przed Sophie.

– Claus von Stietencrott, dyrektor kasyna – uśmiechnął się. – Proszę mi pozwolić wyrazić swój podziw. Nigdy nie spotkałem jeszcze gracza, którego każde obstawianie byłoby grą *va banque*.

– Dziękuję – powiedział von Finckl drżącym głosem, nie ośmielając się spojrzeć w stronę Sophie. – Pański podziw to dla mnie zaszczyt.

– Nie, to dla mnie zaszczyt – von Stietencrott wykonał szybki ruch i dwa kieliszki rozdzwoniły się perliście. – Po takiej przegranej nie powiedział pan: „Cóż mi po pańskim podziwie!" albo „Idź pan do diabła!", lecz zareagował jak prawdziwy dżentelmen. Dżentelmenów traktujemy w naszym kasynie z pełnym uszanowaniem i zawsze, gdy fortuna przestaje być dla nich łaskawa, oferujemy im pożyczkę w dowolnej wysokości bez konieczności pozostawiania jakiegokolwiek zastawu. Czy życzy pan sobie takiej pożyczki?

*Wrocław, wtorek 13 grudnia,*
*godzina jedenasta wieczorem*

Elisabeth Pflüger kończyła właśnie trzecie *Gnosienne* Erika Satie i jej biały fortepian rozkroplił się dźwiękami padającego deszczu, kiedy pokojówka weszła do salonu, oznajmiła pilne połączenie telefoniczne z Wiesbaden i zapytała, gdzie panna Pflüger raczy odebrać. Elisabeth raczyła odebrać w salonie i skrzyżowawszy swe zgrabne nogi na szezlongu, zapytała służącą zirytowanym głosem, kto ma czelność przeszkadzać jej o tak późnej porze. Kiedy się dowiedziała, stłumiła gniew i przyłożyła do ucha słuchawkę. Po serii łkań, szlochów, zapewnień o miłości i przyjaźni usłyszała prośbę o pomoc i poradę.

– Błagam cię, Elisabeth, powiedz, co mam począć... On wszystko przegrał...

– Ten von Finckl, o którym mi pisałaś? Dziś umyślny odebrał list z pociągu z Wiesbaden i przyniósł mi...

– Tak, von Finckl. Dyrektor kasyna zaproponował mu pożyczkę bez zastawu, ale on odmówił i poprosił o wymianę na żetony weksli i czeków, które miał ze sobą. Kiedy spełniono jego prośbę – przegrał wszystko. Nie ma czym zapłacić za hotel. Wtedy przyjął ofertę szefa kasyna, ale ta oferta była już inna... Inna pożyczka z zastawem... Tym zastawem mam być ja...

Męska dłoń przycisnęła widełki telefonu. Elisabeth spojrzała przez wezbrane łzy na barona von Hagenstahla i poczuła ulgę, że nie musi już wysłuchiwać płaczu przyjaciółki.

– Ty nic nie zdziałasz – powiedział cicho baron. – Teraz tylko ja mogę jej pomóc. Wiem, co oznacza w kasynie zastaw z pięknej młodej kobiety. *Va banque.*

- Von Stietencrott wypłacił von Fincklowi za jego weksle
i czeki tysiąc marek - Richter mówił cicho, bojaźliwie roz-
glądając się po parku wokół kasyna. - Von Finckl zagrał
jak zwykle *va banque* i przegrał. Wtedy szef zaoferował
pożyczkę, ale z gwarancją. Tą gwarancją ma być panna
Isabelle Lebetseyder. Szef wycenił ją na trzy tysiące marek.
To jest taka pożyczka.

- Nic nie rozumiem, Richter - Knüfer trząsł się z zimna.

- Mają grać o pannę Lebetseyder?

- Tak - Richter naciągnął kapelusz na oczy. - I to jutro
przy moim stole. O północy. Na jednej szali von Finckl
stawia swoją przyjaciółkę, na drugiej von Stietencrott trzy
tysiące marek. Jeśli wygra reżyser, dostanie żetony na tę
kwotę, jeśli wygra szef - panna Lebetseyder zostanie na
jakiś czas w naszym kasynie. Jest to tylko jedna gra czar-
ne-czerwone. Nic więcej. Jedna gra. *Va banque*.

Knüfer poczuł drżenie kolan.

- Zimno tu w tym parku - warknął. - Richter, chodźmy,
do cholery, czegoś się napić. Prowadź pan.

Krupier poprawił rękawiczki i pobiegł szybko przez
park. Za nim ruszył Knüfer. Nocne Wiesbaden ustrojone
było świątecznymi lampionami. Mimo adwentu winiarnia
„Ente" w „Nassauer Hof" tętniła życiem. Pod pomnikiem
cesarza Fryderyka pękały na mrozie wargi całującej się namiętnie pary. Wąsaty oberpolicmajster instruował jakiegoś
podpitego jegomościa, jak ma trafić pod Termy Cesarza
Fryderyka. Richter wciągnął Knüfera za rękaw do jednej
z bram, gdzie mieściła się swojska knajpa pachnąca cebu-
lowym serem „Hankäs mit Musik". Usiedli w jakimś ciemnym kącie i krupier zamówił dwa kufle grzanego wina
Appelwoi.

- Niech pan mi powie, Richter - Knüfer położył na stole
dziesięciomarkowy banknot - jak długo panna Lebetseyder,

w wypadku przegranej von Finckla, pozostałaby w kasynie i co miałaby tam robić.

– Za to, co bym panu powiedział – Richter rozczapierzył palce na banknocie. – Za to, co panu powiem – poprawił się – mogę stracić pracę... Ale pal licho! Pan jest moim dobrym duchem... Jest u nas jeszcze jedno kasyno... Nieoficjalne... W piwnicach... Tam grają bardzo bogaci klienci. Krupierkami są nagie, piękne kobiety. Jeżeli gracz wygra bardzo wysoką kwotę – wysokość jej jest uzależniona od umiejętności i nałogu gracza – jako prezent otrzymuje na jedną noc tę krupierkę, która go obsługiwała. Nawet nie zdaje pan sobie sprawy, jak żądza zaślepia tych facetów. Rzadko któremu udaje się wygrać dziewczynę, tracą góry złota, a jednak wciąż przychodzą... Dla panny Lebetseyder będą grali jak wariaci. Wystarczy na nią spojrzeć. Nasz szef wie, co robi...

– Jak długo panna Lebetseyder miałaby pracować w tajnym kasynie? – Knüfer ponowił pytanie.

– Obligatoryjnie dwa miesiące. Przedłużenie jest dobrowolnym wyborem naszej blond Wenus.

– Kiedy odbędzie się gra?

– Jutro o północy. Szef chce powiadomić kilku zaprzyjaźnionych z nim dziennikarzy i klientów nieoficjalnego kasyna, którzy chętnie obejrzą nowy towar. Myślę, że pana też zaprosi, po tym jak wygrał pan na moim stole sporo forsy.

– Nie bierze pan pod uwagę jeszcze jednego – Knüfer starał się ukryć drżenie rąk, kiedy wychylał gorące wino pachnące goździkami i cynamonem – że ta panna może się nie zgodzić. I że von Finckl nie musi wcale przegrać.

– Nie sądzę – odparł Richter i zasunął brudną firankę, która, gdyby była w całości, oddzielałaby ich stolik od reszty sali. – Widziałem w kasynie wielu straceńców, którzy traktowali grę jako ostateczną i jedyną możliwość zdobycia pieniędzy. Wszyscy oni na ogół się ukrywali i byli równie autentyczni jak ten reżyser arystokrata, który z daleka trąci Żydem, i ta pseudo-Austriaczka o bawarskim akcencie. Straceńcy zrobią wszystko dla kolejnej szansy.

– Dziękuję panu, Richter – Knüfer rzucił na stół jeszcze jeden banknot. Chciał odejść, lecz krupier przytrzymał go za rękaw. Jak na swój wiek był bardzo silny. Najwidoczniej muskuły wyrobiło mu nie tylko koło ruletki.

– Zrobią wszystko i wszystko przegrają – spojrzał uważnie na Knüfera. – Wszyscy co do jednego. Bez wyjątku. Niech pan o tym pamięta.

*Wiesbaden, środa 14 grudnia,*
*kwadrans przed północą*

Rainer Knüfer nabrał srebrną łyżeczką kupkę czerwonego kawioru i ozdobił nim kostkę czarnego komiśniaka z grubo mielonej mąki. Następnie w połówkę cytryny wkręcił kryształowy, ponacinany wzdłuż stożek umieszczony w okrągłej foremce. Foremka napełniła się sokiem. Kilka jego kropel złamało mdły smak kawioru. Knüfer popił ten kęs szampanem i wyjął po raz kolejny zaproszenie, które zostało własnoręcznie wypisane przez dyrektora.

*Mam zaszczyt zaprosić Szanownego Pana na grę specjalną w dniu 14 grudnia br. o północy w sali głównej kasyna. Po grze zapraszam na raut, który odbędzie się w piwnicach kasyna. Zaproszenie dotyczy tylko Szanownego Pana Rainera Knüfera bez osób towarzyszących.*

*Z poważaniem*
*Claus von Stietencrott, dyrektor*

Knüfer rozejrzał się po należącej do kasyna restauracji „Käfer's Bistro" i poczuł dreszcz, który wstrząsnął nim dotkliwie. Jego matka tak mu objaśniała to przykre uczucie: „Śmierć zajrzała ci w oczy". Teraz zajrzała mu w oczy nadzieja dostatniego życia: oto Knüfer codziennie spożywa obiady na tych srebrzystobiałych obrusach, oto siedzi na tych miękkich siedziskach z wiśniowej skóry, oto rozkraja nożem z wygrawerowanym herbem zarumienionego prosiaczka, odkłada nóż na srebrny koziołek i podaje siedzącej obok niego dziewczynie różowy kawałek mięsa otoczony chrupiącym kołnierzykiem panierki; jej jasne włosy w złotej aureoli pająkowatych kandelabrów odcinają się ostro od soczystowiśniowych kotar, kelner kłania się w pas, a z oddali mieni się tęcza trunków poustawianych na trójkątnych serwetkach w ogromnym mahoniowym barze; Knüfer jeszcze raz patrzy na dziewczynę i zastanawia się, kim ona jest. Detektyw potrząsnął głową i został sam na sam ze swoimi marzeniami. Złożył starannie zaproszenie, pod wykrochmaloną białą serwetę wsunął banknot dziesięciomarkowy i wyszedł do hallu kasyna. Przy wejściu do sali głównej jakiś wyliniały blondyn z bródką w szpic pokazywał strażnikowi zaproszenie identyczne z tym, które spoczywało w smokingu Knüfera. Strażnik ukłonił się, a jego dłoń w białej rękawiczce zrobiła zapraszający gest. Po chwili w sali głównej kasyna znalazł się również Knüfer. Było już tam – jak szybko policzył – trzydziestu ośmiu mężczyzn. Wszyscy ubrani we fraki lub smokingi, a ich gorsy emanowały śnieżnym blaskiem. Krupier Richter kręcił bezgłośnie kołem ruletki, goście poprawiali cylindry, zawijali wokół szyj jedwabne szaliki, postukiwali laseczkami; niektórzy, by ukryć zakłopotanie, inni, by zwrócić na siebie uwagę, większość, by dać wyraz zniecierpliwieniu. Mijały minuty. Wzrok Knüfera wędrował po kremowych ścianach, rozpalał się w elektrycznym blasku żyrandoli i znajdował wytchnienie w spokojnej, szorstkiej zieleni sukna pokrywającego stoły. Szmer zniecierpliwienia przybierał na sile.

Po chwili przeszedł w łoskot powitań i przymilny szum aprobaty. Na salę weszła Sophie, a za nią dyrektor von Stietencrott i Bodo von Finckl. Sophie ubrana była w obcisłą, długą, czarną atłasową suknię i rękawiczki do łokci tejże barwy i z tegoż materiału. Knüfer podszedł blisko niej i zdawało się, że w jej jasnozielonych oczach dostrzega ślady niedawnych łez. Oczy von Finckla były nieporuszone, a jego drobne żółte zęby zaciskały się co chwila na górnej wardze. Von Stietencrott poprawił monokl, podniósł do góry obie ręce i rozpoczął przemówienie.

– Szanowni państwo, dzisiejszego wieczoru przypadł mi w udziale zaszczyt powitania państwa na grze specjalnej – jedynej w swoim rodzaju i drugiej w historii naszego kasyna. Witam przede wszystkim główną bohaterkę tej uroczystości, madame Isabelle Lebetseyder – von Stietencrott uchylił cylindra i złożył Sophie głęboki ukłon. – Witam przedstawicieli naszej heskiej szlachty, hrabiego Adriana von Knoblocha i hrabiego Hermanna von und zum Stein, ludzi pióra: znakomitych dziennikarzy naszego dziennika „Wiesbadener Woche", a nade wszystko znanego pisarza Markusa Wielandta, który uprzejmie zgodził się – *mutatis mutandis* – opisać nasze spotkanie w swojej nowej powieści, która jest jeszcze *in statu nascendi*. Ponadto witam – *last but not least* – wszystkich panów tu obecnych, stałych i nowych gości naszego zakładu.

Zagrzmiały brawa, a von Stietencrott rozwachlował się w ukłonach.

– Drodzy państwo, przedstawię teraz zasady dzisiejszej gry oraz dalszy program wieczoru. Za chwilę rozegramy specjalne i jedyne w swoim rodzaju *va banque*: Bodo von Finckl kontra kasyno w Wiesbaden, reprezentowane przez moją osobę. Szanowny pan von Finckl jako pierwszy raczy obstawić czerwone lub czarne, albo parzyste lub nieparzyste. Mnie oczywiście przypadnie obstawienie pola przeciwnego niż pole obstawione przez pana von Finckla. Mojemu szanownemu przeciwnikowi – w razie jego wygranej – zostanie anulowany zaciągnięty wobec kasyna dług, którego wysokość jest i pozostanie znana jedynie mnie i jemu. W razie jego przegranej, madame Isabelle Lebetseyder zostanie zatrudniona na minimum dwa miesiące w naszym kasynie. Warunki pracy i płacy oraz rezygnacji z posady są madame Lebetseyder znane. Ruletka zostanie zakręcona tylko raz. Zawieranie podzakładów między panami nie jest zabronione. Przyjmować je będzie obecny tu krupier Paul Richter. Jeden procent podzakładów przechodzi na rzecz kasyna. Po zakończeniu gry *va banque* są państwo zaproszeni do podziemi, gdzie odbędzie się raut i ten rodzaj gry w ruletkę, który jest niedostępny zwykłym bywalcom kasyna – von Stietencrott nabrał powietrza i zapytał patetycznym tonem: – Czy madame Lebetseyder i pan von Finckl zechcieliby potwierdzić wobec świadków, że to, co powiedziałem, odpowiada prawdzie? – von Stietencrott, usłyszawszy dwukrotne głośne „tak", dał znak Richterowi. Ten rozłożył na stole wagę laboratoryjną i położył na jednej szalce kulkę, na drugiej zaś – mały odważnik. Po stwierdzeniu idealnej równowagi przyjął postawę zasadniczą i zakrzyknął:

– *Mesdames, Messieurs, s'il vous plaît, faites vos jeux.* Przyjmuję również podzakłady.

Von Finckl podsunął Sophie wysokie, ciężkie krzesło, zajął miejsce za stołem naprzeciw dyrektora, wyjął z kieszeni złotego carskiego imperiała i podsunął go swej towarzyszce do pobłogosławienia. Miękkie pagórki piersi poruszyły się gorączkowo w rozległym dekolcie, palec w atłasowej rękawiczce uczynił znak krzyża. Von Finckl podrzucił monetę nad tabelą obstawiań. Moneta zakręciła się i potoczyła poza planszę. Von Finckl zacisnął powieki i jedną myślą uruchomił serię asocjacji. Ośmioro dzieci w wilgotnej izbie będzińskiego krawca Finkelsztejna, szyjącego chałaty dla biedoty, para rodziców – zapalczywy suchotnik i troskliwa myszka w przekrzywionej peruce – para śmierdzących kóz, które zimowały wraz z domownikami. Pierwszomajowy pochód w Będzinie i płachty krwistych sztandarów, czerwona twarz Szai Brodskiego, który ściska nowego skarbnika żydowskiej partii „Bund", Bernarda Finkelsztejna, a potem po czterech miesiącach otwiera partyjną kasę i nie widzi stosu złotych imperiałów, czerwony szal luksusowej dziwki w łódzkim hotelu, czerwona robotnicza krew na będzińskim bruku, czerwona krew bundowców, których składki przyniosły mu fortunę w łódzkim kasynie w „Grand Hotelu". Von Finckl otworzył oczy i powiedział:

– Stawiam na czerwone.

– Nie! – krzyknęła Sophie. – Masz postawić na parzyste. Ta gra jest o mnie i ja mam tu też coś do powiedzenia.

Wśród zgromadzonych mężczyzn rozległ się szmer podziwu. Zawierano między sobą zakłady. Potężny brodacz o słowiańskim akcencie i wyglądzie wetknął w dłoń Richtera zwitek banknotów.

– Parzyste! Ma przeczucie ta krasawica – huknął.

– Generał Basedow wie, co robi – szepnął rzadkowłosy szpicbródka do Knüfera i rzucił Richterowi sto marek. – Parzyste!

– Czerwone – Knüfer rzucił na stół pięćdziesiąt marek.

Powstało duże zamieszanie. Mężczyźni tłoczyli się wokół stołu i pokrzykiwali. Żaden z nich nie ośmielił się dotknąć Sophie. Richter zapisał wszystko i podrzucił kulkę.

– *Les jeux sont faits. Rien ne va plus!*

– Akceptuje pan, oczywiście, decyzję madame von Lebetseyder? – von Stietencrott spojrzał pytająco na von Finckla.

– *Ce que femme veut, Dieu le veut*[*].
– Panie Richter, proszę rozpoczynać!
Kulka dostała się w obroty koła i rozpoczęła swój taniec. Zatrzymała się w przegródce „zero", po czym – jakby wypchnięta niewidzialną sprężyną – wytoczyła się i wpadła w dziurkę oznaczoną „dwadzieścia dziewięć czerwone". Koło zatrzymało się i Richter ogłosił wynik. Von Finckl zamknął oczy i zobaczył wirujące kolory kasyna: jasny brąz, zieleń i złoto. Wstał od stołu i wyszedł do hallu. Sophie rozpłakała się i wybiegła za nim. Knüfer zainkasował sto marek i zbliżył się dyskretnie do drzwi sali. Von Stietencrott przyjmował gratulacje.

– Równie dobrze – powiedział Knüfer do siebie – mogliby pogratulować rekinowi, że rozerwał tuńczyka.

– Krasawica nie trafiła – ryknął generał Basedow, wchodząc do hallu. – *Wot sud'ba...*

Krasawica stała obok von Finckla i głaskała go po policzku. Wybitny reżyser zagryzał wargi i zatapiał się powoli w będzińskich wspomnieniach. Knüfer usłyszał pytający ton jej głosu. Podszedł bliżej i usłyszał odpowiedź von Finckla.

– Tak, będę.

– Zawsze i mimo tego, co teraz nastąpi? – szloch deformował głos Sophie.

– Jadę do Berlina i tam będę na ciebie czekał. Po dwóch miesiącach zacznę codziennie wychodzić na dworzec Zoologischer Garten i czekać na wieczorny pociąg z Wiesbaden. Codziennie będę miał dla ciebie bukiet róż – von Finckl przyjął od boya płaszcz i kapelusz, pocałował Sophie w czoło i oddalił się spokojnie w oszroniony park – cmentarz zamrożonych kikutów kasztanowców. Sophie chciała wyjść za nim. Natknęła się jednak na masywną sylwetkę strażnika.

---

[*] Czego chce kobieta, tego chce Bóg.

– O ile wiem, madame – powiedział cerber – powinna być pani w pracy.

*Wrocław, czwartek 15 grudnia,*
*godzina pierwsza w nocy*

Mühlhaus podszedł do kryształowego lustra w łazience i otworzył szeroko usta. Jego lewy górny kieł był całkiem rozchwiany. Przycisnął go mocno kciukiem i wyciągnął z dziąsła. Potem pstryknął palcami i ząb wpadł do umywalki. Mühlhaus poczuł smak krwi. Wyssał go nie bez przyjemności i zabrał się do górnej jedynki. Po chwili trzymał ją w palcach i oglądał pod światło brunatne plamy kamienia nazębnego. Ząb stuknął o porcelanę umywalki, dzwoniąc głośno. Dzwonił ząb, dzwoniła umywalka, dzwonił telefon. Mühlhaus wrzasnął i usiadł na łóżku.

– Może to Jakob? – w ciemności błyszczały przerażone oczy żony.

Mühlhaus włożył palec wskazujący do ust i stwierdził z ulgą, że kiepski stan jego uzębienia przez noc nie uległ zmianie na gorsze. Potem podniósł słuchawkę i nic nie powiedział. Za to jego rozmówca był nadzwyczaj gadatliwy.

– Potrzebne mi są pieniądze, *Herr Kriminaldirektor.* Dwa tysiące. Tyle muszę zapłacić chłopakom z Wiesbaden, którzy dysponują samochodem i pomogą mi wywieźć ją do Berlina. Tam przetrzymam ją w pewnej kryjówce.

– Zaraz – mruknął Mühlhaus. – Za minutę.

Włożył szlafrok, pantofle i pocierając czubkiem języka o nienaruszony kieł, poczłapał do przedpokoju. Ciężko usiadł w fotelu i przycisnął do ucha słuchawkę drugiego telefonu.

– Wytłumacz mi coś, Knüfer – Mühlhaus był jeszcze trochę zaspany. – Dlaczego tych dwóch tysięcy potrzebujesz na gwałt?

– Chłopaki z Wiesbaden są hazardzistami i dziś dużo przegrali w kasynie. Dostali od szefa kasyna pożyczkę. Jutro muszą mieć pieniądze...

– Pójdą do kasyna i przegrają je, idioto – warknął Mühlhaus. – Przegrają, nigdzie z tobą nie pojadą, a pani Sophie Mock wyfrunie ci do innego kurortu...

– Jeżeli nie oddadzą szefowi do jutra do dwunastej pięciu tysięcy marek, mogą się nie pokazywać w Wiesbaden. A oni żyją z tego miasta i z tego kasyna. Te pieniądze to dla nich „być albo nie być". Muszę im zaraz dać odpowiedź, czy dostaną jutro forsę.

– Posłuchaj mnie, Knüfer – Mühlhaus nie był już zaspany. – Jest pierwsza w nocy, a twoja relacja mnie męczy jak ujadanie przekupki. Dostaniesz pieniądze. Wyślę ci na *poste restante*. Każde kasyno ma dobry punkt pocztowy. Jutro będziesz je miał. Powiedziałeś, że ci faceci dużo przegrali. Oznajmiam ci, że – jeśli mnie oszukujesz – to nie przegrasz dużo tak jak oni. Ty przegrasz wszystko.

Mühlhaus odłożył słuchawkę i podreptał do pokoju. Położył się obok żony i wyczuł, że ona nie śpi.

– Kto to dzwonił? Jakob? – zapytała lękliwie.

– Dentysta – mruknął Mühlhaus, a czarna głucha senność odebrała mu chęć do dalszych równie celnych dowcipów.


*Wiesbaden, czwartek 15 grudnia,*
*kwadrans na drugą w nocy*

Knüfer otarł pot z czoła, odłożył słuchawkę i zszedł po marmurowych schodach do tajnego kasyna. Po wejściu za ciężkie dębowe drzwi okryte purpurową kotarą zakręciło mu się w głowie od widoku nagich kobiet, które z uśmiechem przesuwały po ognistoczerwonym jedwabiu, jakim obite były stoły, słupki żetonów. Knüfer był w swoim życiu w wielu burdelach, w tym w kilku naprawdę drogich i ekskluzywnych, gdzie świętował szczęśliwe zakończenia intratnych i trudnych zleceń, lecz nigdzie nie widział naraz tylu pięknych kobiet. Ponadto skonstatował, że nie ich nagie ciała, lecz uśmiechy są przyczyną jego przenikliwego niepokoju i podniecenia. W rozsuniętych wargach, odsłaniających wilgotne perełki zębów, kryła się zachęta i obietnica, za którą trzeba było płacić pieniędzmi i honorem.

Że warto było płacić, dowodziło zachowanie obecnych na sali mężczyzn, którzy rzucali góry żetonów, by zbliżyć się do granicy, po której przekroczeniu obietnica staje się rzeczywistością. Tylko von Stietencrott i jego męski personel roznoszący szampana i zakąski nie brał udziału w tej walce, a jedynie wymieniał gotówkę i weksle na żetony. Zrobił to i w tej chwili, kiedy Knüfer wręczył mu weksel opiewający na dwa tysiące marek. Zaprosił go do gry, wskazując na stolik, przy którym o jasnowłosą krasawicę walczył generał Basedow z tuzinem innych rozpalonych nałogowców. Sophie myliła się nieco, lecz nikt z grających nie miał o to do niej pretensji. Ponadto jej błędy naprawiała ciemnowłosa krupierka, która wprowadzała ją dzisiejszego wieczoru w arkana zawodu. Odróżniała się ona od Sophie nie tylko kolorem włosów. Nie była zupełnie naga, lecz miała na sobie biały, wykrochmalony i bardzo krótki fartuszek, podkreślający jej śniadą karnację.

Knüfer dopchał się z trudem do nowego miejsca pracy Sophie i zapalił papierosa, pilnie obserwując sytuację przy stole. Jak się szybko zorientował, Sophie była dodatkową nagrodą dla gracza, który by wygrał pięć tysięcy marek. Każdy tysiąc marek był symbolizowany przez zielonego słonika z jadeitu. Generał Basedow miał przed sobą trzy takie słoniki, szpicbródka – dwa, pozostali – żadnego. Wszyscy grali bardzo podobnie i asekurancko. Stawiali po sto marek na konkretne liczby i wciąż przegrywali. Nie tracili przy tym zbyt dużo, zachowując wciąż możliwość zagrania *va banque*. To ostatnie zagranie wykonywali zwłaszcza ci pozbawieni słoników. Kiedy zostawał przed nimi jeden stos żetonów, stawiali go na czerwone lub czarne i wygrywali drugi, i pojedynczo stawiali żetony na konkretne liczby. Było to nudne, jednak nie na tyle, by piękny uśmiech Sophie został zdeformowany przez ziewnięcia.

Knüfer postawił przed sobą pięć stosików żetonów po trzysta marek i pokręcił odmownie głową, gdy ciemnowłosa krupierka chciała je wymienić na słoniki. Po komendzie *Faites vos jeux*, którą Sophie wymówiła z tak nienagannym akcentem, jakby całe życie spędziła w Monte Carlo, Knüfer postawił wszystko na czerwone. Ruch nie zrobił wrażenia na współgraczach i nie zmienił ich sposobu gry. Zaturkotała kulka i detektyw zamknął oczy. Gdy je otworzył, zobaczył uśmiech Sophie. Nowa krupierka przesuwała ku niemu jego pięć stosików oraz pięć dodatkowych. Ciężkie piersi kołysały się nad stołem i Knüfer przysiągłby, że sutki ocierają się o śliski jedwab. Wstał, kiwnął na kelnera i wypił dwie lampki szampana – jedną po drugiej.

– Ile trzeba wygrać, by otrzymać nagrodę dodatkową? – zapytał siedzącego obok mężczyznę, którym okazał się szpicbródka.

– Pięć – usłyszał odpowiedź i przesunął wszystko na czarne.

– Uwaga – zaśpiewała ciemnowłosa krupierka. – Pan gra o wszystko, co jest do zdobycia. Panowie, po ewentualnej wygranej tego pana gra na tym stole może się skończyć, o ile weźmie pan natychmiast nagrodę dodatkową. Czy tak będzie, szanowny panie...

– Knüfer. Nie wiem, czy tak będzie – usłyszał swój zachrypnięty głos. – Nic nie powiem, by nie zapeszyć.

Basedow i szpicbródka, jedyni gracze, których było na to stać, postawili na czerwone, czarne, parzyste i nieparzyste taką sumę, jaka po wygranej dałaby im kwotę sześciu tysięcy marek. Knüfer zamknął oczy i wytłumił zmysł słuchu. Nie mógł go jednak zupełnie wyłączyć i sprawić, by niesłyszalne stały się ogromne brawa, jakie rozległy się przy stole. Otworzył oczy i uzyskał nagrodę – najpiękniejszy uśmiech, jaki widział w życiu. Niestety, takim samym uśmiechem został obdarzony szpicbródka. Knüfer spojrzał na kulkę. Spoczywała w przegródce „dwa czarne".

– Pan Knüfer i pan Wlossok wygrali po sześć tysięcy marek, ponieważ pan Knüfer postawił na czarne, a pan Wlossok na parzyste – zagrzmiał głos von Stietencrotta, który pojawił się przy stole Sophie, podobnie jak większość gości tajnego kasyna. – Dalej mają prawo grać tylko ci dwaj panowie, a przewaga choćby jednej marki daje prawo do podjęcia dodatkowej wygranej, jaką są względy madame Lebetseyder.

Knüfer, myśląc o stwardniałych sutkach Sophie na purpurowym jedwabiu, postawił wszystko na czerwone. Wlossok postawił również sześć tysięcy marek – tym razem na parzyste. Knüfer znów zamknął oczy i po chwili usłyszał brawa. Sophie uśmiechała się promiennie. Do Wlossoka.

*Wiesbaden, piątek 16 grudnia,*
*wpół do ósmej wieczorem*

Knüfer stłumił ziewnięcie i podrapał się w ciężką od nikotyny głowę. Chociaż spał z krótkimi przerwami ponad trzynaście godzin, był niewyspany, wymięty i przepełniony zjedzonym przed chwilą posiłkiem, wczorajszym szampanem, wściekłym erotycznym snem i silnym uczuciem frustracji, jakie trapiło go od chwili, gdy Wlossok wygrał

Sophie, a potem z kieszeniami pełnymi żetonów o piątej nad ranem wychodził wraz z nią z tajnego kasyna. Knüfer wypił wtedy butelkę szampana i powlókł się do swojego numeru w „Nassauer Hof" trzymany pod ramię przez troskliwego Richtera. Teraz spojrzał na zegarek i stwierdził, że właśnie minęło przepisowych czternaście godzin, które Wlossok spędził z Sophie, a których jemu samemu odmówiła „bogini Ruletka". Knüfer stanął przed małym wiszącym lustrem za parawanem, zimną wodą z miednicy umył twarz i przylizał odstające tu i ówdzie włosy. Potem ogolił się, ubrał w gors i smoking i – ssąc palec skaleczony spinką do mankietów – zszedł do hallu kasyna, by tam zainkasować pieniądze od Mühlhausa.

Odebrał w punkcie pocztowym dwa tysiące marek i wszedł do hallu głównego. Zbliżył się do strażnika i pokazał mu wczorajsze zaproszenie.

– Ja do tajnego kasyna – szepnął do niego.

– Bardzo proszę – funkcjonariusz w uniformie odchylił pluszową kotarę, za którą było wejście do piekieł.

Knüfer uniósł rękę w geście pozdrowienia i zszedł po szerokich, krętych schodach. Za chwilę znalazł się wśród pozbawionych okien ścian, jedwabnej purpury, przepięknych nagich syren, które wabiły drgnieniem bioder, kołysaniem piersi i francuskim refrenem. Nie było wśród nich tej, o której nie przestawał myśleć. Knüfer zapalił cygaro i czekał. Wtedy w ciężkiej głowie usłyszał głos Mühlhausa: „Oznajmiam ci, że – jeśli mnie oszukujesz – to nie przegrasz dużo tak jak oni. Ty przegrasz wszystko".

Knüfer był przesądny jak każdy hazardzista. Brak Sophie przy stole i huczący mu w czaszce głos Mühlhausa uznał za znaki ostrzegawcze. Nie powinien ponawiać gry pieniędzmi, które otrzymał od Mühlhausa, ponieważ te pieniądze już raz przegrał – wczoraj – i wystawił na nie weksel. Musi zatem oddać je von Stietencrottowi, wynająć

203

jakiś pokój w Wiesbaden, przez dwa miesiące nie opuszczać miasta, by dyskretnie śledzić Sophie. Dzięki szczęśliwemu zbiegowi okoliczności spełnione zostało polecenie Mühlhausa i von Stietencrott skutecznie „odizolował" Sophie na dwa miesiące. Los wykonał robotę za Knüfera i ten powinien skakać z radości i spokojnie i wesoło spędzać zimowe ferie w kurorcie Wiesbaden. Jednak tę chwilową radość burzył mu zgrzytliwy głos, który wciąż powtarzał: „Oznajmiam ci, że – jeśli mnie oszukujesz – to nie przegrasz dużo tak jak oni. Ty przegrasz wszystko".

– Przegrasz wszystko, kiedy choć na chwilę stracisz z oczu Sophie – dopowiedział sobie Knüfer i porzucił tajne kasyno oraz syreni śpiew nagich krupierek.


*Wiesbaden, piątek 16 grudnia,*
*godzina dziewiąta wieczorem*

Von Stietencrott z trudem walczył z ogarniającą go furią. Spojrzał wściekłym, przekrwionym wzrokiem na Markusa Wielandta, który uśmiechał się ironicznie, wypuszczając nozdrzami słupy papierosowego dymu, i zmusił się do grzecznego tonu:

– Drogi panie Wielandt, już mi pan to tłumaczył. Jest pan pisarzem i chce pan opisać stan psychiczny panny Lebetseyder na drugi dzień po tym – jak pan to ujął – „gdy została skonsumowana jako nagroda dodatkowa w erotycznej ruletce". Cieszy mnie, że pan tak poważnie podchodzi do swojej pracy, ale w tej chwili panna Lebetseyder jest niedysponowana i nie życzy sobie nikogo widzieć.

– Musiało być bardzo ostro – zauważył Wielandt – jeżeli całą dobę później nie jest w stanie stanąć przy stole.

Od ataku apopleksji uchronił von Stietencrotta dzwonek telefonu. Dyrektor kasyna podniósł słuchawkę, wysłuchał krótkiej relacji i wrzasnął:

- Dawaj tutaj tego recepcjonistę!

Drzwi otworzyły się i do pokoju zapełnionego biedermeierowskimi meblami, paprociami i palmami wpadło trzech potężnie zbudowanych strażników i niewysoki recepcjonista w uniformie hotelu „Nassauer Hof".

- Nazwisko? – krzyknął von Stietencrott, celując grubym wskazującym palcem w pierś recepcjonisty.

- Zeissmann, Helmut Zeissmann – powiedział zapytany, starając się nie patrzeć w oczy swojego szefa. Najwyraźniej trapiła go choroba Parkinsona.

- Mówcie, Zeissmann – dyrektor chwycił recepcjonistę za wątłe ramiona – mówcie wszystko.

- Pan Knüfer przyszedł do mnie – Zeissmanna unieruchomionego w imadle rąk szefa paliły iskry strzelające spoza jego monokla – pół godziny temu i zapytał, czy pan Wlossok jest u siebie. Odpowiedziałem zgodnie z prawdą, że przed chwilą wrócił. Wtedy pan Knüfer poszedł tam i jest do tej pory.

- Wiecie, że Knüfer jest poszukiwany przeze mnie za niezrealizowanie weksla?

- Tak, wiem – Zeissmann odważył się w końcu podnieść drgającą czaszkę i załzawione oczy na fioletową z gniewu twarz von Stietencrotta. – Dowiedziałem się o tym pięć minut wcześniej. Dlatego natychmiast zadzwoniłem po strażników. Dwóch z nich stoi teraz pod drzwiami Wlossoka.

- Działacie błyskawicznie, Zeissmann – monokl błysnął zadowoleniem. – Dostaniecie za to odpowiednią gratyfikację. A teraz powiedzcie mi wszystko o madame Lebetseyder i o Wlossoku. Ile razy ją dzisiaj widzieliście?

- Dwa – Zeissmann rozluźnił się i zaczął klepać dłońmi kieszenie spodni, jakby czegoś szukał. Pisarz Wielandt podał mu papierosa. – Dwa razy. Raz koło piątej rano. Weszła z panem Wlossokiem do jego numeru. Około dwunastej pan Wlossok zadzwonił do mnie i poprosił o sprawdzenie odjazdów pociągów do Wrocławia. Sprawdziłem i oddzwoniłem do niego. Po trzech godzinach, około trzeciej, madame Lebetseyder wyszła z hotelu. Wyglądało to tak, jakby chciała pospacerować po parku. Około piątej pan Wlossok zażądał obiadu, który osobiście mu zaniosłem.

– Nie mógł tego zrobić ktoś z niższego personelu? – w głosie von Stietencrotta nie było ironii.

– Wie pan, szanowny dyrektorze – Zeissmann uśmiechnął się od ucha do ucha – wolałem to zrobić osobiście, by zaznaczyć, że bardzo szanujemy gości, którzy dużo wygrywają.

– Chodziło wam raczej o napiwek – mruknął von Stietencrott. – Dalej, mówcie dalej.

– Zaniosłem mu obiad o piątej. Był sam. Potem nigdzie nie wychodził. Pół godziny temu odwiedził go pan Knüfer. Krótko po jego przyjściu pan Wlossok zadzwonił do mnie i zażądał papierosów. Znów zrealizowałem zamówienie osobiście. Pan Wlossok rozmawiał o czymś gorączkowo z panem Knüferem. Potem wróciłem do recepcji i zadzwonił do mnie intendent kasyna pan Hechs, który powiedział, że pan Knüfer jest poszukiwany przez pana dyrektora. Poinformowałem o tym natychmiast strażników i od tego momentu stoją oni pod drzwiami numeru Wlossoka i czekają na dalsze dyspozycje.

– Dziękuję panu, Zeissmann – von Stietencrott odsłonił garnitur zębów równie autentycznych jak jego „von" przed nazwiskiem. – Nie zapomnę o panu. A teraz wszyscy – oprócz pana Markusa Wielandta – wyjść!

Kiedy gabinet opustoszał, dyrektor zapadł się w fotel i uniósł wysoko brwi.

– Jakieś pytania, drogi panie Wielandt?

– Tak – pisarz był najwyraźniej czymś zaniepokojony. Na jego twarzy odbiło się zdumienie ucznia szkoły powszechnej, któremu kazaliby wymienić wszystkie formy podstawowe greckiego czasownika *gignomai*. – Nikt z pańskich ludzi nie śledził madame Lebetseyder? Jedyne, co pan o niej wie, to relacja recepcjonisty Zeissmanna? Pozwolił pan, by ona najspokojniej w świecie wyszła na spacer? A może już w tej chwili nie ma jej w Wiesbaden? Nie zależy panu na tak pięknej krupierce? Przecież każdy facet zastawiłby żoniny posag, by ją zdobyć!

– Drogi panie Wielandt – uśmiechnął się von Stietencrott. – Czyżby się pan zakochał w madame Lebetseyder i boi się pan, że już jej więcej nie ujrzy? – z hebanowego pudełka wyjął cygaro, przyciął je szczypczykami, a pudełko pchnął po błyszczącym blacie biurka w stronę Wielandta. – Gdybym był taki głupi, jak pan sądzi, nie prowadziłbym od dwudziestu lat tego kasyna. Powiem panu coś bardzo ciekawego, czego pan nie wykorzysta, pod słowem honoru, w swojej książce – von Stietencrott przyjrzał się uważnie pisarzowi, który dał słowo honoru, przyciskając rękę do serca. – W umowie, którą podpisała ta kurwa i jej alfons, stoi jak byk, że jeśli ona da nogę, będzie dla mnie pracował ten reżyser ze spalonego teatru. A za nim krok w krok idzie mój goryl. Jego już nie wypuszczę z rąk...

– I co? – Wielandt roześmiał się gromko, notując w pamięci, by zapisać językową metamorfozę von Stietencrotta: z wytwornego salonowca sypiącego obcojęzycznymi cytatami w wulgarnego prostaka. – Nagi von Finckl będzie się kładł na stole do ruletki i przesuwał łopatką stosiki żetonów? Godnego zastępcę ma ta Lebetseyder!

– Człowieku, jedyne, co będzie łączyło tych dwoje, to praca w tajnym kasynie. Ten Żydek zarobi dla mnie więcej niż jego dama.

– Jako nagi krupier? – zapytał ponownie Wielandt. Spoważniał jednak i nie obraził się, kiedy usłyszał szept von Stietencrotta:

– Jako mój szuler, durniu.

*Wiesbaden, piątek 16 grudnia,*
*godzina wpół do dziesiątej wieczorem*

Von Stietencrott i Wielandt szli korytarzem prowadzącym do numeru Wlossoka. Nie mieli na sobie palt ani kapeluszy, mimo że hotel „Nassauer Hof" był po drugiej stronie ulicy. Za nimi miarowo podrzucali brzuchami dwaj strażnicy i podrygiwał recepcjonista Zeissmann. Chmura dymu z cygar wpadała w otwarte usta strażników i spowijała trzęsącą się głowę Zeissmanna.

– Zobaczysz pan teraz – z cygara von Stietencrotta oderwał się słupek popiołu i frunął na czerwony chodnik – jak ja postępuję ze skurwysynami, którzy nie oddają mi forsy.

Stanęli pod drzwiami numeru i von Stietencrott walnął w nie kilkakrotnie pięścią. Drzwi się otworzyły. Dyrektor i pisarz weszli do pokoju. Na podłodze leżeli na brzuchach Wlossok i Knüfer, a ich bladosine twarze odwrócone były ku wchodzącym. Otwarte oczy zalewało bielmo, naprężone grdyki omal nie rozerwały skóry gardła.

– *Scheisse*, ktoś im odkręcił łby o sto osiemdziesiąt stopni – mruknął jeden ze strażników.

Von Stietencrott podszedł do trupa Knüfera i odwrócił go na plecy. Ciężka głowa zakręciła się dookoła na wiotkim sznurze szyi. Von Stietencrott sięgnął do wewnętrznej kieszeni smokingu nieboszczyka i wyjął zwój banknotów.

– Co pan robi, dyrektorze? – krzyknął Wielandt. – Nie wolno niczego ruszać, trzeba wezwać policję.

– Mam nie ruszać mojej forsy? – dyrektor zgasił cygaro w sosie pływającym w jednym z talerzy stojących na stole. – Reszta to sprawa policji i pańska. Tak, pańska... – von Stietencrott klepnął Wielandta w pyzaty policzek. – Widzi pan, w moim kasynie nigdy nie brakuje tematów dla pisarzy.

– Co oni mają w gębie? – zapytał jeden ze strażników, schyliwszy się nad trupami.

– Jakieś kartki – odpowiedział drugi. – Wyglądają mi na kartki z kalendarza.

*Wrocław, poniedziałek 19 grudnia,*
*godzina szósta rano*

Wrocław przyduszony był napuchniętymi kłębami szarych chmur, z których sypały się lepkie płaty śniegu. Viktor Ziesch, pomocnik administratora szpitala św. Jerzego przy Mehlgasse, zdjął sztywną czapkę z daszkiem, powachlował się nią, rozpiął szynel i oparł się na szufli do odgarniania śniegu. Ziesch był naturą refleksyjną i nade wszystko lubił chwile zadumy, które nachodziły go nagle, kazały przerywać pracę i zastanawiać się nad otaczającym go światem i jego mieszkańcami. Zieschowi zdawało się, że przenika wzrokiem ściany czynszowych kamienic przy Mehlgasse i widzi ich mieszkańców: oto fryzjer Slotosch z trudem budzi się i z żalem opuszcza bezpieczny schron pierzyny, zanurza głowę w zimnej miednicy, przyklepuje odstające włosy i wykręcone wąsy, a potem schodzi do swojego zakładu na rogu koło urzędu stanu cywilnego. Krawcowa, pani Wiedemann, wysuwa spod nocnej koszuli nóżkę i popycha nią pełny nocnik w stronę starej służącej, która faszeruje drewnem kuchenny piec. Za chwilę zejdzie na dół szynkarz Scholz i będzie łajać dozorcę Hanuschka za to, że nie odgarnął śniegu z chodnika przed jego lokalem. Dozorca nie oczyszcza teraz szyldu jego gospody, ponieważ rozcina szuflą skrystalizowane krawędzie starych brył śniegu i przepędza bezpańskiego psa, który w poszukiwaniu jedzenia wtyka mordę w piwniczne okienko i próbuje wspinać się przednimi łapami na krawędzie żeliwnych kubłów z popiołem, wystawionych przez dozorcę na ulicę. Ziesch patrzy w górę, w stronę szpitala, i widzi brodatego, dystyngowanego mężczyznę, otwierającego okno. Ziesch prawie czuje aromatyczne chmury tytoniu „Austria", które opuszczają pokój chorego, i zastanawia się, czy nie donieść dyrekcji na palacza. Napotyka jednak uważny wzrok mężczyzny i macha ręką: „A co mnie to obchodzi!" Mężczyzna odwraca się do łóżka chorego i widzi, że pacjent już nie śpi.

– Obudził się pan, Mock. Spał pan dwadzieścia godzin. Wcześniej jeszcze dłużej. Cały tydzień w śpiączce. Może pan mówić?

Mock poruszył twierdząco głową i zorientował się, że tkwi ona w czymś sztywnym. Następne, co poczuł, to pieczenie rozrywające mu skórę na brodzie. Zamknął oczy i starał się przeczekać rwący strumień bólu.

– To silne i dość głębokie odarcie skóry – Mock usłyszał zgrzytliwy głos Mühlhausa. – Sprzączka od paska rozorała brodę. Doznał pan ponadto pęknięcia kręgu szyjnego. Jest pan unieruchomiony w gorsecie. To wszystko. Wyjdzie pan z tego – w głosie Mühlhausa zagrała nuta wesołości. – Witam z powrotem na tym łez padole.

Przed oczami Mocka przesunęły się w zwolnionym tempie wypadki ostatnich dni: robak wkręcający się w oko trupa w warsztacie szewskim, porąbany na kawałki Honnefelder, piekąca suchość kaca, gwałt na Sophie, jej ucieczka, bezimienna prostytutka z odrąbaną głową, sina opuchlizna na kosmatych plecach rajcy Geissena, śledztwo prowadzone wraz z dyrektorem Hartnerem, „zapomnij o tej kurwie, zajmij się robotą, by o niej nie myśleć!", szczęśliwe rodziny w skromnych szczęśliwych domach, bieleje Wrocław, staje się bielszy niż śnieg, *Asperges me, Domine, hyssopo, et mundabor; lavabis me, et super nivem dealbabor*[*].

– Uratował pana woźny Biblioteki Uniwersyteckiej, niejaki Josef Maron – ciągnął Mühlhaus. – Nie chciał być pańskim Charonem – zachichotał.

– Zapomniałem dla niego obola – Mock zamknął oczy i zasnął. Spał jednak tylko przez chwilę, w której powolny rytm przesuwających się niedawnych zdarzeń przybrał na sile. Z trudem odwrócił się na bok i bluzgnął wymiocinami na szpitalne linoleum w granitowy deseń.

*Wrocław, poniedziałek 19 grudnia,*
*godzina druga po południu*

Mock obudził się po raz kolejny tego dnia i natychmiast podniósł się na łóżku. Krew uderzyła mu do głowy, szyję przeszył przenikliwy ból, a otarta broda boleśnie nacisnęła na szorstką krawędź gorsetu. Upadł na poduszkę i pozwolił strugom potu płynąć po czole. Potem wolno wyciągnął rękę, nacisnął guzik przy łóżku i po chwili ujrzał w pokoju siostrę boromeuszkę.

– Czy ten pan, który był u mnie dziś rano – wyszeptał – jest tu gdzieś jeszcze?

– On tu jest od kilku dni – siostra spuściła skromnie oczy. – I nie odchodzi od pana. Chyba że do łazienki albo zapalić. Zaraz przyjdzie. Czy coś jeszcze?

Mock chciał pokręcić przecząco głową, ale przypomniał sobie o pękniętym kręgu szyjnym. Nie powiedział zatem nic, a siostra rozwiała się w bieli szpitalnego wnętrza. Zamiast niej pojawił się Mühlhaus, ogrzewający dłonie ciepłym cybuchem.

---

[*] Pokrop mnie więc hyzopem, a będę oczyszczony, obmyj mnie, a stanę się bielszy od śniegu.

– O, znów pan się obudził! – powiedział. – Mam nadzieję, że nie zareaguje pan z takim obrzydzeniem na kolejny powrót do rzeczywistości.

– Do czegóż tu wracać? – sapnął Mock i zamknął oczy.

Zobaczył wtedy zupełnie inny obraz: noc, Mühlhaus śpi na żelaznym szpitalnym krześle, popiół z cybucha rozsypany na jego kamizelce.

– Dziękuję panu, dyrektorze – Mock otworzył oczy – za to, że jest pan przy mnie. To jak czuwanie przy zmarłym. Ostatni hołd...

– Tak, czuwam przy panu – powiedział wolno Mühlhaus. – Jako pański przyjaciel i zwierzchnik. Zresztą jedno łączy się z drugim. Zwierzchnik chce, by wrócił pan do pracy. Przyjaciel wierzy, że praca pana uleczy.

Mock spojrzał na przedmiot stojący w rogu pokoju. Był to mosiężny stelaż z dwiema obejmami. W dolnej tkwił dzban z wodą, w górnej – miednica. Nad miednicą wznosił się słupek z lusterkiem. Sprzęt był misternie ozdobiony kluczami wiolinowymi. Spawacz musiał być melomanem. Na brzegu miednicy widać było pianę do golenia upstrzoną czarnymi punktami zgolonego zarostu. Mock potarł brodę i stwierdził, że jest gładka.

– Kto mnie tu goli? – szepnął.

– Ja – odpowiedział Mühlhaus. – Powinienem być fryzjerem. Pańska obdarta broda byłaby dla każdego mistrza nie lada wyzwaniem.

– Po co? Dlaczego pan się mną zajmuje? I tak nie wrócę. Bo niby do czego? – mruknął Mock.

– Mam odpowiadać jako zwierzchnik czy przyjaciel?

– Wszystko jedno.

– Wróci pan do żony i do roboty.

Mock podniósł się, nie zwracając uwagi na ból, wstał i chwycił obiema rękami za gorset, jakby chciał go ściągnąć przez głowę. Jego stopy zaczęły szukać butów, a ręce wyswobadzać się z rękawów koszuli nocnej. Po chwili nie był w stanie ignorować bólu. Padł na łóżko i wbił oczy w Mühlhausa. Ten, nieco wystraszony zachowaniem podwładnego, przypomniał sobie ostrzeżenia lekarza, by nie denerwować pacjenta, i postanowił wyrzucić z siebie wszystko.

– Niech pan posłucha, Mock – Mühlhaus upychał gorączkowo tytoń w cybuchu. – Trzy dni temu rozmawiałem z Knüferem. Znalazł pańską żonę w Wiesbaden i dziś, a najdalej jutro, będzie ona w Berlinie. Tam Knüfer umieści ją w pewnym mieszkaniu i jakieś jego przyjaciółki będą jej pilnowały dniem i nocą. Nie zabraknie jej niczego. Jak tylko zakończy pan sprawę „mordercy z kalendarza", odbierze pan ją z Berlina i będzie po wszystkim. Pańska hipoteza o powtarzaniu się zbrodni jest przekonująca.

– I co teraz, Mühlhaus? – Mock jeszcze nigdy nie zwracał się tak do swojego szefa. – Trzyma mnie pan w szachu, co? Znajdźcie, Mock, „mordercę z kalendarza", a ja wam powiem, gdzie jest wasza żona – naśladował zgrzytliwy głos Mühlhausa. Jeszcze raz poderwał się i usiadł na łóżku. – Proszę mnie teraz uważnie posłuchać. – Mam w dupie tę robotę i tego gada, który zabija alkoholików, hitlerowców i skorumpowanych polityków. Interesuje mnie tylko moja żona i teraz wstanę, ubiorę się i pojadę do Berlina. Znajdę Knüfera w mysiej dziurze i on mi powie, gdzie jest Sophie. Rozumie pan? Tak właśnie teraz zrobię.

– Zapomina pan – Mühlhaus chwycił się ostatniej deski ratunku – że zginęła jeszcze młoda dziewczyna. Dziwka, która za parę fenigów robiła wszystko, co się tylko zamarzyło kanaliom takim jak Geissen. Ale miała ona dopiero dziewiętnaście lat i zanim umarłaby na syfilis, mogła jeszcze trochę pożyć...

– Co mnie obchodzą jakieś bezimienne dziwki – Mock zadzwonił znów po siostrę. – Nawet nie ma jak jej wpisać do akt. Ja jadę po inną dziwkę... I ją zmienię... Nigdy już...

- Co pan z nią zrobi, do cholery, kiedy już pan ją znajdzie? - wrzasnął Mühlhaus.

- Obejmę ją za szyję - odpowiedział spokojnie Mock - i poproszę o...

Weszła siostra i zaczęła protestować, kiedy pacjent oznajmił jej zamiar opuszczenia szpitala. Bas Mocka był rozcinany przez histeryczny sopran siostry. Mühlhaus próbował uchwycić w tym szumie jedną myśl, która nie dawała mu spokoju, która miała być kontrargumentem na coś, co do czego Mock całkowicie się pomylił i czego nie uwzględnił. To nie było objęcie za szyję Sophie, by ją uściskać lub udusić, to było coś, co Mock powiedział wcześniej, coś, co się nie zgadzało z prawdą. Tak, już wiedział.

- Cicho, do cholery! Niech się siostra na chwilę zamknie! - wrzasnął Mühlhaus i z zadowoleniem przyjął furkotanie nakrochmalonego fartucha w drzwiach pokoju.

- Dlaczego pan uważa, że ta prostytutka była bezimienna? Zidentyfikował ją ojciec, zaniepokojony jej nieobecnością w miejscu pracy, w którym sam ją zresztą umieścił. Niezły drań, co? Był alfonsem własnej córki - wyrzucał z siebie słowa z szybkością karabinu. - Pracowała w tym burdelu dopiero trzy dni i koleżanki po fachu znały tylko jej pseudonim. Ojciec zidentyfikował ją przedwczoraj. Musi pan złapać mordercę tej dziewczyny... Pan w tej sprawie najgłębiej siedzi... Pan ma nowe pomysły... Ta ofiara to nie hitlerowska kanalia ani zapijaczony muzyk... To zwykła dziewczyna zmuszona do nierządu przez własnego ojca!

- Mówi pan „przez ojca"? - Mock wciąż siedział na łóżku. - Jak ona się nazywała? Powiedz pan!

- Rosemarie Bombosch.

Kiedy padło to nazwisko, Mock umilkł. Mühlhaus sapał i szukał zapałek. Zazgrzytała draska, fajka buchnęła iskrami. W drzwiach stanął lekarz i otworzył usta, by zbesztać

Mühlhausa za palenie. Nie zdążył tego uczynić, bo nagle odezwał się Mock:

- Dziękuję panu, doktorze, za opiekę, ale opuszczam pański szpital. Wypisuję się!
- Nie wolno panu! - młody lekarz podniósł głos. - Musi pan jeszcze być u nas kilka dni... Z lekarskiego punktu widzenia nie ma tak pilnych spraw, które by...
- Są pilniejsze sprawy niż lekarski punkt widzenia!
- A jakież to sprawy, mój łaskawco, mogą być ważniejsze od rozstrzygania o zdrowiu pacjenta? - lekarz spojrzał ironicznie na oblicze Mocka kręcące się bezradnie w sztywnym gorsecie.
- Muszę wpisać jedno nazwisko do policyjnej kartoteki - powiedział Mock. Wstał z łóżka i słaniając się, podszedł do okna. Wyjrzał przez nie i napotkał wzrok Viktora Ziescha, który - dotknięty nagłym atakiem refleksji nad światem i ludźmi - po raz kolejny dzisiaj przerwał odgarnianie śniegu.

*Wrocław, poniedziałek 19 grudnia,
godzina czwarta po południu*

Heinrich Mühlhaus sięgnął na półkę i wyciągnął mały kwadratowy starodruk. Ważąc go przez chwilę w dłoni, uważnie przyglądał się bibliotecznej drabinie, która zakończona była dwoma hakami. Zaczepiono je o żelazną rurę, biegnącą wzdłuż półki z książkami na wysokości około trzech metrów nad ziemią. Mühlhausa zainteresowała nagle liczba szczebli i zaczął je liczyć. Nie mógł jednak dokończyć tej czynności, ponieważ wyższa partia drabiny była prawie całkowicie zasłonięta przez obszerny fartuch magazyniera, w jaki ubrany był jego podwładny Eberhard Mock. Radca kryminalny poprawiał co chwilę strój, wkładał rękę za chirurgiczny gorset, drapał się po uwięzionej w nim szyi i cichym, zachrypniętym głosem rozpoczynał odprawę w magazynie Biblioteki Uniwersyteckiej. Dyrektor Hartner siedzący za biurkiem bibliotekarza Smetany, który nieoczekiwanie skończył dziś wcześniej pracę, z niepokojem obserwował, jak zgromadzeni w magazynie policjanci kręcą w palcach papierosy, wyciągają zapałki i przypominając sobie o zakazie palenia, nerwowo wrzucają je do kieszeni. Popatrzył na mapę Wrocławia rozpostartą na drewnianym skrzydle stojaka, na trzy szpilki z czerwonymi główkami wbite w oblane fosą serce miasta, a potem przeniósł poirytowane nieco spojrzenie na Mühlhausa, przeglądającego z uwagą mały starodruk. Czuł się nieswojo w tym miejscu magazynu – przy jego końcowej ścianie przylegającej do kościoła NMP na Piasku. Wszyscy bibliotekarze i magazynierzy unikali przebywania tutaj, gdzie zawsze były lodowate przeciągi, a z górnych półek wypadały wciąż te same książki.

– Dziwi was z pewnością, moi panowie – rozpoczął Mock – że dzisiejsza odprawa odbywa się w tak nietypowym miejscu i w dodatku późno po południu, kiedy zwykle kończycie pracę. Wyjaśnić to można jedynie najwyższą poufnością prowadzonego przez nas śledztwa. Ponieważ uległem wypadkowi i doznałem uszkodzenia gardła, będę mówił krótko i oddam za chwilę panom głos. Podejrzewam, że zabójstwa Gelfrerta, Honnefeldera i Geissena, dokonane przez „kalendarzowego zabójcę", mają jakiś związek z miejscami, w których znaleziono ciała. Związek ten może być znacznie oddalony w czasie. Stąd moje poszukiwania biblioteczne i archiwalne, w których nieocenioną pomocą służy mi dyrektor Hartner. A teraz do rzeczy – Mock usiadł na przedostatnim szczeblu drabiny i zakaszlał sucho. – Panowie po kolei zreferują mi swoje zadania w kontekście tego, co powiedziałem. Reinert?

- Razem z Kleinfeldem i Ehlersem śledzimy Aleksieja von Orloffa - Reinert spojrzał na stojących obok wymienionych przez siebie kolegów. - Nie bardzo wiemy dlaczego. Trudno mi zatem cokolwiek zreferować, bo nie mam pojęcia, jak to zadanie mieści się w kontekście, o którym wspomniał pan radca.

- Pomogę panu - mruknął Mock. - Co mówi von Orloff podczas swoich seansów?

- Że koniec świata jest bliski - odpowiedział Reinert.

- Jakie ma na to dowody?

- Twierdzi, że wypełniają się jakieś przepowiednie - odezwał się Kleinfeld - i przedstawia je. Zapisałem cytowane przez niego miejsca różnych świętych ksiąg. Trzeba przyznać, że fragmenty Pięcioksięgu Mojżeszowego przytacza we własnym przekładzie...

- A czy jego dowody zahaczają o coś, co może interesować naszą komisję zabójstw? - Mock machnął ręką, jakby chciał odgonić słowa Kleinfelda.

Zapadła cisza. W magazynie panował mrok rozświetlany jedynie nikłym światłem lamp palących się tu i ówdzie. Policjanci wyglądali jak spiskowcy lub uczestnicy tajemnego misterium. Fartuch Mocka spływał po szczeblach drabiny niczym szata kapłana.

- Tak - w głosie Kleinfelda zacharczały tytoniowe nuty. - Von Orloff przytaczał też dowód „kryminalny". Rzekomo odnawiają się teraz dawne zbrodnie... Zbrodnie popełnione dawno temu...

- Jak dawno?

- Przed wiekami - Ehlers klepnął się po łysej czaszce, jakby sobie coś przypomniał.

- Czy zbrodnie te odnawiają się we Wrocławiu? Co o tym mówi nasz guru?

- Tak. We Wrocławiu, w Berlinie, w całej Europie i na całym świecie - Reinert wyraźnie źle się czuł w zimnym magazynie, gdzie pod kamienną podłogą spoczywały w kryptach szkielety zakonników. – Guru twierdzi, że zbrodnie odnawiają się wszędzie, a to oznacza, że koniec świata jest bliski...

– Świetnie pan to pamięta, Reinert – Mock mówił coraz ciszej. – We Wrocławiu przed wiekami dokonano jakichś morderstw, które teraz się powtarzają albo odnawiają, jak twierdzi von Orloff. Przed wiekami Wrocław był bardzo mały i mieścił się w obrębie fosy staromiejskiej. A teraz spójrzcie, panowie, na mapę... Gelfrerta, Honnefeldera i Geissena zabito na terenie ograniczonym fosą... Teraz już panowie rozumieją moją hipotezę?

– Tak – Mühlhaus odłożył starodruk na miejsce. – Tylko że nie mamy żadnej pewności, iż morderstwa tych trzech ludzi miały przed wiekami swoje pierwowzory...

– To zadanie moje i doktora Hartnera – Mock zszedł z drabiny i pieszczotliwie pogładził stos książek i kilka skrzynek katalogowych na biurku Smetany. – Wy macie deptać po piętach von Orloffowi i spróbować odpowiedzieć na pytanie, czy guru nie stara się osobiście przyspieszać końca świata, odtwarzając dawne zbrodnie.

– Wybaczy pan, panie radco – Kleinfeld skromnie spuścił oczy. – Ale to nie jest zadanie ani pańskie, ani doktora Hartnera... To zadanie von Orloffa. To on, chcąc przyciągnąć do swojej sekty, musi udowodnić, że odnawiają się zbrodnie... I robił to podczas wystąpień. Ludzie pytali go, jakie to mianowicie zbrodnie teraz się powtarzają. A on dawał przykłady morderstw z różnych części Europy...

– Z Niemiec też? – zapytał Mock.

– Tak. Z Wiesbaden – odparł Kleinfeld.

– A z Wrocławia?

– Na wykładzie, którego wysłuchałem, nic nie mówił o Wrocławiu.

218

– A wy słyszeliście od niego coś o Wrocławiu? – Mock zwrócił się do Reinerta i Ehlersa.

– Nie pamiętacie, co mówił? – Mühlhaus podniósł głos.

– To po co tam w ogóle chodziliście?

– Za pozwoleniem, panie dyrektorze – rzekł Mock pojednawczo. – Oni z pewnością wszystko ładnie zapisali w raportach, prawda?

Reinert i Ehlers skinęli głowami.

– To przynieście mi swoje raporty! – głos Mocka zdradzał podniecenie. – Migiem, do cholery! Ponadto sprawdźcie, od kiedy von Orloff działa we Wrocławiu...

– Wszystko już wiemy – Reinert rozejrzał się niespokojnie po bibliotecznym lochu, zapiął palto i nasadził na głowę kapelusz. – Nie mamy chwili do stracenia. Znamy swoje zadania...

– A jakie zadanie ma pan Meinerer? – Mühlhaus spojrzał ciekawie na Mocka.

– Oddelegowałem go do specjalnych poruczeń – odpowiedział spokojnie zapytany. – Pomoże mi przy kwerendzie bibliotecznej.

Mühlhaus skinął głową trzem policjantom i wszyscy ruszyli ku wyjściu. W ciemnej piwnicy pozostał Mock, Hartner i Meinerer.

– Chwileczkę! – krzyknął Mock i ruszył za Mühlhausem.

– Niech pan mi odpowie na pytanie – przytrzymał swojego szefa za rękaw. – Dlaczego po mojej próbie samobójczej pozwolił pan Ehlersowi, Reinertowi i Kleinfeldowi kontynuować czynności, które im zleciłem? Przecież wydałem im polecenia, nie konsultując ich z panem... Samobójstwa popełniają wariaci... Dlaczego pozwolił im pan wykonywać rozkazy wariata?

Mühlhaus spojrzał na Mocka, a potem na swoich podopiecznych, którzy nader chętnie opuszczali biblioteczno-

219

-klasztorne katakumby. Kiedy odgłosy ich kroków zastukały u góry schodów, pochylił się w stronę Mocka:

– Samobójcy nie są wariatami i zwykle mają rację – powiedział i wyszedł z magazynu.

*Wrocław, poniedziałek 19 grudnia,*
*godzina piąta po południu*

Liście palm w gabinecie Hartnera poruszały się lekko w podmuchach dymu z cygar. Dyrektor biblioteki i zakuty w chirurgiczny gorset policjant milczeli, patrząc, jak woźny i Meinerer przynoszą z magazynu stos książek i kart katalogowych i układają je na sekretarzyku i biurku dyrektora.

– Dziękuję panu, Meinerer – Mock przerwał milczenie. – Dzisiaj ma pan już wolne. Ale od jutra czeka na pana stare zadanie...

– Nie mogliśmy się od razu tutaj spotkać? – Meinerer z hukiem postawił na sekretarzyku duże pudło z kopiami kart katalogowych. – Tu są złe warunki do odprawy? Musieliśmy schodzić do tej piwnicy? I dlaczego tylko ja spośród kolegów dźwigam to wszystko? Czy ja jestem jakimś woźnym?

Mock spoglądał przez dłuższą chwilę na swojego podwładnego. Ból przenikał szyję i wwiercał się między łopatki. Nie mógł przełknąć śliny ani ruszyć głową. Jedyne, co mógł zrobić, to wpatrywać się dalej w małe oczy Meinerera, a po jego wyjściu zadzwonić do Herberta Domagalli i zaproponować mu nowego pracownika komisji obyczajowej, młodego, ambitnego Gustava Meinerera.

– Musieliśmy tam się spotkać – szepnął Mock i poczuł, że jest dla Meinerera zbyt wyrozumiały. Zmienił natychmiast ton. – A teraz zamknij się i ruszaj do domu...

Ponieważ nie znasz łaciny, twoja pomoc przy czytaniu *Antiquitates Silesiacae* nie na wiele mi się przyda. To wszystko. *Adieu!*

– Swoją drogą – Hartner wstał, założył ręce do tyłu i zamknął drzwi za wychodzącym bez słowa pożegnania Meinererem – chciałem zadać panu, drogi radco, to samo pytanie. Dlaczego spotkaliśmy się w magazynie?

– W magazynie nie ma nikogo oprócz duchów – Mock umieścił cygaro między dziąsłem a ścianką policzka – a nawet jeśli słuchały naszej rozmowy i poznały tajemnicę śledztwa, nie są groźne. To nie one zabiły i nie one zostawiły na miejscu zbrodni kartki z kalendarza... To zrobili ludzie – historycy, erudyci potrafiący dotrzeć do dawnych wydarzeń i faktów, a także czytający stare księgi i kroniki. Takich jest całe mnóstwo w instytucji, której pan jest dyrektorem. Zarówno uczeni, jak i pański personel... Wszyscy mogą być podejrzani i dlatego lepiej, by nikt nie wiedział o naszej odprawie...

Mock bardzo się zmęczył długą wypowiedzią. Sapał głośno i dotykał palcem otartej brody. Czuł przebijające się przez skórę ziarna zarostu.

– Chyba pan nie sugeruje – Hartner próbował ukryć wzburzenie – że wśród moich ludzi ktoś mógłby...

– Za długo się znamy, dyrektorze – powiedział cicho Mock. – Nie musi pan odgrywać przede mną święcie oburzonego. Poza tym dość mam tej dyskusji... Bierzmy się do pracy... Musimy zrobić spis wszystkich morderstw w dawnym Wrocławiu, bo ten von Orloff czy jakiś inny wyznawca końca świata może je naśladować, i będą ginąć niewinni ludzie...

– O ile są tacy w tym mieście – zauważył sucho Hartner i zamarzył o kurze na zimno w sosie majonezowym. Zagłębił się w fotelu, poprawił binokle i rozpoczął lekturę *Antiquitates Silesiacae* Barthesiusa. Na biurku leżały notes i dobrze naostrzony ołówek. Mock usiadł przy sekretarzyku i rozpoczął lekturę *Świata przestępczego w dawnym Wrocławiu* Hagena od indeksu rzeczowego. Pod hasłem „zabójstwa" widniały odsyłacze do kilkunastu stron. Idąc za pierwszym, znalazł się na stronie sto dwunastej. Była tam opisana scena kłótni kilku opryszków, którzy nie mogli dojść do porozumienia co do podziału łupów i zakończyli spór krwawą jatką w karczmie „Pod Zielonym Jeleniem" przy Reuscherstrasse. Mock kontynuował wędrówkę przez cuchnący świat dawnego Wrocławia: poznał garbarzy, którzy po pijanemu utopili w Białej Oławie wędrownego kramarza, profanatorów cmentarzy, wypróżniających się wśród grobów, chorych na syfilis żołnierzy austriackiego garnizonu, którzy pojedynkowali się zapamiętale w Lasku Osobowickim, żydowskich rabusiów łupiących podczas jarmarków swych rodaków, polskich chłopów, którzy za zakłócanie nocnego spokoju lądowali w ratuszowym karcerze, zwanym „klatką dla ptaków". Wszystko to wydawało się Mockowi niewinną zabawą, igraszką wesołków, korowodem klaunów. Nic nie przypominało zasłoniętego bielmem oka zamurowanego muzyka, poszarpanych ścięgien poćwiartowanego ślusarza, purpurowej napuchniętej głowy powieszonego za nogę senatora czy równo rozciętej grdyki młodej prostytutki. Mock przetarł oczy i wrócił znów do indeksu. Zniechęcony wodził wzrokiem po różnych hasłach i myślał o swoim mieszkaniu, którego nie widział od tygodnia. Postanowił odnotować, że w monografii Hagena nie ma niczego, co wniosłoby coś nowego do sprawy. Z filologicznego nawyku postanowił zapisać dokładny adres bibliograficzny książki. Sięgnął na biurko Hartnera i wziął pierwszą lepszą karteczkę z pokaźnego stosiku. Był to czysty rewers Biblioteki Miejskiej, który znalazł się wśród skrzynek katalogowych. Mockowi wystarczyło jedno spojrzenie i poczuł zwietrzały zapach likieru czereśniowego panujący w pokoju Gelfrerta. Zapach panował wtedy wszędzie, przenikał nawet cienki skrawek papieru, który Ehlers trzymał w szczypczykach, kiedy siedzieli w samochodzie, dzieląc się pierwszymi wrażeniami z wizyty w mieszkaniu Gelfrerta.

– Znaleźliśmy rewers z Biblioteki Miejskiej – Ehlers podsunął Mockowi pod nos kawałek zadrukowanego papieru.
– 10 września Gelfrert oddał książkę...

Mock nawet nie próbował sobie przypomnieć tytułu książki. Nie zamierzał eksploatować niepotrzebnie pamięci. Podszedł do biurka Hartnera i wykręcił numer Prezydium Policji. Telefonista połączył go z Ehlersem. Minęła dłuższa chwila, nim Ehlers znalazł na biurku Mocka akta sprawy Gelfrerta. Szybko zaspokoił ciekawość swojego szefa. Mock nie odkładał słuchawki. Spojrzał na książkę, którą studiował Hartner, i odczytał na głos jej tytuł.

– *Antiquitates Silesiacae* Barthesiusa?
– Tak jest. To ta książka – usłyszał w słuchawce głos Ehlersa. – Panie radco, znalazłem na pana biurku akta z komisji obyczajowej dotyczące sekt religijnych...
– Niech pan mi je przyniesie wraz ze swoim raportem
– Mock odłożył słuchawkę i uśmiechnął się do Hartnera.
– Gdybyż ten Domagalla był równie szybki przy brydżu...


*Wrocław, poniedziałek 19 grudnia,*
*godzina dziesiąta wieczorem*

Mock przestał referować wyniki swych pięciogodzinnych eksploracji. Hartner nalał do dużych kieliszków wiśniówki od Kupferhammera i podał jeden z nich Mockowi.

– Miał pan rację. Wypijmy za wiedzę, którą zdobyliśmy.
– Wiemy sporo o dawnych zbrodniach, które ten szarlatan omawia w swoich kazaniach – Mock podszedł do

okna i wbił wzrok w ciemny nadodrzański pejzaż. Zdawało mu się, że słyszy tarcie kry o filary mostu Piaskowego. – Nie wiemy jednak, jak z nim postępować. Czy go zamknąć, czy czekać na jego ruch. Jestem pewny na sto procent, że nasz rosyjski książę posiada niepodważalne alibi. Nie mam natomiast pewności co do wielu różnych mniejszych kwestii. Na przykład, jak to możliwe, że w Bibliotece Miejskiej wypożyczają zwykłemu czytelnikowi osiemnastowieczny starodruk, jakim są *Antiquitates Silesiacae...*

– Przepraszam! – wykrzyknął Hartner i wlał do pustego żołądka zawartość kieliszka. – Zapomniałem panu powiedzieć... Był pan bardzo zaczytany raportami swoich podwładnych, kiedy woźny Maron przekazał mi wiadomość przyniesioną przez gońca dyrektora Biblioteki Miejskiej, Theodora Steina. Dyrektor wyjaśnia, że pewni czytelnicy, którzy reprezentują jakieś instytucje, mogą za wysoką kaucją pożyczyć starodruki.

– To ładnie – mruknął Mock. – Ale jaką kaucją mógł dysponować alkoholik Gelfrert i jaką reprezentował instytucję?

– Dyrektor Stein odpowiada jedynie na to drugie pytanie. Gelfrert był sekretarzem Towarzystwa Miłośników Śląskiej Ziemi Rodzimej.

– To miło ze strony dyrektora Steina, że zechciał to sprawdzić.

– Nie tylko to zechciał sprawdzić – zaaferowany Hartner wlewał w siebie jeszcze jeden kieliszek. – Przysłał mi także spis członków tego towarzystwa (tak się składa, że jest jego prezesem) i wyciąg z rejestru wypożyczeń...

– Tak? Słucham pana, doktorze. Proszę mówić dalej...

– Wynika z niego, że przed Gelfrertem z dziełem Barthesiusa zapoznało się ośmiu czytelników. Wszyscy oni noszą dziwne nazwiska...

– Na czym polega ich niezwykłość?

– Na tym, że są to nazwiska postaci historycznych.
– Chętnie się zapoznam z tymi nazwiskami.
– Może pan, drogi radco, zapoznać się również z ich obliczami. Wszystkie one widnieją w Auli Leopoldyńskiej naszej Alma Mater...
– Nie rozumiem – Mock kręcił kieliszkiem i obserwował, jak krople wódki spływają na szeroką stopkę. – Jestem dziś trochę chory, trochę smutny, trochę zmęczony... Niech pan mówi jaśniej.
– Jakiś czytelnik lub czytelnicy wypożyczali do czytelni *Antiquitates Silesiacae* Barthesiusa i nie wpisywali do rejestru własnych nazwisk, lecz nazwiska wybitnych uczonych i dobrodziejów naszego uniwersytetu, nazwiska postaci, których portrety znajdują się w Auli Leopoldyńskiej. Chyba że rzeczywiście ci czytelnicy tak się nazywali... Chyba że w ostatnim roku do czytelni Biblioteki Miejskiej zawitali Franz Wentzl, Peter Canisius, Johann Carmer i Carl von Hoym – Hartner podszedł do Mocka i przypatrywał się przez chwilę kilku czarnym ptakom, które stały na wartko płynącej płycie kry. – Będzie pan miał jutro sporo do referowania nadprezydentowi, o ile Mühlhausowi uda się pana z nim umówić. No niechże pan wypije na zakończenie dobrego dnia, w którym tyle udało się ustalić...
– Myślę, że jutro obaj będziemy to referowali burmistrzowi. Mamy w końcu tę świnię – powiedział cicho Mock, podał rękę Hartnerowi i nie tknąwszy wódki, opuścił gabinet dyrektorski.

*Wrocław, wtorek 20 grudnia, godzina ósma rano*

Służący Mocka, Adalbert Goczoll, i jego żona, Marta, ubrani dziś byli odświętnie, aby – jak to Adalbert oznajmił Mockowi przy budzeniu – uczcić szczęśliwy powrót swego pracodawcy do zdrowia. Stary kamerdyner wcisnął się w sfatygowany nieco frak, na dłonie nasunął rękawiczki, a jego żona owinęła się tuzinem śląskich zapasek. Śniadanie podawali w milczeniu, a rozjątrzony bezsennością Mock również milczał i napełniał żołądek – wbrew jego wyraźnym protestom – struclą z jabłkami. Martę cieszył apetyt pana, Adalberta – własna kieszeń, którą pracodawca wypełnił przed chwilą comiesięczną wypłatą, a Mocka – ascetyczny wygląd mieszkania ogołoconego wczoraj na jego rozkaz z czegokolwiek, co przypominałoby Sophie. Radca przełknął ostatnie łyki kawy i wyszedł do przedpokoju. Za pomocą bursztynowej łyżki wzuł trzewiki, przyjął od Adalberta palto i kapelusz, stanął przed lustrem i długo ugniatał i masował rondo, by nadać nakryciu głowy odpowiedni wygląd. Pod pachę wsunął aktówkę swojego służącego wypełnioną dokumentami i ciastem Marty, minął wielki worek, w którym znajdowała się jego własna teczka, podarowana mu kiedyś przez Sophie, i wyszedł z mieszkania. Pod kamienicą stały już zamówione przez Adalberta sanie, a fiakier rozmawiał z gazeciarzem, który potupywał dziurawymi butami w oblodzony chodnik. Wygnieciony daszek kaszkietu odsłaniał zielonoblade oblicze chłopca. Mock wziął od niego egzemplarz „Breslauer Neueste Nachrichten", a za zapłatę dał mu pięciomarkową monetę i ciasto Marty. Nie słuchając podziękowań, wsiadł do sań i opadł na twarde siedzenie. Przenikliwy ból karku uprzytomnił mu przez moment istnienie wiarołomnych żon oraz woźnych i chirurgów ratujących życie ludzkie. Woźnica przygładził imponujące wąsy i trzasnął biczem z takim rozmachem, jakby chciał przepędzić nim wszystkie smutki tego świata. Mock schowany za gazetą rozpoczął poszukiwanie informacji o zbrodniach, historii miasta i rosyjskich arystokratach. Zamiast tego znalazł wiadomości o dzisiejszym zebraniu Sepulchrum Mundi, o niemiecko-polskich negocjacjach w sprawie układu o handlu dwustronnym i o głodzie w Chinach. W notowaniu informacji o wykładzie von Orloffa przeszkodził mu woźnica. Stali przed pałacem Hatzfeldów, w którym znajdowała się siedziba władz Regencji Śląskiej. Mock sięgnął do kieszeni, wręczył furmanowi tyle samo, co przed kwadransem gazeciarzowi, i czekał na resztę. Kiedy otrzymywał zlepione tłuszczem monety, rozwarły się usta furmana i zza połamanych zębów dotarły do Mocka słowa wyrzutu:

– A tamtemu pan dał taki napiwek... Zimno, panie, i do domu daleko...

Radca, pokonując odrazę, schylił się ku furmanowi i wyszeptał:

– Tamten na pewno przepije wszystko, a ty zainwestowałbyś?

– W co, panie? – poruszyły się sumiaste wąsy.

– W nowe pończochy z podwiązkami dla swojej córki – Mock krzyknął przez śnieg i wszedł do pałacu.

W hallu stał Mühlhaus i na widok Mocka spojrzał na zegarek.

– Jest pan punktualny – powiedział zamiast przywitania. – A ten pański Hartner?

– Spóźnia się w sposób wyliczony i regularny. Zawsze pięć minut. Tym razem będzie jednak na czas.

Umilkli. Obaj wiedzieli, że śląski nadradca rządowy von Schroetter prędzej znalazłby chyba zrozumienie dla słabostek Geissena niż dla arystokratycznej niepunktualności Leo Hartnera. Mock miał rację. Hartner i sekretarz von Schroettera nie byli spóźnieni. Przylizany urzędnik zszedł do hallu i zaprosił ich ceremonialnie do gabinetu nadradcy. Mijali ich zabiegani pracownicy – zafrasowane sekretarki i mniej lub bardziej ważne osobistości szukające daremnie szczęścia w stolicy śląskiej prowincji. Gabinet von Schroettera wypełniony był gdańskimi meblami. Nadradca

227

przywitał ich nie mniej ceremonialnie niż jego asystent i – usprawiedliwiając się sesją śląskiego Landtagu – poprosił o możliwie szybkie przejście do rzeczy. Mühlhaus wziął sobie to do serca i poprosił Mocka o przedstawienie sprawy „kalendarzowego zabójcy".

– Drogi panie nadradco – Mock darował sobie tytuł „ekscelencja". – W naszym mieście działa morderca, pozostawiający na miejscu zbrodni kartki z kalendarza, i przywódca sekty, niejaki Aleksiej von Orloff, głoszący nadejście końca świata. Ten ostatni podpiera się różnymi przepowiedniami, zgodnie z którymi koniec świata jest poprzedzony przez straszliwe zbrodnie. Są one powtórzeniem zbrodni dokonanych przed wiekami – ludzie są mordowani w takich samych okolicznościach. Trzy morderstwa – trzy przykłady zbrodni sprzed wieków...

Nadradca von Schroetter otworzył okrągłe pudełko, z którego wystawały szpice cygar. Zapalili wszyscy oprócz Mühlhausa.

– Von Orloff na swoich wykładach udowadnia, że ma rację – Mock puścił kółko z dymu. – Twierdzi, że w ostatnim czasie odnowiły się trzy morderstwa sprzed wieków. Szczegóły jego dowodzenia zapisali moi ludzie... Teraz poproszę naszego eksperta, doktora Leo Hartnera, o kontynuowanie mojej wypowiedzi. Z powodu bólu gardła nie mogę zbyt długo mówić...

– Ekscelencjo – Hartner spojrzał do notatek Mocka. – Drodzy panowie. Von Orloff jako pierwszą przytacza historię „Dzwonu grzesznika". Nie jest ona panom obca? – Mimo że znało ją każde dziecko w Niemczech, Hartner nie pozwolił odebrać sobie głosu. – Tę historię zrelacjonował Wilhelm Müller w swoim słynnym wierszu *Der Glockenguss zu Breslau**. Czeladnik pewnego ludwisarza w czternasto-

---

* Odlew dzwonu we Wrocławiu.

wiecznym Wrocławiu nie posłuchał swojego mistrza i odlał dzwon do katedry św. Marii Magdaleny niezgodnie z jego zaleceniami. Ten tak się rozsierdził, że zabił czeladnika...

– Jak twierdzi von Orloff – wtrącił się Mock – według najnowszych badań historycznych, czeladnik ten został przez ludwisarza zamurowany żywcem w kamienicy „Pod Gryfami" w Rynku. Stało się to 12 września – spojrzał do raportu Reinerta – 1342 roku. A teraz przechodzimy do teraźniejszości. 28 listopada znaleźliśmy w kamienicy „Pod Gryfami" ciało zamurowanego żywcem Emila Gelfrerta, muzyka, pracującego w Domu Koncertowym. Do kamizelki miał przypiętą kartkę z kalendarza z datą 12 września 1927 roku. Lekarz policyjny, Lasarius, stwierdził, że zgon Gelfrerta nastąpił w sierpniu lub wrześniu. W czternastym wieku czeladnik ludwisarza, czyli ktoś, kto słucha i analizuje dźwięk dzwonu, a przed kilkoma miesiącami ktoś, kto zawodowo zajmuje się dźwiękiem.

– Czy senator Geissen też? – wykrztusił von Schroetter.

– Idźmy chronologicznie – Mock zignorował to pytanie. – Nazajutrz, 29 listopada, znaleźliśmy poćwiartowane ciało bezrobotnego Bertholda Honnefeldera. Na stole leżał kalendarz z zaznaczoną datą 17 listopada. Nie musieliśmy pytać doktora Lasariusa, kiedy nastąpił zgon...

– Stało się to na Taschenstrasse 23–24 – Hartner uwielbiał wykładać, a nadradca był słuchaczem nader wdzięcznym, ponieważ pękał z ciekawości – tam, gdzie kiedyś były fortyfikacje miejskie za Bramą Oławską. W 1546 roku w tym mniej więcej miejscu został poćwiartowany niejaki Tromba, ryglarz. Nie znamy ani sprawcy, ani motywów. Tego wszystkiego dowiedziałem się z dzieła Barthesiusa *Antiquitates Silesiacae*. Najgorsze jest to, że morderca się z nami bawi. Dom, w którym mieszkał Honnefelder, to dom „Pod Złotym Odlewem Dzwonu"...

Zapadła pełna grozy cisza.

- Tam ryglarz, tu bezrobotny ślusarz Berthold Honnefelder - przerwał ją Mock, nieco poirytowany zapędami Hartnera, który śmiało wkraczał na policyjne poletko. - Trzecia ofiara była panu nadradcy znana. Znane są panu również okoliczności mordu. Senator Geissen i prostytutka Rosemarie Bombosch zostali zabici dokładnie tak samo jak prawie pięćset lat temu szambelan cesarza austriackiego Alberta II. Cesarz obrał Wrocław za swoją bazę wypadową w walce z polskim królem Kazimierzem Jagiellończykiem o tron czeski. Jego szambelan...

- ...udał się, jak pisze Barthesius - Hartner uznał, że przeszłość jest jego domeną, i wszedł Mockowi w słowo - dnia 9 grudnia do jakiegoś lupanaru na Przedmieściu Mikołajskim, w którym został zabity i obrabowany. Nie przeżyła także towarzysząca mu prostytutka. Niestety, o szczegółach zbrodni milczy Barthesius...

- Dnia 9 grudnia - zakończył Mock - zamordowany został w ramionach prostytutki rajca Geissen. Było to na Burgfeld 4, czyli na Przedmieściu Mikołajskim.

Nadradca pod wpływem ostatnich słów Mocka zarumienił się i sięgnął po pudełko z wiecznym piórem. Otworzył kilkakrotnie wieczko i jego goście ujrzeli wygrawerowaną na nim jakąś dedykację. Rumieniec rozlewał się powoli po łysinie von Schroettera i nasycał się intensywną barwą.

- Co wy właściwie tutaj robicie! - ryknął nagle i wstał gwałtownie. - Przyszliście do mnie, by prosić o pozwolenie na aresztowanie jakiegoś ruskiego markiza?! - pulchna pięść z całej siły walnęła w biurko. - Czemu ten bydlak jeszcze nie siedzi u was na Schuhbrücke?! Chcecie czekać na kolejne zbrodnie?!

- Za pozwoleniem - po raz pierwszy włączył się Mühlhaus. - Niech wasza ekscelencja raczy zauważyć, że o zbrodniach piszą w gazetach, które von Orloff z pewnością czyta. Swoje dowody prezentuje on na wykładach, zawsze po dokonaniu zbrodni, czyli, jak to stwierdzili wczoraj w czytelni radca Mock i doktor Hartner, po ukazaniu się stosownej notki prasowej. Nie mamy zatem najmniejszego powodu, by go aresztować. Żaden sędzia nie skaże człowieka tylko dlatego, że jakieś morderstwa przydają się w jego argumentacji za końcem świata. To jest jedynie ślad, który kieruje nas na trop von Orloffa i sprawia, że on lub ktoś z jego sekty staje w cieniu podejrzenia.

– Tak... – von Schroetter usiadł za biurkiem i zdusił w popielniczce cygaro, przez chwilę patrząc na pokruszone liście, które przypominały skrzydła zgniecionego monstrualnego owada. – Ma pan rację... Nie ma żadnych podstaw, by aresztować von Orloffa, ale musimy jakoś...

– Pozwoli pan, ekscelencjo – Mühlhaus po raz pierwszy tego dnia napełnił usta aromatem ulubionego tytoniu. – Wyjście jest jedno. Musimy poznać datę i miejsce kolejnego morderstwa. W ten sposób ochronimy przyszłą ofiarę i zrobimy zasadzkę na zabójcę.

– Jak panowie chcą to poznać? – zapytał von Schroetter, podnosząc do ust filiżankę.

– Morderstwa – Hartner znów przybrał nauczycielski ton – są popełniane w porządku chronologicznym. Niestety chronologia ta dotyczy tylko dat dziennych. A zatem zbrodnie-wzory mogły się zdarzać w różnych wiekach. Pierwsza pochodzi ze średniowiecza, druga – z renesansu, a trzecia – z baroku. Trzeba zatem przejrzeć wszystkie dostępne materiały, szukając morderstw, które zostały popełnione od... – zawahał się. – Którego mamy dzisiaj? Tak, od 20 grudnia... Zwracać uwagę tylko na daty dzienne, nie roczne...

– Kto ma to uczynić? – zapytał von Schroetter.

– Z tym właśnie przyszliśmy do pana, ekscelencjo – odpowiedział Mühlhaus. – Trzeba powołać grupę ekspertów, którzy podejmą bardzo szybko badania archiwalne.

– Czym się muszą odznaczać ci ludzie? – Nadradca dobrze się poczuł, kiedy znów znalazł się w roli organizatora.

– I ilu ma ich być?

– Muszą znać łacinę – powiedział Hartner. – Umieć czytać rękopisy i starodruki, wytrwale pracować dzień i noc, za co należałoby im zapłacić stosowne honorarium. Jeśli chcemy szybko odnaleźć kolejną datę zbrodni i uchronić przed nią potencjalną ofiarę... przydałoby się ich wielu...

– Muszą być ponadto poza jakimkolwiek podejrzeniem – dodał Mock. – Nie możemy zlecić tego zadania komuś, kto może być mordercą. Nie zapominajmy, że jest to człowiek, dla którego archiwa nie mają żadnych tajemnic. A my będziemy dobierali ekspertów spośród takich ludzi.

– No właśnie – von Schroetter położył przed sobą czystą kartkę papieru i coś zanotował – a kto skompletuje tę grupę?

– Jej kierownik – odparł Mühlhaus. – Doktor Hartner.


*Wrocław, wtorek 20 grudnia,*
*godzina wpół do dziesiątej rano*

Mühlhaus i Mock pożegnali się z Hartnerem przed drzwiami urzędnika, który na polecenie nadradcy miał spisać z nowo mianowanym kierownikiem zespołu ekspertów odpowiednią umowę. W milczeniu zeszli do hallu głównego i wyszli z pałacu Hatzfeldów. Ruszyli w stronę Prezydium Policji. Śnieg gromadził się na rondach ich kapeluszy.

– Ciekawi mnie jedno – Mühlhaus potarł dłonią uszy, które odmroził sobie w okopach na rosyjskim froncie nad Dźwiną. – Czy te zbrodnie odnawiają się tylko we Wrocławiu? A jeżeli tak, to jak to wyjaśnia von Orloff? Dlaczego koniec świata ma nastąpić właśnie w naszym mieście?

- Nie - Mock obserwował uważnie, jak dwaj okutani w szynele ludzie ładują na wóz zamarznięte na kamień kule końskiego nawozu. - Nie tylko we Wrocławiu, lecz również w Wiesbaden. Muszę tam zadzwonić. Ale pytanie jest dobre. Trzeba je zadać von Orloffowi.

- Może odpowiedzieć panu, że zbrodni dokonuje szatan lub anioł zagłady zwiastujący koniec świata.

- Jeżeli ma rzeczywiście nastąpić koniec świata, to w kamienicy „Pod Gryfami" powinien mieszkać autentyczny czeladnik ludwisarza. A tak mamy osobliwy substytut czeladnika, zapijaczonego muzyka, którego anioł ciemności transportuje do kamienicy „Pod Gryfami"... Ten anioł przypomina maturzystę, który ściąga na egzaminie, chociaż potrafi na pytanie doskonale odpowiedzieć...

*Wrocław, wtorek 20 grudnia,*
*godzina trzecia po południu*

W „Piwnicy Świdnickiej" panował zwykły obiadowy ruch. We wnękach przy wejściu ustawiły się, jak zawsze, piekarki i sprzedawały bułki i kiełbaski. Kelnerzy - ubrani, jak przed wiekami, w sutanny - zwijali się jak w ukropie i unosili ponad głowami tace z talerzami, wazami, szklankami i kuflami. Niektórzy z nich dźwigali długie drewniane tace, na których stały stare puchary o pojemności dwóch śląskich kwart. Wypełnione one były „białym" lub „ciemnym baranem" - tak od niepamiętnych czasów nazywano produkt piwnicznego browaru. W ciemnym lokalu bieliły się ich długie do ziemi fartuchy i serwetki równo przerzucone przez przedramiona. Na ścianach błyszczały kwadraty boazerii. Przy jednym ze stołów pod herbami studenckich korporacji błyszczały białe mankiety koszuli - mężczyzna czytał uważnie dokumenty, po czym, na ile pozwalał mu

233

chirurgiczny gorset, odchylał głowę i wpatrywał się w sufit. Sprawiał wrażenie, jakby uczył się na pamięć jakichś informacji. Po jednej z takich operacji mężczyzna uniósł kufel i wypił ostatnie krople piwa. Ober, który prawie nie spuszczał oczu z mężczyzny, natychmiast wysłał do czytelnika dokumentów młodszego kelnera z zapytaniem, czy *Herr Kriminalrat* Mock czegoś sobie nie życzy. Życzył sobie jeszcze jednego fabiana. Polecenie to zostało prawie natychmiast wykonane przez kelnera, który aż oniemiał na myśl, że oto rozmawia ze słynnym policjantem. Bohater Wrocławia pociągnął duży łyk piwa i znów spojrzał na przygotowaną przez Domagallę listę członków wrocławskich stowarzyszeń okultystycznych. Ludzie występujący na niej byli opatrzeni jedynie niewielkimi notkami: ile mają lat, jaki wykonują zawód i czy byli notowani w policyjnych kartotekach. Podobne charakterystyki widniały też na drugim spisie przygotowanym przez dyrektora Biblioteki Miejskiej, Theodora Steina. Jednakże ci wypisani przez Steina odznaczali się zupełnie inną, znacznie bezpieczniejszą i bardziej przyziemną pasją: byli miłośnikami Śląska i Wrocławia. Podejrzliwość Mocka nie pozwalała mu odłożyć żadnej z list i wciąż podsuwała pytania typu: „Dlaczego czterdziestopięcioletnia gospodyni domowa, pani Christel Buschhorn, zaangażowała się w działalność różokrzyżowców?", albo: „Czy wycieranie wrocławskich bruków i obserwacja miasta była dla trzydziestoośmioletniego listonosza, Paula Finka, inspiracją do wstąpienia do Towarzystwa Miłośników Śląskiej Ziemi Rodzimej?"

Do loży zbliżył się Hartner i przywitał się z Mockiem, przerywając mu rozmyślania nad źródłami ludzkiej motywacji.

– Mam już dwunastu ludzi w mojej grupie. Głównie profesorowie gimnazjalni – powiedział zadowolony, odbierając od kelnera kartę dań. – Nikt nie odmówił. Skusiło ich chyba

234

wysokie honorarium. Von Schroetter pozwolił mi zwerbować tylko ośmiu ekspertów. Musiałem zatem wymyślić jakieś kryteria selekcji. Zażądałem więc od każdego z nich krótkiej charakterystyki swej pracy naukowej i spisu publikacji. Teraz decyzja należy do pana, panie radco. Dla mnie na przekąskę dwa kesselwursty, a potem kotlet cielęcy z jajkiem i sardelką – zwrócił się do kelnera, który stał grzecznie, czekając na zamówienie Mocka.

– Teraz pan...

– Taak... – mruknął radca. – Dla mnie dorsz w maśle musztardowym i węgorz w galarecie z pieczonymi kartoflami. Tak, to wszystko – spojrzał na Hartnera. – Ma pan rację, teraz kolej na mnie. Prześwietlę ich, a jeśli wynik będzie niekorzystny, nie będziemy marnować na nich pieniędzy burmistrza. Ale, ale... Niepotrzebnie zakładam, że nie przyjmiemy kogoś do grupy. Sam nie wiem, co mogłoby zdyskwalifikować spokojnych nauczycieli, których pan zebrał... Chyba że...

Mock spojrzał na listę Hartnera, potem wczytał się w spisy publikacji i stał się odporny na wszelkie impulsy. Nie widział zakąsek stawianych przed nim przez kelnera, nie czuł zapachu tytoniu, nie słyszał szczękania sztućców ani syku piwa nalewanego z beczek. Widział jedynie dwa nazwiska, które były wspólne dla list leżących przed nim, w tych nazwiskach krzyżował się okultyzm z miłością do śląskiej ziemi ojczystej, skomplikowane ludzkie motywacje stawały się proste i wyraziste, a ludzkie cele – jednoznaczne i zbrodnicze.

– Niech pan posłucha, doktorze Hartner – Mock odzyskał panowanie nad zmysłami. – Pamięta pan, że oprócz Gelfrerta ośmiu mężów pożyczało w Bibliotece Miejskiej *Antiquitates Silesiacae* Barthesiusa. Byli to *viri Leopoldini**:

---

* Mężowie leopoldyńscy.

Urban Papst, czyli papież Urban VIII, Franz Wentzl, Peter Canisius, Johann Carmer, Carl von Hoym. A teraz mamy ciekawego kandydata do zespołu: profesora Ericha Hockermanna, członka Towarzystwa Miłośników Śląskiej Ziemi Rodzimej i autora monografii o sławnych mężach, których portrety można podziwiać w Auli Leopoldyńskiej. (Jak to dobrze, że polecił pan kandydatom sporządzenie bibliografii swoich prac!) Nazwiska tych mężów widnieją w rejestrze wypożyczeń. Dlaczego one tam się znalazły? Mogły wyjść spod pióra kogoś, kto o nich myśli, kto się nimi zajmuje. A któż może się bardziej nimi zajmować niż autor monografii o nich? – Mock poczuł jednocześnie kłujący ból w szyi, drapanie w gardle i uciskanie gorsetu. – Sądzę, że Hockermann czytał Barthesiusa w czytelni, a nie w domu i podpisywał się nazwiskami mężów leopoldyńskich. Jeśliby Hockermann chciał pożyczyć Barthesiusa do domu, mógłby to uczynić o wiele łatwiej niż Gelfrert, podpisując się własnym nazwiskiem. Jest przecież profesorem gimnazjalnym! Wyjaśnienie jest jedno: nie chciał, by ktoś wiedział, że studiuje ten starodruk – Mock spojrzał z żalem na stygnącego dorsza i wywód kontynuował szeptem. – Natomiast w wypadku pracownika archiwum miejskiego, Wilhelma Diehlsena, nie trzeba zbytnio się wysilać, by uznać go za podejrzanego. Jest członkiem stowarzyszenia okultystycznego Wrocławskie Towarzystwo Badań Parapsychicznych, jak wynika z listy Domagalli.

Mock przerwał i zabrał się do stygnącej ryby.

– I co z nimi zrobimy? – Hartner wpatrywał się w swego rozmówcę mocno oszołomiony. – Nie przyjmiemy ich do zespołu?

– Owszem, przyjmiemy – w ustach Mocka rozpływał się węgorz w gęstych kroplach galarety – po to, by uważnie obserwować ich ekspertyzy. Moi ludzie nie będą ich spuszczać z oczu. Podobnie jak wszystkich pańskich ekspertów.

Jeśli mają coś wspólnego ze zbrodniami, będą starali się nas oszukać, podać inną datę, abyśmy na nikogo nie mogli zastawić pułapki. Ktoś będzie musiał codziennie, powoli i dokładnie sprawdzać ich wyniki... W tajemnicy, poza godzinami pracy zespołu... I to teraz, przed świętami...

– Moja żona wyjeżdża dziś do Polski, do swoich rodziców, na święta – powiedział z uśmiechem Hartner, zapalając poobiedniego papierosa. – Mam do nich dołączyć w Wigilię. Dla mnie jeszcze jedno piwo – polecił kelnerowi, który przypląsał do stolika. – Dla pana też?

– Nie – Mockowi zdawało się, że słyszy obcy głos. – Dwa wystarczą na dzisiaj. Poza tym idę na wykład i nie mogę być pijany.

*Wrocław, wtorek 20 grudnia,*
*godzina szósta po południu*

Wymalowana na biało sala wykładowa we „Wrocławskiej Gminie Monistycznej" przy Grünstrasse nie mogła pomieścić wszystkich słuchaczy wierzących lub wątpiących w rychłe nadejście apokalipsy. Ci pierwsi oklaskiwali prelegenta wchodzącego właśnie na mównicę, ci drudzy wydymali pogardliwie wargi lub gwizdali. Mock, choć zdecydowanie identyfikował się z przeciwnikami apokalipsy, bił brawo z umiarkowanym entuzjazmem i przyglądał się publiczności. Większość stanowiły kobiety w wieku pobalzakowskim, gniewne i nadąsane, powtarzające nieustannie „taka jest prawda", utwierdzające się we własnej niechęci do wszystkiego, co rozsadzało gorset ich zasad i nawyków. Nieliczni mężczyźni, głównie emeryci, śmiali się głośno, a w myślach powtarzali sformułowane już dużo wcześniej zarzuty wobec prelegenta. Było też kilka osób, które zdradzały oznaki choroby psychicznej. Młody człowiek otulony futrzanym kołnierzem sfatygowanego, kraciastego płaszcza podnosił wciąż rękę, a ponieważ nikt nie chciał udzielić mu głosu, siadał gwałtownie na krześle, kulił się, wypychał ku górze wąskie zaokrąglone plecy i odcinał się od reszty tłumu murem wściekłych spojrzeń. Pewien siedzący obok Mocka szpakowaty jegomość o wybitnie semickim wyglądzie przeglądał swoje notatki zaszyfrowane skomplikowanym systemem znaków i spoglądał czule na sąsiada, oczekując podziwu. Ponieważ Mock zachowywał kamienną twarz, mężczyzna ów prychał pogardliwie i próbował zainteresować tajemniczymi zapiskami sąsiadkę – tęgą staruchę, której piętrową fryzurę ozdabiał kapelusz wielkości żaglowca. W kącie, koło buchającego ciepłem pieca, przepychali się dwaj gimnazjaliści w wytartych mundurach pokrytych pod pachami kanciastymi liniami soli. Mock czuł, że odróżnia się od publiczności von Orloffa, i rozmyślał gorączkowo nad jakimiś próbami kamuflażu. Na szczęście wszystkie spojrzenia utkwione były w Aleksieja von Orloffa.

Mówca podniósł ręce i uspokoił klaszczącą i gwiżdżącą publiczność. Skręcona szczecina siwej brody sterczała wokół okrągłego i płaskiego oblicza zwieńczonego mongoloidalną fałdą. Małe, bystre oczy przesuwały się po twarzach publiki. Powoli. Od jednego słuchacza do drugiego. Kiedy prześlizgiwały się po twarzy Mocka, ten wyszczerzył zęby w entuzjastycznym uśmiechu. Jegomość siedzący obok poczuł w sąsiedzie bratnią duszę i schylił się ku niemu. Mock słuchał go ze zrozumieniem i kiwał głową z wyraźną aprobatą. Dalsze okazywanie przez radcę wyrazów sympatii zostało przerwane potężnym okrzykiem. W sali wykładowej rozległ się głos proroka.

– Tak, moi bracia – zahuczał głęboki bas. – Oto nadchodzi kres. Gniew Pana wszystkich zaleje, a z potopu ujdą z życiem tylko sprawiedliwi.

Jejmość w żaglowcu na głowie uniosła ku górze krótki palec i pokiwała potwierdzająco głową, a młody człowiek otulony futerkiem okręcił się dokoła i uczynił gest błogosławieństwa.

– Oto następuje obrót Koła Życia i Śmierci, a mandala wcieleń dobiega kresu – spokojniej kontynuował von Orloff. – Historia się powtarza. Historia zła, mordu i rozpaczy. Historia rzezi, zepsucia i sodomii. O, Sodomo – ryknął mówca. – Bądź przeklęta i zgiń...

Sąsiad Mocka pokrywał kartki notatnika dziwnymi znakami, gimnazjaliści robili do siebie miny „a nie mówiłem?", a Mock zastanawiał się, czy von Orloff przygotował swoje wystąpienie, czy improwizuje. Za tym drugim przemawiałby bieg skojarzeń: mówca od sodomii przeszedł do Sodomy.

– O, Sodomo – rozległ się sceniczny szept – wybrańcy cię opuszczą, wybrańcy nie obejrzą się za siebie w twoim kierunku. Oni z radością przyjmą fale siarki, które wypalą twe plugawe ciało. Bracia! – krzyknął von Orloff. – Bądźcie z wybrańcami.

Modulacja głosu mówcy sprawiła, że pewna pomarszczona staruszka wojująca z gimnazjalistami o miejsce przy piecu obudziła się i wybuchnęła krótkim łkaniem.

– Bracia – von Orloff uniósł palec, a gest ten powtórzyła znaczna liczba zgromadzonych na sali dam. – Na całym świecie triumfuje zbrodnia. Ale zbrodnia odsłania swoją dawną twarz, zbrodnia mówi nam: „Ja już tu byłam, mnie już kiedyś popełniono, przed wiekami" – mówca umilkł i poszukał w oczach słuchaczy zrozumienia. – Tak, bracia, stare zbrodnie, ukryte w dawnych kronikach, odżywają w Sodomie... I to zbrodnie najstraszniejsze, najokrutniejsze, nieludzkie... Bo tylko one mogą wstrząsnąć mieszkańcami Sodomy, by się nawrócili... Wczoraj w Buenos Aires znaleziono na śmietniku oderwaną dziecięcą nóżkę. Przed stu laty hiszpański markiz rozdarł nieślubne dziecko swojej córki...

– Gdzie to było? – ucho Mocka owionął jakiś zgniły oddech.

– W Argentynie – odpowiedział dość głośno, wypuszczając powietrze z sykiem.

– Tak, drogi panie – ryknął do Mocka von Orloff. – W Buenos Aires w Argentynie. Ale straszliwe morderstwa, morderstwa z przeszłości popełnia się i tutaj. Zamurowany żywcem człowiek w samym sercu naszego miasta, inny – poćwiartowany niedaleko stąd, jeszcze inny wykrwawiony i powieszony do góry nogami... Te wszystkie mordy już kiedyś były... Przed wiekami... Chce pan dowodów?

Sąsiad Mocka, myśląc, że mówca zwraca się do niego, podskoczył radośnie i zakrzyknął:

– Tak, tak! Chcę dowodów!

– Siadaj! Ciszej! Znamy te dowody! Są niepodważalne! – rozwrzeszczał się tłum.

Von Orloff milczał. Przerwa w wykładzie podziałała na słuchaczy dyscyplinująco.

– Jest dla nas jednak ratunek – ukryte pod szorstkimi wąsami usta rozciągały się w szerokim uśmiechu. – Przychodzi do nas święty mąż... On nas zbawi... To nie jestem ja, ja jestem tylko jego prorokiem, ja głoszę jego przyjście i pogrzeb świata, i grób wieczny świata, *sepulchrum mundi*... Ja nie jestem godzien zawiązać mu rzemyka u sandałów... On uratuje wszystkich i weźmie ich ze sobą do siódmego nieba... Bracia, bądźcie wśród wybrańców!

– Kiedyż on przyjdzie?! – w pytaniu tym, wykrzyczanym przez mężczyznę w futerku, nie było ciekawości. Było pragnienie. Mock uśmiechnął się w myślach, oczekując jakiejś wymijającej odpowiedzi. Okazała się ona jednak jak najbardziej konkretna.

- Święty mąż pocznie się za cztery dni w Wigilię. Dzień narodzin Chrystusa będzie dniem poczęcia nowego wybawiciela. Narodziny starego zbawiciela dadzą moc płodzącym nowego. Chrystus począł się ze skromnej niewiasty, a jego ojcem był Bóg przez swojego pośrednika, Ducha Świętego... Przyszedł na świat w miejscu przeznaczonym dla zwierząt, w całkowitym upodleniu... Nowy prorok pocznie się w jeszcze większym upodleniu... A oto święta księga proroctw *Sepulchrum Mundi*. Posłuchajcie, co powiada Mistrz w rozmowie z Uczniem w III księdze – von Orloff otworzył księgę oprawioną w białą skórę i rozpoczął czytanie. – „Mistrzu – zapytał Uczeń – dlaczego wybawiciel musi się począć z babilońskiej ladacznicy? – Zaprawdę, powiadam ci, Bóg jest wtedy najbliżej przy tobie, gdy grzeszysz... Jego moc jest wtedy największa, bo cała skierowana jest ku tobie, by cię od grzechu odciągnąć. Dlatego nowy wybawiciel pocznie się w grzechu, z grzesznej niewiasty, z nierządnicy babilońskiej, bo tylko tak moc Boża spocznie na nim". Tyle mówi księga proroctw.

Starzec skończył czytanie i opadł na stojące za nim krzesło. Mock ze swojego miejsca widział krople potu pokrywające mongoloidalną fałdę. Do pulpitu podszedł wysoki młodzieniec, który sprzedawał bilety przed wykładem.

– Szanowni państwo – powiedział – książę pan czeka na państwa pytania. Proszę je zadawać. To ostatnia okazja. Następny wykład odbędzie się dopiero w niedzielę. Pan hrabia wyjeżdża na cykl wykładów do Berlina i we Wrocławiu będzie dopiero w ten dzień – w Wigilię.

Młody człowiek w wyżartym przez mole płaszczu podniósł rękę – po raz kolejny tego popołudnia. Von Orloff skinął z przyzwoleniem głową.

– Mam pytanie – rzucał podejrzliwe spojrzenia na sąsiadów. – Kto zapłodni tę ladacznicę?

– *Spiritus flat ubi vult** – odpowiedział von Orloff w zamyśleniu.

*Wrocław, środa 21 grudnia,*
*godzina trzecia po południu*

– *Spiritus flat ubi vult* – zasępił się Mühlhaus, gdy Mock skończył relacjonowanie wykładu von Orloffa. – Mówi pan, że tak właśnie mu odpowiedział...

Zapadło milczenie. Hartner spojrzał na dyrektora kryminalnego i uznał, że mechaniczne powtórzenie łacińskiej sentencji, gwałtowne zadumanie i przymknięcie oczu zwiastują, iż policyjnego urzędnika ogarnęła po sytym obiedzie umysłowa ociężałość. W odróżnieniu od Hartnera wszyscy siedzący u Mühlhausa policjanci byli przyzwyczajeni do niczego niewnoszących wypowiedzi ich szefa, do powtórzeń, które można by nazwać bezmyślnymi, gdyby nie świadczyły właśnie o gorączkowej pracy mózgu, która kończyła się zwykle jakimś celnym pomysłem, prostym i inspirującym podsumowaniem faktów, postawieniem nowej hipotezy. Tym razem tak nie było. Mühlhaus nie miał żadnego pomysłu. Hartner poczuł dokuczliwe swędzenie w dolnej partii pleców. Znał to palące uczucie zniecierpliwienia. Postanowił delektować się swoją zdobytą dziś wiedzą i głuchą ignorancją obecnych.

– Co pan o tym wszystkim sądzi, Mock? – zapytał Mühlhaus.

– Kurwy będą miały w Wigilię niezłe wzięcie. Wszyscy wyznawcy Sepulchrum Mundi będą szukali babilońskiej nierządnicy.

– Niech pan sobie daruje te kiepskie dowcipy – cicho wycedził Mühlhaus. Obiad odbierał mu ochotę do bardziej zdecydowanych reakcji – i powie coś, co nas zainteresuje.

---

* Duch, kędy chce, tchnie.

242

- Dostałem od radcy kryminalnego Domagalli krótki raport o von Orloffie i Sepulchrum Mundi - Mock postąpił zgodnie z poleceniem swego szefa. - Jest tam życiorys tego guru i bardzo lakoniczne informacje o jego działalności we Wrocławiu, gdzie przebywa od roku. Mam to panom przedstawić?

Mühlhaus zamknął oczy, wyrażając w ten sposób zgodę, i wwiercił się małym szpikulcem w pokryte nagarem dno cybucha. Reinert oparł ciężką głowę na dłoni, rozgniatając pyzaty policzek, Ehlers skręcał papierosa, a Kleinfeld cmokał, usiłując się dobrać końcem języka do zepsutego zęba. Na zewnątrz rozległy się radosne okrzyki dzieci. Mock podszedł do okna i zobaczył sanki przywiązane do dużych sań, woźnicę i chudą szkapę, która właśnie podnosiła ogon i zostawiała pamiątkę na pokrytej brudnym śniegiem Ursulinenstrasse. Od grupki dzieci odłączyła się mała roześmiana dziewczynka i podreptała do woźnicy. Jej policzki zabarwione były krwawymi plamami. Mock odwrócił się od okna, nie chcąc wiedzieć, czy na policzkach dziecka jest krew, czy zwykłe rumieńce, czy woźnica jest zboczonym sąsiadem dziewczynki, czy jej ojcem, który za parę lat sprzeda ją w niewolę jakiejś burdelmamie. Mock nie chciał wiedzieć niczego o pustej i zimnej pościeli małżeńskiego łoża, o rozpaczliwych próbach omijania przez służących tematu ich pani, interesował się tylko apokalipsą głoszoną przez rosyjskiego arystokratę.

- Ten raport zawdzięczamy urzędnikom z Ministerstwa Spraw Zagranicznych. Sporządzili go na prośbę radcy kryminalnego Herberta Domagalli. Dysponują oni, niestety, jedynie życiorysem własnoręcznie napisanym przez naszego guru. Hrabia Aleksiej Konstantinowicz Orloff urodził się w roku 1857 roku w majątku Zołotoje Sioło koło Kiszyniowa. Pochodzi z zamożnej arystokratycznej rodziny. W 1875 ukończył w Sankt Petersburgu Szkołę Kadetów i rozpoczął służbę wojskową na Kaukazie. Nieoczekiwanie, w roku 1879, po wojnie z Turkami, porzucił karierę wojskową i wstąpił do seminarium duchownego w Tyflisie. Stamtąd usunięto go w 1881 roku za – jak to napisał – „brak pokory i umysłową samodzielność". Przez następne dziesięć lat przebywa w Moskwie, gdzie publikuje powieść *Zaraza*, liczne broszury filozoficzne i artykuły w czasopismach. Można się domyślić, że utrzymuje go bogata familia – Mock przerwał i popatrzył uważnie na sennych słuchaczy. – Z jednego z tych artykułów był szczególnie dumny. Domagalla kazał przełożyć go na niemiecki i dołączył do raportu. Wczoraj przeczytałem go. Jest to, *sit venia verbo**, przerażająca religijna apoteoza zła i poniżenia – Mock przełknął ślinę obrzydzenia. – Każdy zbrodniarz powinien to przeczytać, a potem mordować, ciesząc się, że w chwili mordu jest w niemal namacalnym kontakcie z Bogiem...

Charakterystyka poglądów von Orloffa nie zrobiła na nikim – oprócz Hartnera – większego wrażenia. Mühlhaus orał szpikulcem w cybuchu, Reinert drzemał, Ehlers palił, a Kleinfeld z masochistyczną przyjemnością wydobywał z zęba nowe fale lekkiego bólu. Hartner gryzł się w język i dygotał.

– Von Orloff wyjeżdża w 1890 do Warszawy – kontynuował Mock – i podejmuje tam prywatną wojnę z katolicyzmem. Publikuje paszkwile na papiestwo i teologiczne artykuły polemizujące z katolickim pojęciem grzechu. Jeden z nich von Orloff dołączył do swojego życiorysu, i również dysponujemy jego przekładem. Twierdzi w nim, że od grzechu nie ma ucieczki, że grzechu nie można zmazać, że z grzechem należy żyć, a nawet grzech pielęgnować. Nasz guru był chyba agentem ochrany, tajnej policji carskiej, ponieważ w roku 1905 został postrzelony przez polskich bojowców. Ciężko go raniono i, jak pisze, tylko

---

* Pozwólcie, że tak się wyrażę.

hospitalizacja w Niemczech ocaliła mu życie. W tymże roku trafia do Wrocławia, do szpitala „Bethanien". Po opuszczeniu go i po rekonwalescencji podróżuje po Europie i w roku 1914 wraca do Wrocławia. Tu po wybuchu wojny, jako obywatel rosyjski, zostaje internowany i osadzony w więzieniu na Kletschkauerstrasse. Rok później wychodzi z więzienia, zakłada we Wrocławiu sektę Sepulchrum Mundi i prowadzi, jak twierdzi, badania historiozoficzne – Mock przerwał i postukał papierosem o srebrną papierośnicę. – Tyle życiorys. Teraz raporty ludzi Domagalli. Von Orloffem zainteresowali się ludzie z Wydziału II Prezydium Policji, po tym jak nawiązał on bliski kontakt z Wrocławskim Towarzystwem Badań Parapsychicznych, które było podejrzewane przez Domagallę o (uwaga!) stręczenie dzieci z sierocińca bogatym zboczeńcom. Podejrzenia o stręczycielstwo się nie potwierdziły, lecz von Orloff zagościł w naszych aktach. Aż do września tego roku było o nim cicho. Od października niezmiernie się zaktywizował. Daje dwa wykłady tygodniowo, podczas których bardzo się eksploatuje. To cały raport Domagalli. O tym, jak wyglądały wczorajsze roraty w Sepulchrum Mundi, już panom mówiłem.

Mock zapalił papierosa po raz pierwszy od wyjścia ze szpitala. Aromatyczny dym halpausa snuł się po płucach i napełniał głowę lekkim, przyjemnym zamętem. Spojrzał na znudzone miny współpracowników, po czym – czując pieczenie w gardle i kłucie w kręgosłupie – usiadł na swoim miejscu.

– To wszystko, drodzy panowie – Mühlhaus przerwał milczenie. – Możemy iść do domu. Ach, przepraszam, doktorze Hartner... Pan, widzę, ma coś do dodania...

– Tak – Hartner wyciągnął z żółtej aktówki ze świńskiej skóry równy stosik spiętych spinaczem kartek. Mówił bardzo powoli i delektował się zbliżającą się eksplozją wiedzy, pytań i zachwytów. – Po jednym dniu kierowana przeze mnie komisja miejska doszła do ciekawych wniosków. Jak panom wiadomo, ostatniego mordu dokonano 9 grudnia. Poleciłem zatem moim ludziom szukać zbrodni pomiędzy 9 grudnia a końcem roku – Hartner, jak każdy uczony gabinetowy, odczuwał dotkliwy brak słuchaczy. Dlatego postanowił retardacją przykuć ich uwagę. – Jak zauważył pan radca Mock, ostatni mord różnił się od pozostałych tym, że z całą pewnością musiał zostać odkryty... Nie pamiętam już dobrze pana rozumowania...

– Otóż – Mock zgasił papierosa – pierwsza zbrodnia mogła wcale nie zostać odkryta, gdyby szewc, w którego warsztacie zamurowano Gelfrerta, miał gorsze powonienie. Honnefeldera sąsiedzi mogli znaleźć dopiero po dwóch, trzech tygodniach, kiedy trupi odór wydostaje się ze szczelnie zamkniętego mieszkania. Geissena musiał odkryć ktoś bardzo szybko – strażnik albo kolejny klient wchodzący do pokoju Rosemarie Bombosch. Morderca skraca dystans czasowy pomiędzy zbrodnią a jej odkryciem... Jeśli nie jest to przypadek, kolejny mord zostanie dokonany prawie na naszych oczach... Żebyśmy tylko wiedzieli, kiedy i gdzie nastąpi...

– Właśnie wiemy – Hartner przeciągał sylaby i delektował się widokiem wykwitających rumieńców, rozbłysku źrenic, drżenia rąk. – Otóż wiemy. Kolejny mord nastąpi w Wigilię. A dokona się on na Antonienstrasse 27. Mamy nawet godzinę. Wpół do ósmej. W tej kamienicy w roku 1757 tego dnia i o tej godzinie zginęły dwie osoby...

*Wrocław, 24 grudnia 1757 roku,*
*godzina dziesiąta wieczorem*

Miasto otulały dymy palenisk i gasnących pożarów. Wiły się one po dachach i wpychane były z powrotem do kominów przez porywisty wiatr. Pruscy żołdacy, którzy trzy dni temu zdobyli miasto, nie trzeźwieli w gospodach i zamtuzach. Wiatr napychał czapkę na oczy pruskiemu piechurowi, który w świetle pochodni obserwował kupca siedzącego na koźle dużego furgonu. Rozświetlone świecami okna manufaktury przed Bramą Mikołajską rzucały na nich i na uzbrojonego w szponton sierżanta, który do nich podszedł, migotliwe refleksy. Sierżant skinął głową swym ludziom, kryjącym się przed wichurą pod niewielkimi kamiennymi murkami przy okrągłej baszcie, i wskazał kupcowi wolną drogę, zainkasowawszy beczułkę miodu i małe puzderko z ałunem. Kupiec wtoczył się w wąską Nicolaistrasse i pozwolił koniowi ledwo przebierać kopytami w śniegu zmieszanym z końskim nawozem. W okienkach narożnego domu błyskały świece na obwieszonej jabłkami choince. Pies leżący pod domem warknął na kupca, a potem całą swą energię poświęcił drapaniu w drzwi i skomleniu. Zmęczony koń pociągnął furgon wzdłuż wałów, skręcił w Antonienstrasse i zatrzymał się za klasztorem Franciszkanów, przed małym drewnianym domem, w którym nie paliło się ani jedno światło. Flecista z ratusza zagrał na wieczerzę. Kupiec zlazł z wozu i wszedł na podwórze. W zaniedbanym ogrodzie na drewnianych szkieletach rozwieszono sukno, które zesztywniało od mrozu. Podszedł do małej drewnianej służbówki i zajrzał do niej przez okno. Dwóch czeladników tkackich siedziało nad ósemkami piwa i koszem bułek. Wyraźnie zaniepokojony kupiec wrócił i wszedł do frontowego domostwa. W sieni wciągnął w nozdrza zapach suszonych śliwek. Oparł się o beczułkę piwa stojącą przed drzwiami do izby i poczuł przypływ senności. Otworzył drzwi i znalazł się w dobrze mu znanym, ciepłym świecie różnorodnych woni. Znad pieca pachniał piernik, z kojca w rogu izby dochodził smród świńskich odchodów, z beczki wkopanej w klepisko – przyjemna woń solonego mięsa. Pod piecem się paliło, lecz z powodu zamkniętych drzwiczek ogień dawał lekkie, niewidoczne z zewnątrz światło. Kupiec usiadł przy stole i uruchomił inny swój zmysł. Słyszał skrobanie myszy, trzaskanie drewnianych okiennic, jęki kobiety w bocznej izbie, szelest łapek łasicy na słomie i szelest słomy wypychającej siennik, tarcie nieznanych mu sił w belkach zatopionych w ścianie, znane mu gardłowe okrzyki rozkoszy wydawane przez kobietę, syk ognia w zamkniętym piecu, posapywanie mężczyzny, trzeszczenie desek łóżka pod nimi. Kupiec cicho wyszedł na zewnątrz, zbliżył się do furgonu, pogłaskał chrapy konia, odrzucił okrywającą wóz derkę i prawie po omacku zaczął czegoś szukać wśród worków soli, beczułek miodu i małych bel gandawskiego sukna. Znalazł kuferek z medykamentami. Wszedł z powrotem do izby, usiadł przy piecu. Od zimna zdrętwiały mu nogi. Z kuferka wyjął posrebrzaną strzykawkę z dwoma oringami, flaszkę z jakimś płynem, którym wypełnił całą strzykawkę. Potem zbliżył się do drzwi bocznej izby i szybko zorientował się z dochodzących odgłosów, że oto nadchodzą ostatnie chwile, kiedy kochankowie najgoręcej czynią sobie zadość. Kupiec wszedł do izby i pogłaskał buzię niemowlęcia śpiącego w kołysce. Następnie całą uwagę skupił na miłosnej scenie. W słabym świetle wigilijnej gwiazdy dotrzegł ogromny zad podrygujący pomiędzy szeroko rozrzuconymi nogami. Na ziemi leżał mundur przeplatany sznurami i wielka czapa z dwiema kitami. Strój wskazywał na pruskiego huzara. Kupiec całkiem odzyskał władzę w nogach. Już mu nie było zimno. Podskoczył żywo do łoża i usiadł na plecach mężczyzny. Jedną ręką przyciskał jego kark, drugą wbił strzykawkę w pośladek i wpompował jej całą zawartość. Huzar zrzucił z siebie kupca, zerwał się z łoża i sięgnął po szablę. Wtedy zaczął się dusić. Kobieta patrzyła przerażona na swojego męża trzymającego strzykawkę w dłoni i czuła nadejście nieuniknionego.

*Wrocław, środa 21 grudnia 1927 roku,*
*godzina czwarta po południu*

Dom handlowy braci Baraschów pękał w szwach. Wypełniały go głównie dzieci, które zapamiętale biegały, nie zważając na strumyki potu wypływającego im spod kaszkietów i czapek. W ogromnej dwupiętrowej hali okolonej dwiema galeriami zwieszały się ze szklanego sufitu metrowe metalowe strzałki, które wskazywały na stoiska z zabawkami. Poruszały się one wertykalnie na sprężynach wprawianych w ruch przez ludzi czasowo zatrudnionych na okres świąteczny i noworoczny. Dzieci wiedziały zatem doskonale, jak trafić przed oblicze dobrotliwych Świętych Mikołajów, którzy – prezentując powaby towarów – wprawiali kolorowe bąki w obłąkane wirowanie, dosiadali ostrożnie koni na biegunach, przerzucali całe armie ołowianych żołnierzy, wtykali smoczki w usta niechętnym lalkom, pozwalali zjadać porcelanowym lwom szylkretowe żyrafy i kazali podnosić ciężary nakręcanym atletom i pokonywać wciąż tę samą trasę elektrycznym kolejkom.

Mock rozpiął palto, zdjął kapelusz, przyklepał niesforne fale włosów i usiadł na pikowanym siedzisku składającym się z dwóch współśrodkowych walców. Wygodnie oparty, zaczął się zastanawiać, po co tu przyszedł. Wiedział tylko tyle, że wszedł tu, kierując się niepowstrzymanym impulsem, który był wynikiem wcześniejszych myśli. Ku swojej zgrozie Mock nie mógł przypomnieć sobie żadnej z nich. A zatem, aby odbudować ten ciąg asocjacji, musiał wrócić do opowieści Hartnera. Przypomniał sobie swoje próby usprawiedliwienia niewiernej żony kupca: grzeszyła, a więc była taka ludzka, arcyludzka! Ba! Aleksiej von Orloff uznałby, że była w momencie grzechu bardzo blisko Boga! A jak oceniłby ten rosyjski mędrzec czyn jej męża? Kiedy ją zabijał, również popełniał grzech! Kto z nich był bliżej Boga? Czy ten, czyj grzech jest cięższy?

Mock pamiętał swoją gwałtowną reakcję na tę przewrotną aksjologię grzechu, poryw wściekłości, kiedy przechodził koło jubilera Sommégo. „Czyż nie lepsze jest pozbycie się grzechu – myślał wtedy – i zapomnienie o nim niż trwanie w nim?" Myśl o odrzuceniu grzechu wywołała kolejną – pierwsza spowiedź małego Eberharda w ogromnym kościele Aniołów Stróżów w Wałbrzychu i spracowana dłoń ojca potrząsająca jego dłonią, kiedy przepraszał rodziców za swoje grzechy. Nie wiedział zresztą, za co przeprasza – czuł, że nie ma grzechów, żałował, że nie ma ich, myślał, że oszukuje ojca. Eberhard Mock czuł uścisk twardej dłoni szewca Johannesa Mocka, kiedy widział dzieci wyrywające się rodzicom i wbiegające pod wielki neon „Gebr. Barasch". Wiedział już, po co przyszedł do domu towarowego. Wstał i udał się do stoiska z alkoholem, gdzie kupił kwadratową butlę wódki Schirdewana, uwielbianej przez jego brata Franza.

„Kolejna zbrodnia dopiero za trzy dni – myślał, mijając na parterze kwartet smyczkowy grający kolędę O, Tannenbaum. – Mam zatem sporo czasu. Wszyscy moi ludzie mają czas do Wigilii. Mogę się więc upić na wesoło, bo dlaczego miałbym się upić na smutno?"

*Wrocław, środa 21 grudnia,*
*godzina wpół do piątej po południu*

Mock z trudem wspiął się na czwarte piętro kamienicy przy Nicolaistrasse i – głośno sapiąc – zastukał mocno do jednych z czterech par drzwi. Otworzyła mu Irmgard, po czym odwróciła się i usiadła jak automat na taborecie. Zaszczękały fajerki. Mock zajrzał w wylęknione oczy swojej bratowej, minął ją i wszedł do pokoju. Majster kolejowy Franz Mock siedział przy stole w koszuli bez kołnierzyka.

Mocna, czarna herbata wgryzała się w emalię stojącego przed nim kubka. Mięśnie przedramion napinały się, kiedy kciukiem i palcem wskazującym jednej i drugiej ręki ściskał liniowaną kartkę papieru zapisaną równym pismem. Eberhard postawił na stole wódkę i nie zdejmując palta ani kapelusza, sięgnął po kartkę. Franz ścisnął papier jeszcze mocniej i zaczął czytać mocnym, twardym głosem:

*Kochana Mamo,*
*opuszczam Wasz dom na zawsze. Był on mi bardziej więzieniem niż domem, bardziej ponurym lochem niż spokojną przystanią. A w lochu tym pomiatał mną wściekły tyran. Nie chciał mnie rozumieć i miał tylko toporne wyobrażenia o świecie, w którym każdy poeta musi być Żydem lub homoseksualistą, a receptę na sukces życie wypisuje jedynie inżynierom kolejowym. Rzucam szkołę i odchodzę do kobiety, z którą chcę dożyć kresu swoich dni. Nie szukajcie mnie. Kocham Ciebie i stryja Eberharda. Bądź zdrowa i żegnaj na zawsze.*

*Twój Erwin*

Franz skończył czytać list, podniósł głowę i spojrzał na brata. W jego oczach czaiła się pewność wyroku.

– On ciebie uważa za ojca – wysyczał przez zaciśnięte zęby. – Dopiąłeś swego, co, świński ryju? Wychowałeś mi syna, co? Swojego nie mogłeś zrobić złamanym kutasem, więc zabrałeś się do wychowywania mojego...

Eberhard Mock zapiął płaszcz, postawił na sztorc kołnierz, nacisnął na głowę kapelusz i wyszedł z pokoju. Za kilka sekund wrócił po kwadratową flaszkę wódki Schirdewana, ulubionej wódki jego starszego brata Franza.

*Wrocław, środa 21 grudnia,*
*trzy kwadranse na piątą po południu*

W cukierni „Silesia" przy Ohlauerstrasse było głośno i tłoczno. Otulone papierosową mgłą kelnerki w granatowych sukienkach z koronkowymi kołnierzykami pokonywały slalomem trasę od baru ku marmurowym stolikom, zaparowanym lustrom, hałaśliwym sklepikarzom, urzędnikom napychającym się struclami i smutnym gimnazjalistom, którzy zaczerniali papierowe serwetki miłosnymi cierpieniami i odwlekali, jak długo mogli, moment uregulowania rachunku.

Jeden z cierpiących Werterów biedził się właśnie nad metaforą, która najtrafniej, w ekspresjonistycznej manierze, oddałaby Katullusowe *odi et amo**, kiedy na serwetkę, zapełnioną przez niego plątaniną uczuć, padł cień. Chłopak uniósł głowę i poznał pana Eberharda Mocka, stryja jego przyjaciela Erwina. W innych okolicznościach takie spotkanie sprawiłoby mu wielką radość. Teraz jednak widok radcy kryminalnego wprawił ucznia w silne zakłopotanie, tak jak wtedy, gdy Mock przed rokiem, na kilku spotkaniach, pomagał Erwinowi i jego kolegom zrozumieć pokrętny styl Liwiusza, tak jak wtedy, gdy po kilku darmowych korepetycjach zaprosili radcę do tej właśnie kawiarni i słuchali jego policyjnych historii. Mock usiadł bez słowa przy gimnazjaliście i uśmiechnął się do niego. Z kieszeni palta wyjął papierośnicę, zamówił u kelnerki kawę i jabłecznik. Uczeń też się nie odzywał i zastanawiał się, jak przedłużać w nieskończoność swoje milczenie. Wiedział, po co przyszedł radca kryminalny.

– Niech pan mi powie, Briesskorn – Mock podsunął papierośnicę rozmówcy – gdzie mogę znaleźć Erwina?

---

* Kocham i nienawidzę.

- Powinien być w domu - młodzieniec, nie patrząc na Mocka, wyłuskał papierosa zza gumki.

Mock wiedział, że Briesskorn kłamie, że zrobił sztubacki dowcip, tak jak kiedyś, gdy - jak mu opowiadał Erwin - zapytany przez łacinnika Piechottę, gdzie w tym zdaniu jest orzeczenie, odpowiedział, że między wyrazem rozpoczynającym zdanie a kropką. Mock był pewien, że Briesskorn kłamie, ponieważ szukający go stryj zaczałby od domu, a nie od tej łaźni parowej wypełnionej ciastkami, kawą i ciepłymi gęstymi likierami; o tym wiedziałby każdy, kto byłby wtajemniczony w ucieczkę Erwina, a zatem mówiąc: „Chyba jest w domu", gimnazjalista powiedział: „Wiem, gdzie jest, ale panu nie powiem".

- Mój drogi panie Briesskorn - Mock wbił oczy w rozmówcę - wie pan, że profesor Piechotta jest moim kolegą z czasów studenckich? I to kolegą dobrym, prawie przyjacielem. Wiele przeżyliśmy, wypiliśmy niejedno piwo na zebraniach burszenszaftów, nie raz i nie dwa pociliśmy się ze strachu w ławie uniwersyteckiej, kiedy profesor Eduard Norden wpatrywał się w nas, wybierając kolejną ofiarę, która przeanalizuje metrycznie jakiś chór z Plauta... Tak... - rozkroił łyżeczką jabłecznik. - Byliśmy przyjaciółmi, jak pan i Erwin, mój bratanek, byliśmy lojalni wobec siebie, żaden z nas by drugiego nie wydał... Lecz gdyby Ferdinanda Piechotty szukał w tych zamierzchłych czasach jego krewny i przyjaciel po to, by z nim porozmawiać i zapobiec jakiemuś głupstwu, złamałbym słowo dane Piechotcie...

- Czy pan radca myśli, że ja zdradzę przyjaciela pod wpływem tak interesującej oferty? - Briesskorn obracał w długich palcach kolejnego papierosa. - Przecież wiem, że Piechotta mnie nienawidzi i prędzej zerwie z panem przyjaźń, niż przestanie mnie dręczyć...

- Pan mnie obraża - Mock dopił kawę, wstał od stołu i z uwagą pomacał flaszkę w kieszeni płaszcza. - Pan wątpi w moje słowa... Pan jest bystry i dobrze zrozumiał moją ofertę, ale pan myśli, że chcę pana oszukać, że jestem drobnym krętaczem, pokątnym oszustem, czy tak? Wiesz, młody człowieku, czym jest przyjaźń między mężczyznami?

- Erwin jest u Inge Gänserich - powiedział Briesskorn i zgniótł w palcach niezapalonego papierosa. Jasny tytoń „Georgia" rozsypał się na marmurowy blat stolika.

- Dziękuję panu - Mock podał mu rękę. Gimnazjalista chwycił ją i mocno trzymał.

- Męska przyjaźń i męskie słowo to chyba coś najpewniejszego na świecie - powiedział Briesskorn. - Wierzę panu, panie radco... To, że zdradziłem, gdzie jest Erwin, nie sprawi, że nasza przyjaźń zginie...

- Najpewniejszą rzeczą na świecie - Mock obrócił w palcach kapelusz - jest śmierć. Napisz tak do swojej Lotty.


*Wrocław, środa 21 grudnia,*
*godzina wpół do szóstej wieczorem*

Mock nie musiał nikogo pytać, kim jest Inge Gänserich ani gdzie mieszka. Znał doskonale oficynę na Gartenstrasse 35 za pasmanterią Hartmanna. Tam właśnie mieszkała ta znana malarka, która - jak Mock pamiętał z kartoteki - przed dziesięcioma laty pojawiła się w śląskiej stolicy. Najpierw zaczęła tu szukać szczęścia jako modelka. Słynęła z tego, że - jeśli zgodziła się jakiemuś artyście pozować - było to jednoznaczne z wyrażeniem zgody na dzielenie z nim łoża. Owo „tak" nie było jednak wymawiane zbyt często i zależało w dużej mierze od płaconego jej honorarium. Nic zatem dziwnego, że piękna, tajemnicza i małomówna Inge była modelką i muzą jedynie najbogatszych malarzy. Jednemu z nich, niejakiemu Arno Gänserichowi, autorowi surrealistycznych podmorskich pejzaży, Inge odpowiedziała dwukrotnie „tak" – raz, krótko po tym, jak został jej przedstawiony, drugi raz – przy ołtarzu. Po hucznym weselu młoda para zamieszkała na Gartenstrasse 35 i przez ponad rok kontynuowała po nocach weselne przyjęcie, ku zgrozie i wściekłości spokojnych i spracowanych sąsiadów. Tam Mock zobaczył Inge po raz pierwszy, kiedy w 1920 roku został wezwany przez swojego ówczesnego szefa, oberpolicmajstra z rewiru piątego, na akcję uspokojenia dzikiej pijackiej orgii, jaką urządzili młodzi małżonkowie. Mockowi dała się wtedy mocno we znaki malarska pasja obecnych na przyjęciu gości. Przeklinał ordynarnie artystyczne uzdolnienia panów i pań, którzy zamroczeni morfiną porozlewali farby i własnymi nagimi ciałami mieszali je na palecie podłogi. Mock chwycił wtedy Inge w objęcia, okrył ją kocem, a potem rozpoczął ciężką walkę, by ją wyprowadzić z mieszkania. Jeszcze dziś, mijając pasmanterię Hartmanna, czuł jej zęby na swojej dłoni, wciąż widział, jak wylewa na jego garnitur z drogiej, polskiej, bielskiej wełny wiadro niebieskiej olejnej farby, którą jej mąż usiłował oddać melancholię podwodnego pejzażu. Mock pamiętał też siebie, jakby z oddalenia, w zwolnionym tempie, kiedy podnosił pięść nad kształtną głową Inge i zadawał cios.

Odrzucił przykre wspomnienie znęcania się nad aresztantką i skierował myśli ku późniejszym losom Inge. Przypomniał sobie inne wezwanie, jesienną noc i fotel, w którym Arno Gänserich dobrowolnie zakończył życie zaraz po tym, jak ujrzał swą żonę obejmującą smukłymi udami wygoloną głowę atlety z cyrku Buscha.

Mock stanął na półpiętrze i otworzył okno. Mimo zimna czuł strużki potu spływające mu za chirurgiczny gorset.

255

Na niewielkim podwórku w świetle gazowej latarni ślizgały się dzieci. Ich radosny wrzask płoszył gromady wron, które okupowały dekle śmietników, i nakładał się na dwa zgrzytliwe odgłosy. Pierwszy z nich wydawał szlifierz – rozstawił na podwórku napędzaną pedałem maszynę i ostrzył noże, które niedługo zagłębią się w miękkie brzuchy wigilijnych karpi. Drugi zgrzyt dobiegał spod pompy. Dziewczynka w pocerowanym płaszczyku huśtała się na niej, napełniając wiadro, a za duże na nią buty kłapały obcasami na udeptanym śniegu w rytm skrzypienia zardzewiałego urządzenia. Ze starej, pozbawionej dachu szopy na samym końcu podwórza wydostawała się strużka dymu. Dwoje dzieci, przebranych za Indian, wbiło w klepisko szopy cztery kije, a następnie rozwiesiło na nich połatany koc. W ten sposób powstał wigwam, w którego centrum płonęło ognisko. Po chwili z wigwamu dobiegły dzikie wrzaski czerwonoskórych.

Mock ruszył po schodach i odświeżał w pamięci dalsze informacje o Inge. Wernisaże, podczas których jej doskonałe ciało owinięte było jedynie płachtą aksamitu, jej kochankowie – przedstawiciele wszystkich zawodów, jej rozerotyzowane obrazy, które burzyły sny spokojnym wrocławianom, i jej gruba kartoteka w archiwum komisji narkotykowej – wszystko to Mock zbierał teraz skrzętnie w zakamarkach mózgu jak uzbrojenie przeciwko przebiegłemu przeciwnikowi. Na półpiętrze poniżej drzwi Inge ktoś stał. Radca jedną ręką sięgnął po pistolet, drugą zaś zapalił zapalniczkę. Ogienek oświetlił korytarz. Mock schował starego walthera do kieszeni, a uwolnioną od jego ciężaru dłoń podał stojącemu mężczyźnie.

– Dobrze, Meinerer – sapnął Mock. – Jesteście tu, gdzie powinniście.

Meinerer, milcząc, podał mu rękę. W ciszy zimowego popołudnia w mroku klatki schodowej słychać było kobiece jęki, których nie mogły zagłuszyć okrzyki Indian. Odgłosy te dochodziły zza drzwi Inge Gänserich. Do tego dołączyło się przeraźliwe zgrzytanie sprężyn łóżka. – To mój bratanek? – zapytał Mock. Nie doczekawszy się odpowiedzi, spojrzał z troską na Meinerera. – Jesteście zmęczeni. Jutro macie wolne. Pojutrze przyjdźcie do mnie na ósmą na odprawę... Dobrze wykonaliście zadanie. Zamykamy sprawę Erwina Mocka. Od tej pory prowadzicie z nami sprawę „kalendarzowego mordercy".

Meinerer bez słowa odwrócił się i zszedł po schodach. Mock uśmiechnął się na myśl o swoim bratanku i nasłuchiwał dalej. Mijały minuty, na klatce schodowej zapalało się światło, ubogo ubrani mieszkańcy kamienicy przechodzili obok Mocka, nawet jeden z nich, stary kolejarz, próbował go zapytać, czego tutaj szuka, ale policyjna legitymacja szybko zaspokoiła jego ciekawość. Kobiecy głos wołał dzieci do domu na kolację, okrzyki na podwórzu umilkły, umilkły jęki Inge, już nie zgrzytała ani pompa, ani szlifierka, ani łóżko, na którym Erwin Mock stawał się mężczyzną.

Mock naciskał na dzwonek i czekał. Długo. Bardzo długo. W końcu drzwi się uchyliły i Mock ujrzał twarz, która czasem śniła mu się po nocach jak erynia, jak wyrzut sumienia. Inge wiedziała, kim jest stryj jej najnowszego kochanka – zatem wizyta Mocka nie mogła być pomyłką. Otworzyła drzwi na oścież i weszła do jedynego, jak pamiętał, pomieszczenia w tym mieszkaniu, zostawiając radcę samego w ciemnym przedpokoju. Mock rozejrzał się i – ku swojemu zdziwieniu – nie zauważył żadnych sztalug. Pociągnął nosem i nie poczuł zapachu farb. Jeszcze bardziej się zdumiał, gdy w ogromnym pokoju nie zobaczył, oprócz bałaganu, niczego, co by świadczyło o artystycznej profesji pani domu. Erwin, nic nie mówiąc, siedział na skrzypiącym łóżku owinięty prześcieradłem, które powoli wilgotniało od jego potu.

- Jak ładnie tu u pani, pani Gänserich - powiedział Mock, siadając przy stole. Na zawalonym niedopałkami blacie z trudem znalazł miejsce dla łokci. - Czy mogłaby pani zostawić nas na chwilę samych?

- Nie - powiedział twardo Erwin. - Ona ma tu być.

- Dobrze - Mock zdjął płaszcz i kapelusz. Z braku miejsca, gdzie mógłby je położyć, płaszcz przewiesił przez ramię, a kapelusz założył na kolano. - Powiem zatem krótko. Mam do ciebie prośbę. Nie rezygnuj ze szkoły. Jesteś uczniem primy. Za kilka miesięcy matura. Zdaj ją i studiuj germanistykę, filozofię czy cokolwiek innego, czego nie akceptuje twój ojciec...

- Przecież tego nie akceptuje także stryj. Przed dwoma czy trzema tygodniami powiedział stryj na obiedzie...

- Powiedziałem, com powiedział - zirytował się Mock. - Żałuję tego. Nie myślałem tak wcale. Chciałem cię o tym poinformować, co powiedziałem, jak zabrałem cię z kasyna, ale byłeś zbyt pijany.

- Trudno panu przychodzi słowo „przepraszam" - powiedziała Inge. Mock patrzył na nią przez chwilę i walczył ze swoją furią, zachwytem i chęcią upodlenia artystki. W końcu zachwyt zwyciężył. Inge była zbyt piękna z rozsypanymi ciemnymi włosami. Dojrzały samiec poczuł zapach ciepłej pościeli, rozgrzanego ciała i całkowitego spełnienia. Uśmiechnął się do niej i zwrócił się znów do Erwina.

- Skończ szkołę i zdaj maturę. Nie chcesz mieszkać z ojcem, to mieszkaj u mnie. Sophie bardzo ciebie lubi - podszedł do bratanka i klepnął go po karku. - Przepraszam - postawił na stole flaszkę wódki. - Napijmy się wszyscy na zgodę.

Erwin odwrócił się do okna, by ukryć wzruszenie. Inge przyłożyła do ust chusteczkę i rozkaszlała się, a w jej oczach utkwionych w Mocku pojawiły się łzy. Mock patrzył na nią, lecz nie myślał o niej, myślał o swoich słowach „Sophie bardzo cię lubi", o swoim spotkaniu z żoną: oto są znowu razem, jego gabinet zajmuje Erwin, Erwin uczy się do matury, Sophie odwiedza go w gabinecie swojego męża...

– Musi stryj także ją przeprosić – powiedział Erwin.

Zapadło milczenie. Na podwórku rozległ się przeraźliwy krzyk i stukot buciorów po ubitym śniegu. Ktoś się potknął lub poślizgnął na ślizgawce i głucho upadł w śnieg. Mock rzucił się do okna i wytężył wzrok. Niczego nie zobaczył w nikłym świetle gazowych latarni oprócz tłumu zgromadzonego wokół szopy. Mock ruszył. Zadudniły pod jego skokami deski przedpokoju, zadudniły drewniane schody. Wybiegł na podwórze i puścił się biegiem po ślizgawce. Wpadł między ludzi i zaczął ich rozpychać. Usuwali się w skamieniałym milczeniu. Mock odepchnął ostatniego mężczyznę, który zagradzał wejście do szopy. Odepchnięty odwrócił się z wściekłością. Mock poznał go – był to stary kolejarz, którego na schodach postraszył legitymacją. Na klepisku szopy leżał sfatygowany koc, z którego zbudowany był wigwam. Spod koca wystawały chude jak patyki nogi w podartych rajtuzach. Świeże plamy krwi pokrywały rajtuzy i buty, które były najwyraźniej za duże. Reszta ciała przykryta była kocem. Obok ciała leżało wiadro i rozsypane czekoladki.

Mock oparł się o ścianę szopy, otworzył usta i łapał płatki śniegu. Stary kolejarz podszedł do niego i plunął mu w twarz.

– Gdzie byłeś – zapytał – jak mordował to dziecko?

Na podwórko wpadło dwudziestu umundurowanych policjantów w czakach i w przepasanych pasami szynelach. Dowodził nimi jakiś policmajster z szablą u boku. Policjanci otoczyli ludzi i szopę. Tłum stał w milczeniu i patrzył na wąsate twarze stróżów prawa, na ich kabury i na wysokie czapki. Mock opierał się wciąż o mur i czuł, jak wilgotne płatki śniegu łaskoczą go za chirurgicznym gorsetem. Nie podszedł do policjantów, nie wylegitymował się, nie chciał być jednym z nich, chciał być kolejarzem, krawcem, spedytorem.

Na podwórko wszedł Meinerer z kilkoma uzbrojonymi stójkowymi i z jakimś mężczyzną dźwigającym statyw aparatu fotograficznego. Przeszedł na skos przez podwórko i udał się w jego róg, skąd dochodziła charakterystyczna woń gnojówki. Ciągnęły się tam przez całą wysokość budynku małe zamalowane na biało okienka ubikacji. Do najniżej położonej ubikacji wchodziło się wprost z podwórka po kilku schodkach.

– Tam go zamknąłem – Meinerer zupełnie niepotrzebnie wskazał palcem.

Stójkowi towarzyszący Meinererowi ruszyli we wskazanym kierunku. Pozostali rozpięli kabury i patrzyli wrogo na tłum, który groźnie się poruszył.

– Zabić skurwysyna! Ludzie! Zabić tego skurwysyna! – ryknął kolejarz i rzucił się na najbliższego policjanta. Ten wyciągnął pistolet i wystrzelił w powietrze. Tłum stanął posłusznie. Mock poczuł drżenie na całym ciele i zamknął oczy. Przyszły do niego wszystkie trupy, które widział. Rajca Geissen częstował go cygarem, Gelfrert dmuchał w waltornię, Honnefelder krzyczał „Sieg heil", a Rosemarie Bombosch odsłaniała z kuszącym uśmiechem chude uda. Oto odwiedził go w tej ponurej szopie jego ojciec, rozłożył narzędzia i nadział jakiś but na szewskie kopyto. Wtedy poruszył się stary koc, który był okryciem wigwamu. Wyczołgała się spod niego dziewczynka i dołączyła do innych upiorów. Robiony na drutach szalik zaciśnięty był na jej szyi, a w boku tkwił dobrze naostrzony nóż.

Mock okrył z powrotem zwłoki dziewczynki i sięgnął po pistolet. Nie chciał być teraz żadnym rzemieślnikiem ani komiwojażerem. Nie chciał być także stróżem prawa. Chciał być katem.

Wyjął z kieszeni legitymację policyjną, przecisnął się przez tłum i pobiegł w stronę ubikacji. Dwaj stójkowi wyciągnęli stamtąd mężczyznę, który był przykuty kajdankami do poruszanej pedałem szlifierki. Człowiek ten był zdrętwiały z zimna, a jego sine usta poruszały się jakby w modlitwie. Jego ubranie – fartuch roboczy i kombinezon – było pokryte krwią. Policjanci kopniakiem rzucili go na ziemię. Szlifierka uderzyła go w skroń.

Meinerer stanął nad związanym mordercą. Fotograf zwolnił migawkę. Wzniósł się słup magnezji. Mock z wysoko uniesionymi rękami trzymającymi pistolet i legitymację podbiegł do mordercy. Policjanci rozstąpili się posłusznie. Radca uklęknął i przyłożył pistolet do opływającej krwią skroni. Trzasnęła magnezja. Wszyscy patrzyli. Mock w ułamku sekundy ujrzał siebie wyrzuconego z pracy w policji. Odbezpieczył pistolet. Wtedy zobaczył ponownie siebie na sali sądowej jako oskarżonego, a potem w więzieniu, gdzie z radością czekają na niego wszyscy, których kiedykolwiek wsadził za kratki. W myślach zaczął powtarzać odę Horacego *Odi profanum vulgus*[*]. Po pierwszej strofce schował pistolet do kieszeni. Niczego nie widział, niczego nie czuł – oprócz plwociny starego kolejarza, która zamarzała mu na policzku.

*Wrocław, czwartek 22 grudnia, godzina ósma rano*

Specjalne wydanie świąteczne „Breslauer Neueste Nachrichten" z dnia 22 grudnia 1927 roku, s. 1 – wywiad z prezydentem policji Wilhelmem Kleibömerem:

---

[*] Nienawidzę nieoświeconego tłumu.

„Co się wczoraj wydarzyło na Gartenstrasse 35?

Kleibömer: Wachmistrz kryminalny, którego nazwiska nie mogę ujawnić, wykonując w tym budynku czynności śledcze, zauważył opuszczającego podwórze szlifierza. Człowiek ten wychodził w wielkim pośpiechu i ciągnął za sobą szlifierkę. Uwagę detektywa przyciągnęły plamy krwi na fartuchu szlifierza. Zatrzymał go i zamknął w toalecie na parterze sąsiedniego budynku. Następnie odkrył w szopie na podwórku zwłoki małej Gretchen Kauschnitz. Obawiając się samosądu ze strony mieszkańców budynku, sprowadził znaczne siły policyjne i pod ich osłoną dokonał aresztowania *lege artis.*

*Ktoś próbował zakłócić aresztowanie.*

K.: To pytanie czy stwierdzenie?

*W posiadaniu prasy jest zdjęcie, na którym wysoki funkcjonariusz policji przykłada pistolet do skroni mordercy. Chciał dokonać samosądu?*

K.: Istotnie, jeden z moich ludzi tak się zachował. W wypadku tej ohydnej zbrodni nietrudno o nerwową reakcję. Na szczęście opamiętał się i pozostawił osądzenie mordercy wymiarowi sprawiedliwości.

*Czy morderca, Fritz Roberth, jest zboczeńcem seksualnym?*

K.: Tak. Jest pedofilem. Za to przestępstwo już siedział w więzieniu.

*Czy ofiara została zgwałcona?*

K.: Nie.

*Czy Roberth przyznał się do winy?*

K.: Jeszcze nie, ale przyzna się pod wpływem dowodów. Na świeżo naostrzonym nożu były jego odciski palców, a na jego fartuchu krew ofiary.

*Tak szybko to stwierdzono?*

K.: Pracowici ludzie mogą w ciągu jednej nocy wiele dokonać. A nasi technicy są pracowici.

*Czy Roberth jest chory psychicznie?*

K.: Trudno mi to ocenić. Nie jestem psychiatrą.

*Jaka spotka go kara, gdy się okaże, że jest chory psychicznie?*

K.: Zostanie poddany leczeniu.

*A jeśli zostanie wyleczony?*

K.: Wyjdzie na wolność.

*Uważa pan, że to sprawiedliwe?*

K.: Nie będę komentował postanowień kodeksu karnego. Nie jestem prawodawcą i prawdopodobnie nigdy nim nie będę.

*Ale ma pan własną opinię na ten temat?*

K.: Mam, ale jej pan nie pozna. Nie robi pan wywiadu z osobą prywatną, lecz z prezydentem wrocławskiej policji.

*Większość prawników, lekarzy, psychologów i filozofów twierdzi, że człowiek wtedy jest winny, kiedy zbrodni dokona świadomie. Jeśli zbrodni dokona za człowieka choroba, on sam nie jest winny. Czy chorobę można skazać na śmierć?*

K.: Nie należę do żadnej z wymienionych przez pana grup zawodowych.

*Dziękuję panu za rozmowę".*

Mock odłożył gazetę i wpatrywał się dłuższą chwilę w portret swojego ojca wiszący na ścianie. Majster szewski zaciskał mocno zęby i uważnie patrzył na fotografa. Mock zadał ojcu pewne bardzo trudne pytanie i bezzwłocznie otrzymał odpowiedź. Była ona taka, jakiej się spodziewał.

*Wrocław, czwartek 22 grudnia,*
*godzina dziewiąta rano*

Alfred Sommerbrodt zajadał z wielką przyjemnością śniadanie składające się z dwóch sadzonych jajek i patrzył na krzątającą się po kuchni żonę. Z równą przyjemnością podziwiał porządnie wyszorowaną kuchnię i swój policyjny mundur wiszący na wieszaku przy kuchennych drzwiach, które były jednocześnie drzwiami wyjściowymi ich małego mieszkania na tyłach sklepu rowerowego Stangena przy Trebnitzerstrasse. Sommerbrodt cieszył się, że za chwilę włoży mundur, szynel, czako, do pasa przymocuje pałkę, która teraz leżała na wielkim liczniku prądu, i ustawi się, jak co dzień, na Trebnitzer Platz, by kierować ruchem. Jego żona znacznie mniej się cieszyła.

– Nigdy nie dają ci spokoju – powiedziała ze złością.

– Kochanie, dzisiaj jest bardzo nerwowy dzień przedświąteczny – powiedział Sommerbrodt i zamyślił się. Pił kawę zbożową i poklepywał tęgą żonę, zastanawiając się, czy zdążyłby jeszcze przed wyjściem ją uhonorować. Stukanie do drzwi wywiało mu z głowy erotyczne zachcianki. Żona otworzyła i w tej samej chwili, mocno pchnięta, usiadła na stole. Wysłużony mebel zachwiał się niebezpiecznie. Kubek z kawą podskoczył i oblał koszulę Sommerbrodta. Ten rzucił się z wściekłością ku dwóm przybyłym, lecz lufa walthera pozwoliła mu szybko porzucić wojownicze zamiary. Obaj mężczyźni mieli obwiązane chustkami twarze. Jeden z nich wyjął kajdanki i zachęcił panią Sommerbrodt, by się ku niemu zbliżyła. Kiedy to uczyniła, przykuł ją do rurki łączącej licznik ze ścianą. Posterunkowy ruchem pistoletu został poproszony o to samo. Jego wahanie szybko pierzchło, kiedy walther pojawił się w dłoni drugiego mężczyzny. Po chwili Sommerbrodt klęczał obok żony przykuty do tej samej rurki. Pierwszy napastnik podsunął im dwa krzesła, a sam usiadł na stole i zaczął niefrasobliwie machać nogami. Drugi mężczyzna rozebrał się do bielizny, po czym włożył bluzę munduru i czako. Po chwili ściągnął spodnie z Sommerbrodta i nałożył je na swe chude biodra. Przypasawszy pałkę do boku, wyszedł z mieszkania. Ten, który został, podrzucił drew do ognia i nastawił na fajerce wielki czajnik.


*Wrocław, czwartek 22 grudnia,*
*godzina druga po południu*

Do aresztu śledczego przy Schuhbrücke podjechał duży, nowy horch 303, z którego wysiadło trzech mężczyzn. Weszli w ponurą bramę, wylegitymowali się u strażnika i ruszyli na pierwsze piętro do gabinetu oficera dyżurnego.

– Który z panów jest profesorem Nieswandem? – zapytał dyżurny.

– To ja – odparł szpakowaty mężczyzna w jaskrawym krawacie.

– Widzę, że nie tylko ja mam przedświąteczny dyżur – uśmiechnął się oficer dyżurny. – Gdyby jakiemuś wariatowi coś odbiło...

– To są chorzy, nie wariaci – zauważył sucho profesor.

– A panowie są zaufanymi ludźmi prezydenta Wilhelma Kleibömera – ton głosu oficera dyżurnego świadczył, że uwaga Nieswanda nie zrobiła na nim większego wrażenia. – Do ochrony więźnia podczas transportu, tak? Poproszę o rozkaz.

Dwaj pozostali mężczyźni skinęli głowami. Jeden z nich wyjął z wewnętrznej kieszeni marynarki kopertę i podał ją dyżurnemu. Ten otworzył ją i przeczytał półgłosem:

– Tajna instrukcja w sprawie transportu więźnia Fritza Robertha na badania psychiatryczne... Aha, dobrze... Dobrze... Podpisane, Fiu... fiu... fiu... Sam prezydent Kleibömer.

Dyżurny schował instrukcję do szuflady biurka i sięgnął po słuchawkę.

– Tu mówi Essmüller – warknął. – Natychmiast przyprowadzić Robertha pod wyjście C. Tak jest. Zachować szczególną ostrożność. Tam będzie na was czekał profesor Nieswand, który zbada więźnia w swoim gabinecie na Einbaumstrasse – spojrzał w zamyśleniu na obecnych w pokoju. – Panowie, do godziny ósmej więzień jest wasz.

*Wrocław, czwartek 22 grudnia, godzina wpół do trzeciej po południu*

Na mieście panował duży ruch. Ponieważ śnieg nie padał od wczoraj, na jezdniach była ślizgawica. Ślizgały się nie tylko automobile, lecz również sanie i dorożki. W przepełnionych tramwajach cisnęli się wrocławianie i dyskutowali o wysokich cenach przedświątecznych zakupów.

Ośmiocylindrowy horch nie mógł rozwinąć imponującej mocy i jechał bardzo powoli, podobnie jak inne automobile tego dnia. Wewnątrz było duszno. Wszyscy mężczyźni oprócz skutego kajdankami więźnia wycierali zaparowane szyby. Utknęli na skrzyżowaniu koło Dworca Odrzańskiego. Horch stał za wielką ciężarówką z reklamą gumy Wrigley wymalowaną na plandece. Taka sama ciężarówka posuwała się za horchem. Policjant na skrzyżowaniu dał znak i pojazdy ruszyły. Kiedy druga ciężarówka przejechała przez skrzyżowanie, policjant nieoczekiwane zmienił kierunek ruchu. Kilka samochodów gwałtownie zahamowało. Jakiś szofer w kraciastym kaszkiecie wystawił głowę za okno i mało przyjaźnie patrzył na policjanta. Obie ciężarówki, z horchem pomiędzy nimi, wjechały pod wiadukt. Nie było tam żadnego innego pojazdu. Wszystkie zdążyły już pojechać w stronę mostu Różańskiego. Pierwsza ciężarówka zatrzymała się. Wyskoczyło z niej dziesięciu mężczyzn uzbrojonych w walthery. Tyleż samo i tak samo uzbrojonych opuściło drugą ciężarówkę i stanęło za samochodem.

Nikt z siedzących w środku nie zrobił najmniejszego ruchu. Wszyscy milczeli. Ospowaty olbrzym zbliżył się do horcha, otworzył drzwi i chwycił szofera za kołnierz uniformu. Po chwili szofer znalazł się na bruku jezdni. To samo spotkało pasażerów. Wszyscy oprócz więźnia stali przed samochodem. Ludzie z karabinami pokazali im wejście do pierwszej ciężarówki – wdrapali się na pakę. Na wiadukcie załoskotał pociąg. Do samochodu zbliżył się niewysoki elegancko ubrany człowiek z podłużną lisią twarzą. Towarzyszył mu starszy mężczyzna w kolejarskiej czapce. Kolejarz podszedł do auta, schylił się, przyjrzał się więźniowi i skinął głową małemu elegantowi. Nikt nie powiedział ani słowa. Jedynie więzień zaczął wrzeszczeć. Jego wycie zginęło w huku pociągu.

*Wrocław, czwartek 22 grudnia,*
*godzina ósma wieczorem*

Na przystanku tramwajowym na Zwingerplatz stali tylko dwaj pasażerowie. Obaj mieli postawione kołnierze palt i naciśnięte na oczy kapelusze. Wyższy rysował w świeżym śniegu zygzaki i pochylał się ku niższemu, który szeptał mu coś, wspinając się na palce. Śnieg sypał ukośnie, przecinając nieostrą granicę pomiędzy czarnym niebem a strefą gazowego poblasku. Wyższy mężczyzna nasłuchiwał bez słowa pospiesznej relacji.

– Tak, jak pan radca kazał. Wypuściliśmy dwóch gliniarzy i konowała od czubków po dwóch godzinach, kiedy już było po wszystkim...

– A co z tym posterunkowym kierującym ruchem?

– Pojechaliśmy z moimi ludźmi do jego mieszkania i uwolniliśmy jego i jego żonę. Natychmiast po akcji...

- Bardzo był poturbowany?
- Trochę ścierpły im ręce. Poza tym wszystko w porządku.

- Wirth, pojedziesz teraz do niego - wyższy mężczyzna wyjął z wewnętrznej kieszeni zwitek banknotów i wręczył go swojemu rozmówcy - i zostawisz mu tych kilka marek. Daj mu tę forsę i nic nie mów - wyrysował w śniegu znak nieskończoności. - Dobrze się spisałeś.

- Nie chce pan radca wiedzieć, co zrobili z tą świnią?
- Oni? Oni byli tylko narzędziem w moich rękach.

Wirth schował pieniądze i uważnie spojrzał na radcę.

- To narzędzie wymknęło się panu trochę spod kontroli.

Radca podał rękę Wirthowi i ruszył w stronę Teatru Miejskiego, którego rozmazane światła promieniały w śnieżnej mgle. Wielkie afisze rozwieszone na filarach zachęcały do obejrzenia Wagnerowskiego *Tannhäusera*, z którego dochód miał być przeznaczony na cele charytatywne. Nieliczni spóźnieni widzowie wysiadali z sań i z automobili, rozsiewając drogeryjne aromaty. Radca kupił bilet na parter i wszedł do jasnego westybulu ozdobionego barokowymi złoceniami. Potężne dźwięki uwertury mimo swojej mocy wprawiały grubego szatniarza w ekstazę. Mock po trzydziestu sekundach chrząkania potrząsnął jego ramieniem, przywracając go do rzeczywistości. Zostawił w szatni zaśnieżoną garderobę i wszedł po schodach na pierwsze piętro, stukając laską. Tam odszukał lożę numer 12 i delikatnie nacisnął klamkę. Dźwięki rogów odmalowywały morski pejzaż. W loży siedział dyrektor kryminalny Mühlhaus. Drgnął, kiedy radca usiadł obok niego. Szybkie dźwięki smyczków przedstawiały teraz pluskanie najad.

- Tu nas nikt nie usłyszy, Mock - powiedział Mühlhaus i nabrał tchu, jakby chciał zawtórować chórowi syren *Naht euch dem Strande*. - Wie pan, że Hänscher z Wydziału IV ogląda dziś pańskie zdjęcie, na którym przykłada pan pis-

268

tolet do głowy Robertha? Wie pan, że jest głównym podejrzanym o zorganizowanie samosądu na tym nieszczęśniku, który cierpiał na rozdwojenie osobowości?

Smyczki cięły bezlitośnie, z chirurgiczną precyzją. Dźwięki trąb podbite były głęboką czernią basów. Potem Wenus zaczęła uwodzić Tannhäusera.

– Dziękuję za ostrzeżenie – powiedział Mock.

– Ostrzec można przed czymś, co jest do uniknięcia. A ja dostałem rozkaz od prezydenta Kleibömera, by zawiesić pana w czynnościach do czasu, aż Wydział IV zakończy śledztwo w sprawie samosądu na Robercie, o którego dokonanie podejrzewa pana Hänscher. To nie jest ostrzeżenie, ale koniec pańskiej kariery.

– To byłby koniec, gdyby Wydział IV udowodnił, że miałem coś wspólnego z samosądem. A ja na początku rozpalę ich nadzieje. Powiem, że cieszę się ze smutnego końca Robertha.

– Pan wcale nie zaprzecza, że miał pan z tym coś wspólnego. Pan jedynie wątpi, czy znajdzie się dowód przeciwko panu. Pan już się przyznał przede mną – krzyczał Mühlhaus, lecz jego głos wtórował arii Tannhäusera *Dir töne Lob*. – Do jasnej cholery, ten człowiek mógł być niewinny! Zabijał nie on, lecz jego choroba! Pan to rozumie, idioto?

– Jeżeli nawet tak... – cichy głos Mocka dobiegał bardzo wyraźnie zza smutnych wyznań wzgardzonej przez Tannhäusera Wenus – to był on ciężko chory, po prostu śmiertelnie chory. Czy można się dziwić, że człowiek śmiertelnie chory umiera? Choroba zabijała innych, potem zabiła i jego.

Mühlhaus milczał, a Wenus dalej atakowała niewdzięcznego kochanka.

*Wrocław, czwartek 22 grudnia,*
*godzina wpół do dziesiątej wieczorem*

Wrocławska socjeta kłębiła się w foyer, dmuchała dymem, pachniała perfumami i obficie wydzielała pot. Damy strzygły pawimi piórami i napawały się tym zgromadzeniem – substytutem balu noworocznego, którego nie mogły się już doczekać. Panowie dyskutowali jałowo o zbliżających się świętach, wzmożonym handlu i wydatkach. Ptasi szczebiot panien współgrał z intelektualnym marszczeniem przez młodzieńców chmurnych czół, co miało zwiastować dojrzały namysł nad oglądaną interpretacją Wagnera.

Mock wyjął z papierośnicy papierosa „Ariston", przełamał go na pół i wetknął do cygarniczki. W tym momencie z czyichś palców wystrzelił żółty płomień i liznął poszarpaną końcówkę papierosa.

– Dobry wieczór, doktorze Hartner – Mock zaciągnął się dymem. – Dziękuję za ogień. Nie wiedziałem, że lubi pan Wagnera.

– Musimy porozmawiać w jakimś ustronnym miejscu – szpakowate włosy Leo Hartnera zjeżyły się w nieświadomym ostrzeżeniu. Było coś niezwykłego w jego zachowaniu.

Mock kiwnął ze zrozumieniem głową, zanurkował w rozdyskutowany tłum melomanów i lekkimi dotknięciami dłoni zaczął torować w nim drogę. Natychmiast podążył za nim Hartner. Mock wyszedł na korytarz i ruszył ku drzwiom opatrzonym złotym trójkątem. Jakiś niewysoki staruszek z trudem ciurkał do pisuaru. Radca zajął jedną z kabin, zamknął pokrywę muszli i usiadł na niej. Wypalając papierosa, słyszał podobne odgłosy w kabinie obok. Rozległ się gong, który – choć był bardzo donośny – nie wytłumił westchnienia ulgi, jakie wydał z siebie staruszek. Wreszcie drzwi trzasnęły. Mock i Hartner stali obok siebie, krytycznie oceniając swe odbicia w szerokim lustrze. Mock pootwierał wszystkie kabiny, a potem zablokował drzwi toalety swoją laską.

– W moim zespole ekspertów – powiedział cicho Hartner – jest morderca.

– Niech pan mówi dalej – Mock wiedział, co teraz nastąpi: seria pytań i odpowiedzi, majeutyczna metoda doktora Hartnera, odporna na wszelkie ponaglenia.

– Kto w moim zespole jest podejrzany i dlaczego? – Hartner nie zawiódł Mocka. – Diehlsen – radca dmuchnął w cygarniczkę, a papieros rozsypał się na lustrze deszczem iskier – ponieważ pracuje w miejskim archiwum i jest członkiem „Wrocławskiego Towarzystwa Badań Parapsychicznych", i Hockermann, czytający tę samą książkę co Gelfrert i podpisujący się w rejestrze wypożyczeń nazwiskami sławnych mężów z Auli Leopoldyńskiej... Tak jest. W jakim przedziale czasowym prowadzone są badania moich ludzi?... Czas jest ograniczony dwoma–trzema wiekami... Nie o to chodzi. Postawiłem złe pytanie. Jakie daty dzienne badamy?... Od ostatniego mordu, czyli chyba od 9 grudnia, do końca roku... Tak. Aby jak najszybciej znaleźć kolejną datę mordu. I co stwierdziliśmy?... Że następne morderstwo nastąpi w Wigilię na Antonienstrasse 27. Będziemy tam i złapiemy tego drania. Podał pan nawet godzinę!... Boję się, że niedługo nastąpi morderstwo – Hartner przystępował do udowodnienia swej tezy. – Wczoraj wieczorem zadzwonił do mnie archiwista z Archiwum Miejskiego. Moi ludzie codziennie po pracy zwracają akta i książki, które danego dnia studiowali. Archiwista osobiście przychodzi po nie do naszego biura przy Neumarkt. Okazało się, że brakuje jednej o sygnaturze 4536. Pozycja ta jest z całą pewnością relacją z jakiegoś procesu, ponieważ akta o sygnaturach 4500–4555 są to akta procesowe. Ktoś z ekspertów je ukradł.

- Powinien pan w momencie odkrycia kradzieży zatrzymać wszystkich pańskich ludzi, wezwać policję i dokładnie ich obszukać - podsumował Mock.

- Zrobiłbym tak, gdyby archiwista odkrył to odpowiednio wcześnie. Nie przeglądał on jednak akt w ratuszu. Odkrycia dokonał dopiero w archiwum, kiedy wstawiał akta na miejsce.

Mock podszedł do umywalki, odkręcił kran i włożył głowę pod strumień wody. Po chwili wyjął głowę spod kranu i poczuł przyjemnie zimne strużki wlewające się za gorset. Podszedł wolno do Hartnera i chwycił go mocno za ramiona.

- Mamy go, Hartner - krzyknął i roześmiał się dziko. - Mamy go wreszcie! To ktoś z pańskich ludzi! Wystarczy, że ich będziemy śledzić... A jeśli to nie pomoże, każdego z nich odpowiednio przesłucham... A najdokładniej Diehlsena i Hockermanna.

- Akta muszą dotyczyć okresu od 19 grudnia - powiedział powoli Hartner. - Czyli morderstwo musiałoby nastąpić w okresie od 19 do 24 grudnia. Przecież sam pan odkrył tę gradację czasową. Kolejne morderstwa są coraz szybciej wykrywane. A zatem należy spodziewać się zabójstwa teraz, a wy musicie tego samego dnia znaleźć ciało. Tego samego, który widnieje na kartce z kalendarza. Nie możecie znaleźć ciała z kartką, dajmy na to, z 12 grudnia, jutro, czyli 23 grudnia - Hartner roześmiał się szczerze. - Tak, teraz rozumiem pańską radość. Przecież od wczoraj wszystkim moim ekspertom, a zwłaszcza Hockermannowi i Diehlsenowi, towarzyszy anioł stróż z pańskiego wydziału. Morderca zostanie złapany za rękę.

Mock milczał. Wczoraj - kiedy dowiedział się, że mord nastąpi w Wigilię - wszystkich swoich ludzi zwolnił od popołudniowej inwigilacji podejrzanych. Wyszedł teraz z toalety, pożegnał się z Hartnerem i zbiegł do szatni. Po raz drugi tego wieczoru obudził grubego szatniarza i szybko się ubrał. Wkładając na głowę kapelusz, poczuł, że coś go uciska w skroń. Zza tasiemki owijającej wnętrze kapelusza wyjął małe prostokątne pudełko po papierosach „Salem". Ostatnio zachowywał się dziwacznie: wieszał się w toalecie, nie pił alkoholu, płaszczył się i prosił o wybaczenie młokosa, wymierzał sprawiedliwość na własną rękę. Ale nigdy w życiu nie zdarzyło mu się kupić papierosów miętowych. Włożył rękawiczki, potrząsnął pudełkiem i usłyszał grzechotanie kartonika. Otworzył pudełko i wyjął z niego małą białą wizytówkę: „Dr Adolf Pinzhoffer, adwokat, Tiergartenstrasse 32, tel. 34 21". Odwrócił ją i ujrzał starannie wykaligrafowany napis: „Znowu to zrobiłem. Łaźnia parowa przy Zwingerstrasse".

*Wrocław, czwartek 22 grudnia,*
*trzy kwadranse na dziesiątą wieczorem*

O tej porze w Zakładach Kąpielowych przy Zwingerstrasse przebywali jedynie mężczyźni spragnieni swojego towarzystwa. Stali pod ścianami, niektórzy owinięci w ręczniki, inni półubrani, jeszcze inni, gotowi do wyjścia, wachlowali się mokrymi od potu melonikami. Nikt nie mógł jednak opuścić zakładu, gdyż wyjście blokował gruby mundurowy zapychający swoją osobą mały korytarzyk prowadzący do łazienek. Obok niego z trudem przecisnął się radca Mock. Powoli poszedł w stronę chłopca kąpielowego, który wskazywał ręką na otwarte drzwi.

Dr Adolf Pinzhoffer był od szyi po pięty szczelnie owinięty szorstkim powrozem. Wyglądał tak, jakby ktoś go wepchnął do sznurkowego kokonu. Najwyraźniej kokon zaczynał się od szyi, ponieważ wolny koniec sznura, przeciągnięty kilkakrotnie na ukos pomiędzy stopami, przytwierdzony był do ramienia natrysku skomplikowanymi supłami. Ciało dra Adolfa Pinzhoffera utrzymywał w pozycji pionowej powróz przywiązany do nóg, a głowa trupa tkwiła w poobijanym wiadrze aż po szyję, okolona ruchliwym wieńcem pływających włosów. Wiadro stało w wannie dokładnie pod siatką prysznica, z którego ciekła gorąca woda. Spływała po ciele, rozgrzewając je *par exellence* do czerwoności, napełniając wiadro i wannę. W wiadrze pływał słoiczek przywiązany do szyi ofiary, a w nim mała kartka.

Mocka to ostatnie odkrycie specjalnie nie zdziwiło. Podszedł do wanny i przez parę unoszącą się z poparzonej skóry dostrzegł, że jest prawie pełna – odpływ był zatkany zatyczką. Zakręcił wodę i spojrzał na chłopca kąpielowego, który nieustannie przełykał ślinę.

– Jak długo nalewa się woda do wanny? Kiedy się przeleje?

– A bo ja wiem? – wykrztusił kąpielowy, któremu zbierało się na wymioty. – Będzie z dwadzieścia minut, pół godziny...

*Wrocław, czwartek 22 grudnia, północ*

Mock siedział na brzegu wanny w płaszczu i kapeluszu i wpatrywał się w kafelki posadzki. Słyszał, jak w sąsiednim pokoju kąpielowym technicy zabezpieczają ślady, jak ustawiają metalowe tabliczki przy istotnych szczegółach miejsca zbrodni. Słyszał trzaskanie magnezji i bieganie setek nóg po korytarzu. Nagle do pozornie bezładnego tupania wkradł się jakiś porządek i hierarchia. Oto rozległ się spokojny i ciężki krok podbitych metalem obcasów, który swym uroczystym dźwiękiem uciszał wszystko dokoła. Towarzyszył mu złowrogi świst dobywający się z chorych oskrzeli. Majestatyczny krok zatrzymał się pod drzwiami łazienki, w której przebywał Mock.

– *Grüss Gott*, Mock – głęboki głos współgrał z odgłosem butów. – Tak mówią w moim Monachium.

– Dobry wieczór, panie prezydencie policji – Mock wstał z wanny.

Wilhelm Kleibömer ubrany był wieczorowo. Najwidoczniej wracał z opery. Rozejrzał się po pomieszczeniu i wzdrygnął się ze wstrętem na widok biegnącego wzdłuż ściany karalucha.

– Dziwicie się, Mock, co ja tutaj robię – czubkiem buta przydusił owada do ściany – zamiast spać. Otóż ostatnio wy spędzacie mi sen z powiek. Ale to już niedługo. Do końca roku. Tylko do końca roku.

Mock nie odzywał się ani słowem. Zdjął płaszcz i zarzucił go na ramię.

– Macie czas do końca roku – zagwizdał rozdzierająco astmatyczny wdech. – Jeżeli do końca roku nie złapiecie „mordercy z kalendarza", wasze miejsce zajmie Gustav Meinerer. Bohater, który aresztował pedofila. Wrocław potrzebuje takich bohaterów. Nie donkiszotów, Mock. Nie donkiszotów.


*Wrocław, piątek 23 grudnia,*
*godzina druga w nocy*

Świeczka paląca się na środku okrągłego stołu oświetlała jedynie skupione twarze i zaciśnięte powieki siedzących wokół ludzi. Unosili oni nad blatem rozczapierzone dłonie stykające się kciukami, a każdy mały palec dotykał małego palca sąsiada. Na stole leżał nieruchomo porcelanowy talerzyk. Starsza dama otworzyła nagle oczy i krzyknęła:

– Duchu, daj nam poznać swoje przyjście!

Świeczka zgasła. Zebranych ogarnęła groza. Nie był to jednak duch. Otworzone gwałtownie drzwi spowodowały ruch powietrza, któremu nie oparł się wątły płomień. Rozległ się trzask. Trzask wyłącznika światła. Bezlitosny blask elektryczności usunął z twarzy siedzących przy stole koncentrację i obnażył zmarszczki i podkrążone oczy. Równie bezlitosne było dla dwóch nieogolonych mężczyzn, którzy stali w drzwiach pokoju. Obok nich dreptała przerażona gosposia.

– Policja kryminalna – ziewnął jeden z przybyłych.

– Który z panów jest właścicielem tego mieszkania, profesorem Erichem Hockermannem?

*Wrocław, piątek 23 grudnia,*
*godzina druga w nocy*

Pod narożny budynek z szyldem „Sierociniec Schiffkego" przy Zwingerstrasse 4 zajechał czarny adler i wpadł na ubitym śniegu w lekki poślizg, który sprawił, że automobil zaparkował krzywo, prawie w poprzek ulicy. Z adlera wysiadło dwóch mężczyzn, a dwóch zostało w środku. Jeden z nich miał najwyraźniej mało miejsca między szybą a masywnym ramieniem swojego sąsiada. Ci, którzy wysiedli, podeszli do drzwi i mocno załomotali. Z wnętrza nie dochodził żaden dźwięk. Jeden z mężczyzn odszedł kilka kroków, zadarł głowę i obserwował zapalające się światła w oknach. Drugi odwrócił się tyłem do drzwi i trzy razy kopnął w nie piętą. W okratowanej szybce pojawiła się wystraszona twarz starszej kobiety w czepcu. Kopiący przyłożył do szyby legitymację. Podziałała jak klucz.

– Jak panowie mogą – złorzeczyła kobieta, której kompletny strój świadczył o tym, że jeszcze nie spała. – To jest sierociniec. Pobudzą panowie nasze dzieci!

276

– Czy jest tu Wilhelm Diehlsen? – padło ostre pytanie.

– Tak. Jest – odpowiedziała kobieta. – Pomaga pastorowi Fohdorffowi w strojeniu choinek.

Mężczyźni weszli do środka, nie okazując żadnego zdziwienia.

*Wrocław, piątek 23 grudnia,*
*kwadrans po drugiej w nocy*

Adler zatrzymał się na pustej o tej porze Ofenerstrasse na wysokości bramy okolonej blaszanym szyldem „Wirth & Co. Transport i spedycja". W bramie odsunęła się zasuwka, a po chwili żelazne wrota stały otworem. Adler skręcił i wjechał na małe podwórko pokryte kocimi łbami. Po kilkusekundowym postoju znowu ruszył, skręcił w lewo za ceglany wysoki mur i zatrzymał się przed dwupiętrowym budynkiem wyglądającym jak magazyn. Dwóm skutym kajdankami pasażerom adlera budynek ten wydał się więzieniem.

*Wrocław, piątek 23 grudnia,*
*godzina dziesiąta rano*

W magazynie należącym do firmy Wirth & Co. jedna z hal była rzadko używana. Na ogół stała zimna i pusta, co zresztą nikogo z pracowników firmy specjalnie nie dziwiło. Nawet gdyby żerała ich ciekawość, do czego szef i jego nieodłączny ochroniarz wykorzystują tę halę, nikt nie ośmieliłby się zadać pytania na ten temat. Pracownicy firmy cenili dobrze płatną robotę, a zasadę niestawiania żadnych pytań wpoiły im długie lata spędzone w kryminale.

Zimowego przedwigilijnego ranka hala nie była pusta. Znajdowało się w niej sześciu ludzi. Kleinfeld, Ehlers i Meinerer ubrani byli w gumowe fartuchy, a na ich palcach błyszczały kastety. Siedzieli na poodwracanych do góry nogami skrzynkach, z zimna tupali nogami po śliskim od smaru klepisku i palili papierosy, przyglądając się Mockowi, który krążył dookoła dwóch skutych kajdankami mężczyzn. Mężczyźni ci rozebrani byli do kalesonów. Ten strój źle wpływał na ich krążenie w zerowej temperaturze. Mock po dwóch kwadransach takiej rundy wyczuł zmianę w nastawieniu więźniów. Diehlsen dygotał i co chwila zginał szyję, aby dmuchnąć w nadgarstki, na których kajdanki zostawiły smugi ciemniejszej barwy. Radca był pewien, że Diehlsen jest gotów do rozmowy, ale Hockermann nie. W odróżnieniu od swojego współwięźnia profesor gimnazjalny bez zmrużenia oka przypatrywał się policjantowi. Na jego sinej od zimna twarzy pojawiał się co chwilę pogardliwy uśmiech. Nie to jednak irytowało Mocka najbardziej. Niepojęte było dla niego, dlaczego Hockermann nie dygoce. Na razie starał się opanować gniew. Zdawał sobie sprawę, że będzie on mu potrzebny później.

– Moi panowie – powiedział łagodnie – wiem, że jest wam zimno. Proponuję zatem małą rozgrzewkę.

Przerwał swoją rundę i skierował się w róg hali. Podniósł rękę i dotknął wystającej ze ściany szyny. Była to szyna ręcznej suwnicy łącząca dwie przeciwległe ściany. Mock, krzywiąc się niechętnie, powiesił kapelusz na zardzewiałej klamce okna. Zdjął palto, troskliwie odwrócił je podszewką do góry, by się nie zabrudziło, i przerzucił przez szynę. Po zabezpieczeniu garderoby zręcznie podskoczył i chwycił się szyny. Wisiał na niej przez chwilę, po czym podciągnął się pięciokrotnie, aż żyły wyszły mu na czoło. Ludzie Mocka stłumili uśmiechy, w odróżnieniu od Hockermanna, który głośno dał upust wesołości. Mock roześmiał się również.

– Już nie te lata, profesorze Hockermann – powiedział radośnie. – Kiedyś podciągałem się dwadzieścia razy. Podczas wojny musiałem wydostać się z wyschniętej studni, w której się przypadkiem znalazłem, uciekając przed kozakami. I wie pan, co? Udało mi się. Byłem w sytuacji bez wyjścia.

Mock zbliżył się do więźniów i przykucnął koło nich. Pomacał dokładnie i barki, i ramiona jak handlarz niewolników. Nie był zadowolony z efektu.

– Wy też jesteście w sytuacji bez wyjścia – powiedział cicho. – Mróz, a wy tylko w gaciach. Zamarzniecie na śmierć. Chyba że zrobicie to, co ja przed chwilą, w zwielokrotnionej dawce.

Więźniowie milczeli, lecz w ich oczach pojawiło się zdumienie.

– Tak, tak. Rozgrzejecie się, jeżeli każdy z was zrobi po dwadzieścia podciągnięć. A potem zabiorę was z powrotem do waszej ciepłej piwniczki. Trochę tam śmierdzi, ale jest ciepło – roześmiał się głośno. – Od smrodu jeszcze nikt nie umarł. No co, jesteście gotowi?

– Pan chyba oszalał – w głosie Hockermanna dźwięczała powaga. – Jak pan śmie nas tu trzymać! Jest pan sadystą?

Mock podniósł się i podszedł do szyny. Włożył palto, po czym zajął się modelowaniem ronda kapelusza.

– Idziemy – powiedział do swoich ludzi. – Jutro Wigilia. Napijemy się czegoś mocniejszego, a tym panom damy czas do namysłu do wieczora. Wtedy się znowu tu spotkamy.

– Panie oficerze! – krzyknął Diehlsen. Jego okrągły brzuch wystawał lekko ponad tasiemkami kalesonów. Wąskie barki zapadały się, a na ramionach nie było śladu bicepsów. – Nie podciągnę się dwadzieścia razy, a nie chcę tu umrzeć z zimna!

– *Ut desint vires tamen est laudanda voluntas** – powiedział Mock.

– Dobrze – zaszczękały zęby Diehlsena. – Spróbuję.

– Meinerer, rozkuć go!

Po rozkuciu Diehlsen długo rozcierał dłonie i nadgarstki. Potem zaczął podskakiwać i poklepywać się po brzuchu i plecach.

– Gotów? – zapytał Mock.

Diehlsen kiwnął głową i podszedł do szyny. Odbił się i przez moment jego dłonie zaciśnięte były na zardzewiałym teowniku. Tylko przez chwilę. Potem Diehlsen spadł. Zasyczał z bólu, masując nogę. Kulejąc, zbliżył się znów do szyny. Próbował podskoczyć, lecz zrobił tylko żałosne dygnięcie.

– Nie dam rady, zwichnąłem nogę – załkał.

Mock podszedł do więźnia, chwycił go wpół i podniósł do góry. Ciało Diehlsena było mimo zimna pokryte potem.

– Chwytaj się – powiedział Mock, trzęsąc głową ze wstrętu. – Ale już!

Diehlsen objął dłońmi szynę i próbował się podźwignąć. Wywijał przy tym nogami, jakby chciał się na czymś oprzeć. Mock z obrzydzeniem wycierał chustką do nosa pot Diehlsena ze swojej twarzy. Podszedł do więźnia i uważnie przypatrywał się jego wątłym muskułom. Diehlsen podciągał się powoli i opadał. Kiedy dochodził już brodą do poprzeczki, puścił się i upadł. Zawył z bólu i uklęknął, trzymając się za zwichniętą kostkę.

– Nie mogę – wyszeptał.

– Widzi pan, Diehlsen – Mock rzucił chustkę w róg sali. – Owidiusz miał rację. Pochwalam pana wolę walki

---

* Choć brakuje sił, sama chęć jest godna pochwały.

280

i w nagrodę kieruję pana do normalnego policyjnego aresztu. Tam długo będziemy mogli gawędzić o historii kryminalnej naszego grodu. Tak, tam w cieple spędzi pan święta – spojrzał na swoich ludzi. – Słyszał pan, Ehlers?

Zapytany kiwnął głową, zdjął gumowy fartuch, schował kastet do kieszeni i rzucił Diehlsenowi jego ubranie.

– Ubieraj się – warknął. – Idziesz ze mną.

Mock odwrócił się do Hockermanna.

– Ty jesteś chyba silniejszy niż twój kamrat – powiedział. – Pokaż, co potrafisz, a również znajdziesz się w areszcie śledczym.

– Nie pozwolę się upokarzać, ty skurwysynu – słowa te zostały wypowiedziane przez Hockermanna normalnym tonem. Bez emocji, bez szczękania zębami.

Mock patrzył mu przez chwilę w oczy, a potem się odwrócił do pozostałych policjantów.

– Pozwólmy mu trochę pomyśleć nad swoimi manierami. To wstyd, żeby profesor gimnazjalny tak się wyrażał.

Mock wyszedł z hali do ciemnego korytarza, którego mrok ledwo rozjaśnił brudny świetlik. Za nim wyszli Kleinfeld i Meinerer. Na ich widok podniósł się z krzesła jakiś człowiek i zaczął obijać sobie boki ramionami.

– Zimno – powiedział.

– Pilnujcie go dobrze – Mock wręczył mu kilka monet. – A tu macie na flaszkę dla rozgrzewki. Wasz szef też o was nie zapomni.

– Ja nie dlatego... Tylko by coś powiedzieć...

– Nieważne. Wchodźcie do niego raz na jakiś czas i nie pozwólcie, by usnął lub stracił przytomność.

Wsiedli do adlera. Mock, zapuszczając silnik, widział w lusterku zdziwione twarze Kleinfelda i Meinerera. Auto wolno ruszyło przez dziedziniec.

– Co się tak patrzycie, panowie? Zawsze, jak ktoś nazywa was skurwysynem, dajecie mu po głowie?

– Nie o to chodzi – powiedział Kleinfeld po chwili milczenia. – Ale dlaczego kazał pan im się podciągać?

Mock zatrzymał adlera przed szlabanem oddzielającym Ofenerstrasse od magazynów Wirtha.

– Co jest z wami? – Mock wjechał gwałtownie na zasypaną śniegiem jezdnię i wpadł w lekki poślizg. Zatrzymał auto na środku jezdni i nie zwracając uwagi na wściekłe dzwonienie tramwajarza, taksował twarze swoich podkomendnych. – Już żyjecie tylko świętami? Honnefeldera, Geissena i tego ostatniego... No... Jak mu tam? Pinzhoffera... Tak, Pinzhoffera. Ich zamordował ktoś bardzo silny. Poćwiartować faceta i powiesić go za nogę na lampie lub na prysznicu może tylko ktoś silny, ktoś, kto podciągnie się dwadzieścia razy na drążku. Nie sądzicie?

*Wrocław, piątek 23 grudnia, południe*

Przy okrągłym stole, przy którym minionej nocy uczestnicy seansu spirytystycznego tworzyli magiczny krąg, siedział teraz Mock. Dokoła niego, na podłodze, krzesłach, półkach i wszędzie, gdzie było to możliwe, walały się kartonowe teczki wiązane tasiemkami. Na teczkach tych wyrysowane były rozmaite kabalistyczne i okultystyczne znaki. Na niektórych znajdowały się symbole planet i ich układów albo krótkie hebrajskie napisy. W teczkach upchane były pożółkłe kartki z notatkami albo małe fiszki. Te ostatnie pokryte były kaligraficznym pismem Sütterlinowskim, a podsumowanie ich treści wypisane było czerwonym atramentem u góry fiszki. Mock wyjął z kieszeni i przetarł rzadko używane binokle, i wsłuchał się w odgłosy dochodzące z innych pomieszczeń, które Kleinfeld, Ehlers, Meinerer oraz niedawno przybyły Reinert przeszukiwali centymetr po centymetrze. Potrząsnął głową i znów zaczął przeglądać notatki i fiszki. Były to typowe materiały naukowe dotyczące historii Wrocławia. Mockowi nie mogły dać spokoju pytania: dlaczego Hockermann zaszyfrował napisy na teczkach, skoro ich zawartość nie była tajna? Dlaczego nie posegregował swoich materiałów w zwykły sposób, pisząc po prostu na wierzchu i grzbiecie teczki, co ona zawiera? Jedynym wytłumaczeniem, jakie Mockowi przyszło do głowy, była ekstrawagancja uczonego. Uporawszy się w ten sposób z natrętną myślą, Mock zagłębił się w lekturze materiałów. Brnął przez notatki o targach polskim bydłem na czternastowiecznym Ołbinie, o zamieszkach wśród sezonowych robotników w piętnastym wieku, o pierwszych protestanckich mszach odprawianych przez księdza Jana Hessa, o zbezczeszczeniu grobu Włostowiców przez pijany motłoch w 1529 roku, aż poczuł, że nieprzespana noc domaga się zwrotu długu. Zamknął oczy i zobaczył scenę ćwiczeń na drążku w zimnej hali magazynu. Otrząsnął się z narastającej senności, zawiązał tasiemkę dziesiątej przejrzanej dziś teczki i przekrwionymi oczami spojrzał na leżące na stole i wokół niego stosy. Wstał i zaczął je liczyć. Szybko się jednak zniecierpliwił i uprościł maksymalnie metodę: podsumowywał mniej więcej po dziesięć teczek. Po minucie wiedział: teczek było około czterystu. Westchnął, spojrzał na leżące przed nim notatki i dowiedział się, że więźniowie byli w osiemnastowiecznym Wrocławiu zatrudniani do sprzątania miasta.

*Wrocław, piątek 23 grudnia,*
*godzina czwarta po południu*

Mockowi zostało do przejrzenia jeszcze dziesięć teczek. Z ponurą miną odsznurował tasiemki, otworzył kolejny karton pokryty rzędem hebrajskich powyginanych liter i przygotował się na fascynujące relacje o problemach sołtysa z podwrocławskiej wioski Mochbor, który nie chciał płacić magistratowi podatku od ryb złowionych w Ślęży. Zawsze, kiedy zbliżał się do końca jakiejś żmudnej pracy, pojawiało się nieoczekiwanie mnóstwo subiektywnych i obiektywnych przeszkód, które uniemożliwiały mu dokończenie dzieła. Ta, która przeszkadzała mu w sięgnięciu do kolejnej teczki, była obiektywnej natury. Senność opadła na jego głowę ciężko i zdecydowanie. Została ona – jak zwykle – poprzedzona wizualnym przypomnieniem zdarzenia, które nastąpiło w nieodległej przeszłości. Mock widział swoich ludzi, wychodzących z mieszkania Hockermanna, i usłyszał swój głos: „Idźcie już. W końcu są święta. Sam przejrzę te teczki". Widział wdzięczne twarze policjantów i próby protestu Kleinfelda: „Zostanę i pomogę panu, panie radco. Ja nie mam żadnych świąt, a w gimnazjum byłem dobry z łaciny i mogę to wszystko czytać". W uszy wdarł się jego własny śmiech: „A jak jest po łacinie morderstwo?" „Chyba *homicidium*..." – Kleinfeld nie zastanawiał się długo. Mock położył ramię na kartce, a potem oparł na nim głowę.

*Homicidium* – dźwięczało mu w głowie. Mrugnął oczami i poczuł nowy impuls zmysłowy. Już nie tylko słyszał to słowo, on w mrugnięciu powiek je zobaczył. Otworzył oczy. W odległości pięciu centymetrów od jego źrenic znajdowała się pożółkła karta z grubego, czerpanego papieru, a na niej wypisane starą kaligrafią *Homicidium Gnosi Dni Raphaelis Thomae in balneario pedibus suspensi die prima post festivitatem S. Thomae Apostoli AD MDCLXXXV*. Nad łacińskim tekstem widniała pieczątka zawierająca cztery cyfry „4536".

– Zabójstwo Raphaela Thomae – mruknął do siebie. – Co to są za skróty *Gnosi* i *Dni*? A więc „Zabójstwo jakiegoś tam Raphaela Thomae powieszonego w łaźni za nogi dwa dni przed Wigilią w roku 1685".

Mock poczuł przypływ krwi do mózgu. Wstał gwałtownie, przewracając ciężkie krzesło. Obiegł dokoła stół, a potem rzucił się do przedpokoju. Chwycił za słuchawkę bakelitowego aparatu telefonicznego i wykręcił numer Hartnera.

– Jaka była sygnatura akt ukradzionych przez eksperta? – krzyknął. Mijały sekundy. – Proszę powtórzyć – powiedział, kiedy Hartner w końcu się odezwał. – Tak, notuję... 4536.

*Wrocław, piątek 23 grudnia,*
*godzina wpół do piątej po południu*

Adler zajechał bardzo powoli na podwórze firmy spedycyjnej Wirth & Co. Mock wysiadł i zobaczył stojącego na rampie właściciela firmy. Wykrzykiwał coś gwałtownie i machał ręką, otwierając drzwi do kantoru. Mock stał chwilę w oszklonym pomieszczeniu, strzepując z płaszcza i kapelusza mokry śnieg.

– Panie Mock – Wirth był najwyraźniej zaaferowany. – Mój człowiek nie wie, co ma robić z pańskim nagusem. Powiedział mu pan, żeby go nie wypuszczał z magazynu. A on zawołał mojego człowieka, chwycił się rękami rury i dwadzieścia razy się podniósł...

– W kajdankach? – przerwał mu Mock.

– Tak, w kajdankach. Potem chciał, żeby go zabrać z powrotem do tej piwnicy, gdzie siedział. Mój człowiek machnął na niego ręką, ale ten tak się wydzierał, że musiał dostać po mordzie. Mimo że dostał, znów skakał na rurę i się podnosił. Jak małpa, panie Mock. A potem się darł, żeby go wypuścić do tamtej celi, bo tak pan obiecał. Ze dwadzieścia razy się podniósł... Dostał znowu po mordzie, ale nie poskutkowało. Znów się drze. To jakiś wariat, panie Mock...

– Widzisz, Wirth – roześmiał się Mock – czego ludzie nie zrobią, by znaleźć się w lepszych warunkach? Podnosi się w kajdankach na rurze. Ładnie. Widzisz, jak bardzo chce być w ciepłej celi? Taka determinacja musi być nagrodzona. Zamknij go w tej piwnicy, rzuć mu trochę drewna i węgla, niech pali w kozie i ciepło spędza święta – wyjął z kieszeni pognieciony banknot. – Kup mu za to trochę chleba i kiełbasy. Najtańszej. Ja po świętach przyjdę i go porządnie przesłucham.

– A kto ma go pilnować? Wie pan, moi ludzie mają rodziny...

– Wiem, Wirth. Mają rodziny i są przykładnymi obywatelami – Mock pogłaskał siedemnastowieczny dokument, który trzymał za pazuchą. – Nikt go nie będzie pilnował. A klucz będę miał ja – przyjacielsko klepnął Wirtha po ramieniu. – Wesołych świąt, Wirth! Jutro mamy Wigilię.

*Wrocław, piątek 23 grudnia,*
*godzina piąta po południu*

W mieszkaniu Inge Gänserich panował potworny bałagan. Dwa stojące na środku pokoju parawany zarzucone były sukienkami, halkami i pończochami. Na stole piętrzyły się brudne talerze z resztkami jedzenia. Pod stołem i na kredensie stały rzędy pustych butelek po winie. Na parapecie, nad którym wisiała trzymająca się jednej żabki zasłona, leżały zakurzone gazety i czasopisma. Na środku pokoju, obok pieca, o który ktoś strzaskał gitarę, stało żelazne łóżko, na którym spał Erwin Mock.

Jego stryj zamknął drzwi wejściowe i rozejrzał się ze wstrętem. Podszedł do śpiącego i szarpnął go mocno

286

za ramię. Erwin otworzył oczy i znowu je zamknął, po czym nasunął na głowę pozbawioną poszewki kołdrę. Mock poczuł od swojego bratanka kwaśną woń przetrawionego wina. Usiadł na fotelu, zrzuciwszy z niego wcześniej nieforemną bryłę nakrycia, z kieszeni wyjął sprężynowy nóż, otworzył go i podrapał się nim po karku pod gorsetem. Następnie skręcił papierosa z jasnego tytoniu „Georgia", zapalił i zapatrzył się na owinięte kołdrą ciało Erwina. Ten zaczął się wiercić, aż w końcu wystawił spod kołdry rozczochraną głowę.

– Przepraszam, że stryja tak przyjmuję, ale... – mówił z trudem, jakby słowa nie mogły się przecisnąć przez spierzchnięte gardło. – Wczoraj było u nas przyjęcie, które się przeciągnęło do rana...

– Gdzie jest Inge? – przerwał mu Mock.

– W atelier – odpowiedział Erwin. – Pracuje...

Mock pomyślał o swoim pustym mieszkaniu, bez Sophie, Adalberta i Marty, którzy wyjechali do rodziny pod Strzegom, nawet bez psa Argosa, którego ze sobą wspaniałomyślnie wzięli, by pan radca nie miał kłopotu. Mock wyobraził sobie jutrzejszą kolację wigilijną – oto siedzi sam u szczytu wielkiego stołu i kroi plastry pieczonej gęsi, oto zapala świeczki na choince, oto pijany kolęduje tak głośno, aż doktor Fritz Patschkowsky z góry wali laską w podłogę, oto z butelką wódki wpatrzony w tarczę telefonu. Nie chciał, by jego przewidywania się spełniły, pragnął nakładać dzwonka karpia na talerz Erwina, pić wódkę i kolędować wraz z nim. Dlatego teraz musiał stłumić wściekłość z powodu pijaństwa bratanka, z powodu meliny, w której mieszkał, a którą sprzątali kolejni kochankowie wrocławskiej femme fatale, z powodu jego trzydniowych wagarów w szkole i z powodu jego zagubienia, w którym nikt nie mógł mu pomóc.

- Zapraszam cię... was - poprawił się Mock - do mnie na kolację wigilijną. Rodzina musi spędzać święta razem... Erwin usiadł na łóżku, spojrzał na stół i sięgnął po szklankę z resztką wody. Wbrew oczekiwaniom Mocka nie wypił jej, lecz wylał sobie na dłoń i przyklepał sterczące włosy.

- Dziękuję bardzo stryjowi - starał się nie bełkotać - ale spędzę święta z Inge. A ona nie przyjdzie do stryja. Chyba że stryj ją przeprosi za dawne rzeczy... A teraz stryj wybaczy... Muszę iść do toalety na półpiętro...

Erwin owinął się w wytarty szlafrok, który - jak przypuszczał Mock - był pucharem przechodnim zdobywców ponętnej artystki, i chwiejnym krokiem wyszedł z pokoju. Radca podszedł do okna i otworzył je szeroko. Ze zdziwieniem nasłuchiwał terkotania deszczu w rynnach, który ciął po zaśnieżonych dachach. Spływały z nich małe lawiny i odrywały się sztylety sopli. Usłyszał kroki Erwina i odwrócił się.

- Przedwczoraj zaproponowałem ci, byś zamieszkał u mnie, dziś zapraszam cię na wspólną Wigilię - powiedział wolno Mock. - Przedwczoraj przerwał nam pedofil. Dziś ty sam usiłujesz skończyć tę rozmowę. Powiedziałeś: „Niech stryj przeprosi Inge", i wyszedłeś do toalety. Nie poczekałeś na moją odpowiedź, nie chciałeś jej znać, bo spodziewałeś się, że się obrażę i wyjdę, a wtedy będziesz miał czyste sumienie i spędzisz święta, wieczór wigilijny z winem w brudnej melinie, w brudnym barłogu... - Mock wetknął papierosa w rozpadającego się śledzia na talerzyku. - Zawsze możesz na mnie liczyć, a czy ja mogę liczyć na ciebie?

Erwin wstał i podszedł do stryja. Chciał go objąć za szyję, ale się powstrzymał. W jego oczach zabłysły łzy. Spojrzał ponad ramieniem Mocka i łzy momentalnie mu wyschły. Mock odwrócił się i zobaczył Inge. Stała bez kapelusza, a mokre od deszczu czarne włosy oplatały jej twarz. Patrzyła na nich piękna, drwiąca i pijana.

– Stryju, przeproś ją – szepnął Erwin.

– Przeprosiny – Mock zapinał płaszcz – muszą być poprzedzone prośbą o wybaczenie. Cóż są warte przeprosiny, których się nie przyjmie? Kompromitują przepraszającego. A ja nie poproszę jej o wybaczenie – Mock ucałował Erwina w oba policzki. – Wesołych świąt, Erwinie – odwrócił się do Inge. – Wesołych świąt, droga pani.

Nie usłyszawszy od Inge odpowiedzi, wyszedł z mieszkania i stanął w ciemnym korytarzu. W kieszeni wymacał butelkę ulubionej wódki Franza. Już wiedział, jak spędzi Wigilię.

*Wrocław, 24 grudnia, godzina czwarta po południu*

Mock stał przed lustrem w łazience i ze złością patrzył na gorset chirurgiczny, który uniemożliwiał mu założenie muszki. Bezradny, w pięknie odprasowanym przez służącą smokingu, manipulował wokół szyi, usiłując przypiąć do koszuli jak największy kołnierzyk, który rozsadzany przez gorset, rozpinał się i sterczał. Mock plunął ze złością do zlewu i trzasnął kołnierzykiem o kafelki. Odkręcił kurek z ciepłą wodą i spłukał z brzytwy pianę kremu do golenia. Gorąca para osiadała na lustrze, napełniała łazienkę i zapierała Mockowi oddech. Zakręcił kurek i wyszedł z łazienki.

Duży stół w salonie przykryty był białym obrusem. Na stole stały jedynie popielniczka, dzbanek z kawą i patera z piernikiem. Mock nie wyjął ze spiżarki żadnych przygotowanych przez Martę potraw. Nie był głodny. Wczorajsza noc spędzona z szachownicą i butelką wódki odebrała mu apetyt. Nie cieszył się ze znalezienia seryjnego mordercy. Nie cieszył się wolnym dniem, jaki sam sobie dziś przyznał.

Cieszył go jedynie mróz, który skuł nad ranem kałuże, i śnieg, kładący się pulchną warstwą na śliskiej gołoledzi. Usiadł u szczytu stołu obojętny i znudzony. Z radia płynęła kolęda *Stille Nacht*, która go zawsze zasmucała. Myśl o samotnej Wigilii jeszcze nie nadeszła z całą mocą. Patrzył na telefon i wciąż wierzył, że zadzwoni. Myślał o pięknych kobiecych dłoniach, które gdzieś daleko podnoszą słuchawkę i niepewnie ją odkładają na widełki. Myślał o słowach wybaczenia i o prośbie o wybaczenie, które przenoszone telefonicznym drutem przebijałyby się przez trzaski i potępieńcze wycie.

Telefon nie dzwonił. Mock poszedł do swojego gabinetu i przyniósł z niego szachownicę i książkę *Pułapki szachowe* Überbrandta. Rozstawił figury i rozpoczął rozgrywanie partii Schmidt kontra Hartlaub z 1899 roku. Przypomniał sobie jednak, iż rozgrywał ją ostatniej nocy i nie ma w niej żadnych zagadek. Machnął ręką i figury rozsypały się po podłodze.

Mock wstał i obszedł dokoła stół. Zbliżył się do choinki i pozapalał wszystkie świeczki. Usiadł, nalał sobie kawy i rozdłubał widelczykiem ciasto. Po chwili przyniósł z gabinetu ostatnie teczki, które zabrał z domu Hockermanna. Otwierał je po kolei i próbował przeglądać ich zawartość. Nie potrafił powtórzyć, co w nich znalazł, wyczuwał jednak instynktownie, że nie było tam niczego ważnego. Przeglądając je, czuł na sobie ironiczne spojrzenia Hockermanna i Inge Gänserich, kiedy tłumaczył Erwinowi, iż wybaczenie stanowi preludium przeprosin. Uchwycił się tej myśli gorączkowo. Wstał i z filiżanką w ręku ruszył dokoła stołu.

„Nie jestem w stanie prosić Inge o wybaczenie. A czy jestem w stanie prosić Sophie o wybaczenie?"

Spojrzał na telefon, zbiżył się do niego, wrócił do stołu, zapalił papierosa i znów usiadł. Nagle wstał i gwałtownie podniósł słuchawkę. Prawie na ślepo wykręcił numer telefonu Mühlhausa.

– Dobry wieczór, panie dyrektorze kryminalny – powiedział po usłyszeniu pyknięcia fajki i przeciągłego „hallo".

– Chciałbym złożyć panu i całej pańskiej rodzinie najlepsze życzenia świąteczne.

– Dziękuję i nawzajem – usłyszał Mock i wyobraził sobie, jak szef długo patrzy na puste miejsce przy stole, gdzie przez całe lata siedział jego syn Jakob.

– Panie dyrektorze kryminalny – powiedział Mock, czując uciskanie przepony – chciałbym złożyć życzenia świąteczne mojej żonie. Czy mógłby mi pan dać berliński numer Knüfera?

– Oczywiście, proszę chwilę poczekać... O, już mam: 5436. Proszę mu powiedzieć, żeby do mnie zadzwonił. Zupełnie o nim zapomniałem i nie wiem, co się z nim dzieje...

Mock podziękował i rozłączył się. Moc nacisku przepony zwiększyła się, kiedy poprosił telefonistę o wybranie berlińskiego numeru 5436. Odłożył słuchawkę i czekał na połączenie. Mijały minuty, siedział i palił. Ze świeczek choinkowych kapał wosk, Mock wlepiał oczy w aparat. Po kwadransie słuchawka podskoczyła na widełkach i rozległ się ostry dźwięk. Czekał. Podniósł ją po trzecim dzwonku. Głos po drugiej stronie należał do starszej kobiety, która była zapłakana albo pijana.

– Dobry wieczór pani – krzyczał głośno Mock – jestem kolegą Rainera Knüfera. Chciałbym mu złożyć życzenia świąteczne. Czy mogę go prosić do aparatu?

– Nie może pan – kobieta najwyraźniej płakała. – Nie żyje. Nie wrócił z Wiesbaden. Ktoś go tam zabił. W zeszły piątek. Odkręcił mu głowę do tyłu. Złamał mu kręgosłup...

Kobieta rozszlochała się i odłożyła słuchawkę. Mocka zaintrygowała ta informacja. Na kartce papieru napisał „24 grudnia = sobota". Potem stwierdził, że „zeszły piątek", o którym mówiła jego rozmówczyni, wypadał 16 grudnia. Teraz wszystko zaczęło się układać. Drżącymi rękami odwiązał teczkę, w której Hockermann trzymał rachunki i planował wydatki. Wśród nich był bilet kolejowy relacji Wiesbaden–Wrocław z datą 16 grudnia. Mock krzyknął z radości.

– Mam kolejny dowód przeciwko tobie, skurwysynu.

Mock zaczął analizować informacje o Knüferze pod innym kątem. Pół minuty rozmowy wystarczyło, nie musiał o nic więcej pytać. Ostatni człowiek, który widział Sophie, leży w trumnie. Radość prysła.

„Zginął anioł stróż Sophie – pomyślał. – Przepadła i ona sama. Nie ma Sophie, nie ma bólu".

Znów zadzwonił telefon. Mock odebrał. W słuchawce usłyszał dobrze znajomy głos:

– Pańska żona. Coś bardzo niedobrego.

– Coś niedobrego z nią?! Żyje?! – wrzasnął Mock.

– Żyje, ale robi coś złego. Piwnica w budynku Briegerstrasse 4.

– Kto mówi, do cholery?!

– Kurt Smolorz.


*Wrocław, 24 grudnia, godzina piąta po południu*

Budynek nr 4 przy Briegerstrasse był przeznaczony do remontu. Schody groziły zawaleniem, przeciekał dach, wiecznie zatykała się kanalizacja, a rzadko czyszczone kominy powodowały eksplozje sadzy w nędznych dwu-izbowych mieszkaniach. Po podjęciu decyzji o remoncie właściciel budynku wykwaterował na własny koszt mieszkańców i tak się przy tym wyeksploatował finansowo, że postanowił rozpocząć prace remontowe dopiero po Nowym Roku. Tymczasem mieszkania oddał do użytku szczurom i miejscowej łobuzerii, która z dziką radością ogałacała z szyb okna kamienicy.

W ten wigilijny wieczór na ogrodzonym terenie posesji nie było ani miejscowych łobuzów, ani stróża. Toteż Mock bez problemów dostał się do ciemnej bramy. W jednej ręce trzymał walthera, w drugiej latarkę. Nie zapalał jej jednak, lecz przyzwyczajał oczy do ciemności. Udało mu się to bez trudu. Po lewej stronie zobaczył wejście do piwnicy. Drzwi lekko zaskrzypiały. Mock schodził powoli. Musiał zapalić latarkę. Ostry snop światła wydobył z mroku piwnicznego korytarza porozbijane i wyłamane drzwi do pomieszczeń piwnicznych. Wszedł do jednego z nich. W jego nozdrza uderzyła woń gnijących kartofli, spleśniałych konfitur i potu. Ludzkiego potu.

Mock przeciągnął światłem dookoła i zlokalizował źródło tej woni. Na podłodze siedział skrępowany człowiek. Latarka oświetliła skute kajdankami ręce wygięte za plecy, knebel i krople potu na łysej ogolonej głowie, na której mnożyły się wybroczyny i sine pręgi otrzymanych ciosów.

– To Moritz Strzelczyk – Mock usłyszał szept Smolorza. – Ten, co mnie skopał na basenie. Goryl barona von Hagenstahla. Teraz rewanż. Zaskoczyłem go.

– Gdzie jest Sophie? – Mock oświetlał na zmianę to Strzelczyka, to Smolorza. Jego podkomendny przedstawiał dość opłakany widok. Oczy były prawie niewidoczne w opuchniętych oczodołach. Nos był chyba złamany, a ubranie podarte i pozbawione guzików.

– Idziemy – mruknął Smolorz.

Ruszyli ciemnym korytarzem w stronę migotliwego poblasku, skąd dochodził dźwięk szurania nóg. Za chwilę stanęli u wejścia do bocznego korytarzyka, który był oświetlony lampami naftowymi. Smolorz szedł, robiąc sporo hałasu. Mock powstrzymał go i położył palec na ustach.

- Oni mało co słyszą - powiedział Smolorz. - Wracałem po telefonie do pana. Strzelczyk tu mnie dopadł. Bijatyka. Nic nie słyszeli. A Strzelczyk darł mordę.

Doszli do wylotu korytarza i wystawili lekko głowy. Nie był to typowy korytarz, lecz raczej mały piwniczny dziedziniec, zamknięty z trzech stron drzwiami do lokatorskich piwnic. Na tym dziedzińcu walały się szmaty, które prawdopodobnie służyły bezdomnym za pościel, i butelki po piwie, winie i tanich kosmetykach. Na środku dziedzińca stała choinka i szopka z kołyską, wokół której rozrzucone były małe owieczki z cukru. Obok szopki znajdował się taboret przykryty białą serwetą. Na serwecie leżały trzy do połowy pełne strzykawki, a obok nich aptekarski słoik wypełniony tą samą cieczą, która była w strzykawkach. Wśród tych wszystkich przedmiotów podrygiwały dwie postaci. Baron von Hagenstahl opierał się o ścianę i co chwilę bezwładnie kucał. Powoli, kiwając się na boki, podnosił się z kucków i po chwili znów zginały się pod nim kolana. Aleksiej von Orloff był całkiem nagi. Również oparty o ścianę, przybierał podobne pozy jak von Hagenstahl, lecz jego oczy w odróżnieniu od oczu barona nie były zamglone. Za choinką kucała Sophie i oddawała mocz na klepisko. Po zakończeniu fizjologicznej czynności wyszła zza drzewka i rozciągnąwszy usta w nienaturalnym uśmiechu, położyła się pod nim na stercie szmat. Mock zamknął oczy, bo wydawało mu się, że do niego był skierowany uśmiech Sophie.

- Święty mąż pocznie się za sześć dni w Wigilię. Dzień narodzin Chrystusa będzie dniem poczęcia nowego wybawiciela. Narodziny starego zbawiciela dadzą moc płodzącym nowego. Chrystus począł się ze skromnej niewiasty, a jego ojcem był Bóg przez swojego pośrednika, Ducha Świętego... Narodził się w miejscu przeznaczonym dla zwierząt, w całkowitym upodleniu... Nowy Chrystus pocznie się w jeszcze większym upodleniu... w grzechu, z grzesznej niewiasty, z nierządnicy babilońskiej...

Mock otworzył oczy. Von Orloff położył się obok Sophie i zaczynał na nią wchodzić. Z półotwartych ust spływała mu strużka śliny na sterczącą brodę. Mock pojawił się w świetle naftowych lamp z pistoletem w prawej ręce. Baron zaniepokoił się, potrząsnął głową, chwycił za strzykawkę i ruszył w jego stronę. Nie uszedł daleko, ponieważ silny cios Smolorza rzucił go na ścianę. Opadł na kolana. Smolorz uruchomił swoją nogę. Głowa barona odchyliła się gwałtownie do tyłu. Potem wróciła do poprzedniej pozycji, by za chwilę wraz z całym ciałem osunąć się na stertę pustych butelek.

Von Orloff na widok atakującego go Mocka wstał i rzucił się w stronę najbliższych piwnicznych drzwi. Kula trafiła go w pośladek i przeszła na wylot. Smolorz dostrzegł fontannę krwi buchającą z pachwiny von Orloffa. Mock strzelił jeszcze dwukrotnie, lecz nie trafił. Kule rykoszetowały z sykiem po ścianach. Guru wpadł do lokatorskiej piwnicy i sięgnął do kieszeni wiszącego na haku płaszcza. Mock kopnął go tak mocno, że poczuł ból w nodze i w szyi. Szpic buta trafił von Orloffa w zraniony pośladek. Ranny zawył, upadł na płaszcz i zdarł go z haka, urywając wieszak. Mock podskoczył do niego, przyłożył mu pistolet do skroni i pociągnął za spust. Suchy trzask iglicy zadźwięczał w zatęchłym powietrzu. Von Orloff wyjął z kieszeni małego sauera i strzelił na oślep. Mock poczuł wilgoć koło ucha i wymierzył jeszcze jeden cios nogą. Jego podkuty but trafił von Orloffa w skroń. Głowa uderzonego zakołysała się na szyi, jakby miała się urwać, i przekręciła się gwałtownie, uderzając skronią o wielki kamień, który prawie przesiąkł zapachem kiszonej kapusty. Przywódca sekty przez chwilę rył stopami ziemię i znieruchomiał.

Mock wyszedł z małego pomieszczenia i ruszył do wyjścia. Nie spojrzał nawet na Sophie, która stała zmarznięta i bezbronna koło kołyski, i świecąc sobie latarką, wydostał się na klatkę schodową, a potem przed bramę budynku. Krople krwi spływały z ucha na kołnierz i ramiona jasnego flauszowego palta. Przyłożył do ucha chusteczkę. Za chwilę poczuł obok woń papierosów „Bergmann Privat", ulubionej marki Smolorza.

– Przebaczy mi pan? – powiedział Smolorz, a dym z papierosa mieszał się z parą oddechu. – Okłamałem pana... Miałem z nią... To nie fotomontaż...

– Milcz i słuchaj mnie uważnie – powiedział Mock. – Tu masz klucz od magazynu Wirtha na Ofenerstrasse. Skuj kajdankami ją i barona, zawieź ich tam adlerem i ulokuj w piwnicy pod kantorem. Tam już jest jeden. Strzelczyka kopnij w dupę i pozbądź się gdzieś po drodze. Potem porzuć ciało starego na Niskich Łąkach. Gdy to wszystko zrobisz, wyjedź mi naprzeciw. Będę szedł Klosterstrasse w stronę Ofenerstrasse. Przyda mi się spacer.

Mock ruszył w stronę dziury w parkanie, którą się dostał na teren posesji.

– Aha – odwrócił się w stronę Smolorza – wybaczam ci, że mnie okłamałeś i uciekłeś przede mną. Śledziłeś dalej barona i dzięki temu znaleźliśmy się tutaj. A poza tym, czy mógłbym się gniewać na kogoś tylko dlatego, że zerżnął babilońską nierządnicę?

*Wrocław, 24 grudnia, godzina szósta wieczorem*

Mock szedł powoli ulicą Klosterstrasse. Z naprzeciwka jechały sanie. Minęły go, dźwięcząc i błyskając kolorowym światłem lampionów przytwierdzonych do kozła woźnicy. Mock przyjrzał się ludziom siedzącym w saniach. Mała

296

dziewczynka w kraciastym płaszczyku ściskała w rękach paczkę obłożoną białym papierem i obwiązaną czerwoną kokardą. Dostała prezent. Sophie kucała, oddając mocz na klepisko piwnicy. Potem leżała na stercie pod choinką i rozdawała wszystkim wokoło uśmiechy. Jak świąteczne prezenty. Mock też dostał prezent.

Chwycił się za głowę i skręcił w lewo przed szpitalem „Bethanien" w Margareten Damm. Słaniając się na nogach, otarł się jasnym płaszczem o chropowaty ceglany mur, wszedł na jakieś małe podwórko i oparł się o trzepak. Wokół jaśniały wigilijne okna przystrojone gałązkami świerkowymi. Okna mieszkania, do którego prowadziły niskie schodki, nie były zasłonięte. Dolatywał stamtąd śpiew kolędy.

*O du fröhliche, o du selige*
*O du fröhliche, o du selige,*
*gnadenbringende Weihnachtszeit!*
*Welt ging verloren, Christ ward geboren:*
*Freue, freue dich, o Christenheit!*
*O du fröhliche, o du selige...*

Mock stanął na schodkach i zaczął przypatrywać się śpiewającym ludziom. Dwaj wąsaci mężczyźni wznosili wysoko kufle piwa i kiwali się na boki, wprawiając w ruch wszystkich zgromadzonych wokół stołu. Ich tęgie małżonki śmiały się głośno, ukazując braki w uzębieniu. Babcia wyjmowała ostatnie czekoladki z adwentowego kalendarza. Dzieci albo śpiewały wraz z rodzicami, albo biegały wokół stołu tak szybko, że omal nie przewróciły choinki. Spod stołu wysunęła się jasna główka i roześmiana buzia czteroletniego może chłopczyka. W ręku trzymał męski but. Ludzie cieszyli się i śpiewali, bo mieli do tego prawo. Byli po pracy. Mock nie miał prawa. Nigdy nie był po pracy. Nawet teraz, kiedy uwolnił miasto od seryjnego mordercy.

Dowody, które miał przeciwko Hockermannowi, wyśmieje każdy adwokat. „Profesor gimnazjalny, historyk, który pisze historię miasta, ma w swoich materiałach kartkę z archiwum. Ukradł ją, bo potrzebował jej do swoich badań. To nie znaczy, że zabił Pinzhoffera. Odwiedził starą ciocię w Wiesbaden, by złożyć jej świąteczne życzenia. To nie znaczy, że zabił Knüfera. Nawet jeśli to był nietypowy profesor gimnazjalny, który zmarznięty na kość i zakuty w kajdanki swobodnie podciąga się dwudziestokrotnie na rurze w opuszczonym magazynie". Hockermann wyjdzie na wolność, a Mock straci pracę za sadystyczne znęcanie się nad więźniem.

Zszedł ze schodków i opuścił małe podwórko, w którym huczały kolędy w bezpiecznym świetle choinek. Na ulicy poczuł mdłości, wcisnął dłonie w mur i zostawił na puszystym śniegu parującą kupkę piernika. Otarł usta i ruszył dalej. Minął szpital „Bethanien" i willę Webskiego. „Jak się teraz czuje ten nieco zwariowany profesor zamknięty w celi z degeneratem i babilońską nierządnicą? Czy rzeczywiście skręcił kark Knüferowi i utopił Pinzhoffera w wiadrze wody? – Mock uderzył się lekko w policzek. – Oczywiście, ostatecznym dowodem będzie dzisiejszy wieczór. Zbrodnia nie nastąpi, bo morderca siedzi w piwnicy kantoru Wirtha i nie może jej dokonać. Dziś nic złego nie zrobi, a jutro, pojutrze do wszystkiego się przyzna. Dzisiaj w tym mieście umrą tylko z przejedzenia i ze starości".

Ślizgając się, szedł powoli. Zobaczył nagle prosty kawałek rozjeżdżonego śniegu. Rozpędził się jak dziecko, rozłożył ramiona i ruszył z impetem. Na końcu ślizgawki podeszwa lewego buta trafiła na małe wzniesienie i oderwała się na chwilę od gładkiej powierzchni. To wystarczyło. Mock stracił równowagę i machnął gwałtownie ramionami. Po chwili poczuł, jak trzasnął chirurgiczny gorset. Zamroczył go kłujący ból w karku. Leżał na ziemi, cierpliwie czekał na odejście bólu i patrzył w rozgwieżdżone niebo. „A może wśród tych gwiazd jest gwiazda nowego proroka? A co, jeśli na Antonienstrasse ktoś popełni morderstwo? Jeśli para kochanków zostanie przyłapana *in flagranti* przez zazdrosnego męża i zginie od jakiejś trucizny?" Próbował wstać, lecz osiągnął jedynie pozycję na czworakach. „Trzeba tam być. Na Antonienstrasse. Ze wszystkimi ludźmi. Obserwować każde drzwi, legitymować i przepytywać tych, którzy wchodzą do bramy". Podniósł się z wielkim trudem, sapnął kilkakrotnie i zadarł głowę ku rozkolędowanym oknom. „Mogę jechać jedynie po Żyda Kleinfelda, inni siedzą w domu ze swoimi rodzinami. Świętują. Po co mam ich odrywać od żon i dzieci? Żeby skostniali z zimna i stali w jakiejś kamienicy nie wiadomo po co? Przecież morderca siedzi w piwnicy Wirtha. A na Antonienstrasse pojadę ze Smolorzem. Wystarczy. Miasto jest bezpieczne".

Z bramy, nad którą widniał szyld „B. Brewing Fahrradschlosserei", wyszła zataczająca się para. Wielki i gruby mężczyzna opierał się całym ciężarem na ramieniu wątłej kobiety. Kiedy przechodzili obok Mocka, kobieta posłała mu wesołe spojrzenie. Jej towarzysz zauważył to. Odepchnął ją od siebie i huknął bełkotliwym głosem:

– Ty kurwo, co się patrzysz na tego kutasa! Miałaś w dupie tyle kutasów, ile jest nitów w moście Cesarskim, i wciąż chcesz nowych?! – zamachnął się, lecz nie trafił przerażonej kobiety, która pobiegła kilka kroków do przodu. – Ty wyciruchu! – wydarł się i rzucił się w ślad za swoją towarzyszką.

– Coś ty, Friedrich – roztrzęsiona kobieta przystawała co chwilę, a kiedy Friedrich zbliżał się i machał swoimi pięściami, znów uskakiwała. – Nawet na niego nie spojrzałam.

Friedrich pośliznął się i ciężko klapnął na zadek, coś głośno trzasnęło. Mężczyzna zawył. Poły palta odsłoniły lewą nogę, w której pod kolanem wysklepiła się jakaś kula. Kobieta oddalała się bardzo szybko. Mock przyspieszył kroku i zostawił wyjącego Friedricha sam na sam z otwartym złamaniem podudzia.

„Gdyby ten pijak wiedział, że ma nastąpić koniec świata we Wrocławiu i że ostatnią zbrodnią będzie zabicie wiarołomnej żony i jej kochanka, mógłby raz na zawsze skończyć ze swoim obłędem. Mógłby umieścić żonę na Antonienstrasse 27, dołączyć do niej jakiegoś fikcyjnego czy rzeczywistego kochanka i oboje zakłuć zatrutym sztyletem. Choćby była niewinna, otępiała narkotykami jak Sophie. Jak Sophie..."

– Nie chce pan radca wiedzieć, co zrobili z tą świnią?

– Oni? Oni byli tylko narzędziem w moich rękach.

Jadący z naprzeciwka automobil oślepił Mocka. Policjant zdrętwiał od nagłej iluminacji. Potem zdjął płaszcz i rzucił go na zamarzniętą pryzmę przy krawężniku. Ukląkł w śniegu, zsunął kapelusz i zaczął wcierać w policzki kryształki lodu.

– Oszalałem, ale to zrobię! – krzyknął w stronę kamienic. Nikt nie słyszał jego przejmującego wyznania. Syci wrocławianie siedzieli przy suto zastawionych stołach i cieszyli się bożonarodzeniowym świętym spokojem.

*Wrocław, 24 grudnia, kwadrans na siódmą wieczór*

Z adlera wysiadł krępy rudowłosy mężczyzna bez nakrycia głowy. Podbiegł do klęczącego w śniegu bruneta, chwycił go pod pachy i postawił na nogi. Brunet włożył kapelusz, na dłonie naciągnął rękawiczki, wszedł do samochodu i zajął miejsce pasażera.

– Jedziemy tam, gdzie byliśmy.

Adler ruszył, skręcił w lewo w Webskystrasse i znów w lewo w Brockauerstrasse. Zatrzymał się na rogu Brieger-strasse, koło knajpy Linkego. Z auta wysiadł mężczyzna w jasnym płaszczu, w którego kołnierz wgryzły się krwawe plamy. Odnalazł dziurę w parkanie otaczającym zrujnowany budynek i dostał się na teren posesji. Świecąc latarką, wszedł do bramy, a potem do piwnicy. Po kilku sekundach stał koło bożonarodzeniowej szopki, choinki i taboretu, na którym leżały strzykawki i stał aptekarski słoik z bezbarwnym płynem nazwanym niegdyś najcudowniejszym lekiem z Bożej apteki. Mężczyzna wpompował w dwie strzykawki płyn ze słoika. Rozejrzał się dokoła. Jego wzrok padł na stary kufer lekarski, który leżał w kącie, obok płaszcza von Orloffa. Otworzył kufer i poczekał, aż jego wnętrze opuści kilka czarnych pająków. Potem włożył do niego strzykawki i słoik. Jego kroki zadudniły w piwnicy, na podwórku i na chodniku. Samochód osiadł na resorach, kiedy wskoczył do niego mężczyzna z kuferkiem.

– Teraz po więźniów – powiedział do kierowcy – a potem wszyscy pojedziemy na Antonienstrasse 27. Jasne?

Adler ruszył.


*Wrocław, 24 grudnia,*
*godzina wpół do ósmej wieczorem*

Meinerer stał na pustej i ciemnej klatce schodowej i wbijał wzrok w drzwi ostatniego mieszkania na poddaszu. Z dołu dochodziły wesołe odgłosy wigilijnych wieczerzy, szczękanie sztućców, syk gazu z butelek piwa, rozwleczone sylaby kolęd. Tego wszystkiego nie słychać było tylko zza drzwi, przed którymi stał Meinerer. Tam od niedawna panowała cisza. Tam jego ukochana przestała grać na pianinie. Umilkł też męski głos należący do jej kochanka.

301

Meinerer podszedł do drzwi i przyłożył do nich ucho. Usłyszał szepty i przytłumione śmiechy. Ocierając się plecami o framugę, usiadł na posadzce. Chwycił się za głowę i nasłuchiwał. Szepty dochodziły zza drzwi, szepty dochodziły z dołu, stawały się coraz wyraźniejsze, były dziwnie znajome, wypełniały czaszkę Meinerera, syczały w skroniach, świdrowały w szczęce, zmieniały się w głosy. Głosy swawolne, lubieżne, podniesione, pieszczotliwe, pełne wyrzutu głosy jego córek, które porzucił w czasie kolacji w ten wigilijny wieczór, pełne słodyczy głosy jego kochanek, które porzucały go zawsze w zimowe wieczory, huczący głos Mocka, którym był upokarzany. Wszystkie one nałożyły się na siebie i Meinerer słyszał już tylko świst, kiedy tracił przytomność.

*Wrocław, 24 grudnia,*
*godzina wpół do ósmej wieczorem*

W adlerze panował zaduch. Trzy osoby siedzące z tyłu wydzielały ostrą woń. Znał ją i Mock, i Smolorz. Tak śmierdział pot przesłuchiwanych i zastraszonych. Podobną wonią biło od oskarżonych na sali rozpraw. Tak cuchnęli ludzie prowadzeni na śmierć. Mock zatrzymał samochód pod kamienicą na Antonienstrasse 27. Otworzył kuferek i podał go Smolorzowi.

– Weźcie, Smolorz, strzykawki i odbijcie na nich łapy Hockermanna – powiedział, wychodząc z auta.

Smolorz włożył dłoń do kuferka i wyczuł kształty okrągłe i śliskie oraz okrągłe i porowate. Założył, że te pierwsze to strzykawki, a drugie latarki. Obejrzał się do tyłu i spojrzał na zakneblowanych i związanych więźniów. Baron drżał i wytrzeszczał oczy, Sophie, okryta derką znalezioną w magazynie Wirtha, siedziała spokojnie z opuszczonymi powiekami, Hockermann prężył mięśnie, a jego mimiczne zmarszczki kurczyły się i rozkurczały. Smolorz chwycił go za ramię i z trudem odwrócił w stronę Sophie. Na jej piersi wylądowało spocone czoło Hockermanna. Smolorz nacisnął rękawiczki głęboko na palce, lewą ręką sięgnął po strzykawki, prawą – do związanych na plecach dłoni więźnia. Po kilku nieudanych próbach zacisnął na strzykawkach jego napuchnięte sine palce. Kiedy to robił, zauważył, że knebel Hockermanna wilgotnieje, a potem zaczyna na nim pojawiać się jakiś płyn.

– Kurwa mać! – westchnął Smolorz. – Porzygał się, skurwysyn jeden. Teraz się jeszcze udusi...

Smolorz wrzucił strzykawki do kuferka i wyrwał Hockermannowi knebel. Mylił się. Na ustach więźnia wykwitała epileptyczna piana. Hockermann złamał się wpół, głowę oparł na kolanach Sophie, wyprężył się i zaczął podrygiwać. Szyba od wewnątrz pokryła się parą. Mock, widząc kiwające się na resorach auto, otworzył drzwi od strony Hockermanna i wyciągnął go na śnieg.

– Zamknij drzwi – krzyknął do Smolorza, nie chcąc widzieć utkwionych w sobie oczu Sophie.

Smolorz zrobił, co mu kazano, i podbiegł do Mocka. Ten usiłował wcisnąć więźniowi w usta własny portfel, by nie dopuścić do przegryzienia języka. Nagle Hockermann otworzył oczy i roześmiał się.

– Właśnie dokonuje się ostatni mord przed nadejściem proroka – powiedział cicho do Mocka. – Tam, to tam! On nadchodzi! – wrzasnął i rzucił się nagle całym ciałem w stronę drzwi do kamienicy.

– O żesz ty – sapnął Smolorz i wcisnął knebel do ust Hockermanna. Chwycił go pod ramiona i z trudem łapiąc równowagę, otworzył drzwi od auta i wepchnął ciało do środka.

Przez sypki lekki śnieg doszedł znany wszystkim dźwięk. Zegar na ratuszu uderzył dwukrotnie. Mock, słysząc to, zastygł.

– Wpół do ósmej! – krzyknął do Smolorza. – Wtedy kupiec zabił! Idziemy! Sprawdzamy wszystkie mieszkania! Zaczynamy od góry.

Policjanci wpadli do kamienicy i zapalili światło na korytarzu. Ich ciężkie, oblepione śniegiem kamasze uderzały o drewniane stopnie schodów. Zza mijanych drzwi dochodziły mniej lub bardziej wesołe odgłosy. Odgłosy życia. Mock przykładał ucho do każdych i oddychał z ulgą. Stanęli na ostatnim piętrze.

– A tam już tylko strych – Smolorz wskazał ręką ku górze.

Mock zaczął powoli wchodzić. Światło załamywało się na piętrach i półpiętrach. Do poddasza docierały jego marne resztki. Mock poruszał się bardzo powoli, uważnie macając butem każdy stopień. Tam, gdzie doszedł, było całkiem ciemno. Podniósł stopę i poruszał nią w powietrzu, szukając kolejnego schodka. Nagle usłyszał stłumiony jęk. Z jednej kieszeni płaszcza wyjął pistolet, z drugiej – zapalniczkę. Spojrzał w dół i zobaczył, że nogę trzyma na czyimś brzuchu. Pochylił się i w migotliwym świetle gazowego płomyka ujrzał bladą twarz Meinerera. Przestąpił przez niego i podszedł do drzwi. Z mieszkania nie dochodził żaden dźwięk.

– Oni tam są – usłyszał głos Meinerera. – Ona i jej kochanek.

Mock chwycił za klamkę. Drzwi były zamknięte. Cofnął się i oparł o chybotliwą poręcz. Odbił się od niej i runął na drzwi. W całej kamienicy rozległ się głośny trzask. Mock poczuł, jak gips i kawałki gruzu wpadają mu za pęknięty gorset. Kiwnął głową Smolorzowi. Ten ponowił natarcie barkiem. Gruz posypał się po deskach. Gdzieś niżej ktoś wyszedł na klatkę schodową i nie odchodził. Smolorz jeszcze raz uderzył i wpadł z drzwiami i kawałkami cegieł do środka. Mock wsunął ramię do mieszkania i przeciągnął ręką po ścianie obok framugi. Natrafił na wyłącznik światła. Przesunął w dół małą dźwigienkę i uskoczył na bok w silnym błysku elektryczności. Nic się nie stało. Smolorz na podłodze nie ruszał się, Mock stał na korytarzu obok leżącego Meinerera. Obaj lustrowali wnętrze mieszkania. Ich oczom ukazał się jeden wielki pokój, którego centralny punkt stanowiło pianino. Stały na nim dwie butelki wina i na wpół opróżnione talerze. Pod ścianami i koło tapczanu rozłożone były szerokie stojaki. Mock poczuł ucisk gorsetu. Deski te miały swoją nazwę, której nie mógł sobie przypomnieć. Róg pokoju oddzielony był dwoma parawanami. Mock widział gdzieś niedawno takie parawany... Pamięć najwyraźniej odmawiała mu posłuszeństwa. Smolorz podniósł się, ukucnął i rzucił się na ścianę. Nic się nie stało, nikt nie strzelił. Mock wszedł wolnym krokiem do pomieszczenia i skierował się ku parawanom. Chwycił jeden z nich i złożył go jak harmonijkę. Za parawanami był półokrągły zlew. Pod nim leżały dwa nagie ciała. Kobieta i mężczyzna. Na ciałach widniały małe okrągłe rany, z których wypływały strużki krwi. Głowy trupów ukryte były w cieniu zlewu. Mock nie zbliżał się do ciał, usiadł na tapczanie i zamknął oczy. Właśnie przypomniał sobie, jak nazywają się takie stojaki. Zaciskał mocno napuchnięte czerwone powieki i nie pozwalał wypływać gorącym łzom. W gardle czuł piekący, gorzki smak. Nie mógł zaczerpnąć tchu. Już wiedział doskonale, że takie stojaki nazywają się „sztalugami" i zwykle stoją w malarskich atelier.

Na pierwszym piętrze gmachu Prezydium Policji przy Schuhbrücke trzaskały ku sufitowi dymy magnezji. W sali odpraw tłoczyli się i pokrzykiwali dziennikarze. Za szerokim stołem siedział Heinrich Mühlhaus i pykał spokojnie fajkę. Sekretarz Mocka, Ernst von Stetten, szybkimi wyciągnięciami ramienia udzielał głosu dziennikarzom.

– Czy to prawda, że kochankowie zostali otruci narkotykiem?

– Prawda.

– Co radca Mock robił tam o tej porze?

– Zamordowany jest... był jego bratankiem. Radca Mock szedł do niego, by złożyć mu życzenia.

– Dziwne... stryj. do bratanka... Nie powinno być odwrotnie?

– Nie wiem. *Savoir-vivre* nie jest moją specjalnością.

– Jaki był motyw?

– Sprawca zabił z zazdrości. Był odrzuconym kochankiem.

– Zamordowana porzuciła go dla bratanka radcy Mocka?

– Tak.

– Trzydziestoletnia kobieta ma dziewiętnastoletniego kochanka?

– Miała, drogi panie. I gratuluję dobrej pamięci. O wieku ofiar mówiłem przed pięcioma minutami. Bystrzak z pana.

– Jak Mock złapał sprawcę?

– Zastał go rozpaczającego nad trupem kobiety.

– Skąd sprawca, policjant, znał Inge, królową półświatka?

– Praca policji w dużej mierze dotyczy ludzi z półświatka.

– Co sprawca ma wspólnego z „mordercą z kalendarza"?

306

– Sprawca podszył się pod „mordercę z kalendarza".

– Kim jest „morderca z kalendarza"?

– Erich Hockermann. Dziś rano przyznał się do popełnienia pięciu morderstw we Wrocławiu i jednego w Wiesbaden.

– Dlaczego je popełnił? Jaki miał motyw?

– Był fanatycznym zwolennikiem von Orloffa i znanym okultystą. Twierdził, że jest ramieniem Boga, biczem Bożym... Kimś, kto przygotowuje świat do paruzji... Ze swoją wiedzą historyczną łatwo znajdował zapisy w starych aktach o dawnych zbrodniach, a potem je odtwarzał...

Mühlhaus wstał i wyszedł, a von Stetten uprzejmie podziękował dziennikarzom za przybycie.


*Nowy Jork, poniedziałek 21 listopada 1960 roku, godzina piąta rano*

Anwaldt wstał i podszedł do wiszącej na ścianie mapy. Przesunął po niej palcem i przez chwilę przebywał w zasypanym śniegiem mieście, mieście wysmukłych wież kościołów, mieście otulonym dymem fabryk, które teraz nazywa się już inaczej i leży w innym kraju.

– Nie powiedziałeś mi, Eberhardzie – Anwaldt odszedł od mapy i usiadł z powrotem w fotelu – co zrobiłeś ze swoją żoną...

Za oknem rozległo się szczekanie, a potem psie łapy zapluskały w kałuży.

– Puściłem ją wolno – powiedział Mock. – Pozwoliłem jej dalej grzeszyć z baronem. Niedługo później się rozwiodłem. *Per procura*. Sophie nie wzięła ode mnie żadnych pieniędzy i gdzieś wyjechała.

Nocną ciszę przecinało bulgotanie kroplówki. Mock patrzył na Anwaldta i nic nie mówił.

– Jest to niezwykła i tragiczna historia – Anwaldt przetarł senne oczy – ale dlaczego od niej uzależniłeś swoją spowiedź? Ach, już rozumiem... Nigdy nikomu nie wyznałeś jeszcze tego grzechu... I mnie najpierw chciałeś o tym powiedzieć... Rozumiem...

– Niczego nie rozumiesz – zaświstał Mock. – Po pierwsze, już się z tego grzechu spowiadałem, a po drugie, mam dość odwagi, by spowiadać się przed śmiercią bez próbnych wyznań przed tobą.

Po suficie i po ścianie przesunęła się smuga światła. Przez moment w jej blasku znalazła się twarz Anwaldta.

– Ostatniego morderstwa na moim Erwinie i Inge Gänserich nie dokonał Meinerer – Mock powoli dobierał słowa. – To było dzieło diabła, złego ducha czy jak tam go nazwiesz – Mock sięgnął po papierośnicę i obrócił ją w palcach. – To nie Meinerer. On w ogóle nie wszedł do atelier Inge. Tkwił pod drzwiami i twierdził, że słyszał jakieś głosy... Nasz lekarz sądowy, doktor Lasarius, dokonał analizy chemicznej trucizny, która zabiła Erwina. Znajdował się w niej jakiś związek, który...

*Wrocław, poniedziałek 16 stycznia 1928 roku,*
*godzina pierwsza po południu*

Zegar na wieży zboru luterańskiego przy Kaiserstrasse uderzył raz. Jego dźwięk rozszedł się daleko w rozsłonecznionym powietrzu i sforsował szybę laboratorium Instytutu Medycyny Sądowej przy Maxstrasse, w którym siedzieli Lasarius i Mock odziani w białe fartuchy.

– To opium – powiedział Lasarius i potrząsnął probówką. – Niegdyś uważane za cudowny lek. W wypadku pańskiego bratanka i jego przyjaciółki stało się śmiertelną trucizną. Wstrzyknięto im po dziesięć centymetrów sześciennych rozpuszczonego w wodzie opium.

Doktor Lasarius przesunął binokle na koniec pofałdowanego poziomymi bruzdami nosa, któremu zawdzięczał wśród studenckiej braci pseudonim „Mrówkojad", i przyjął z pobłażliwością tępe spojrzenie Mocka.

– Udusili się. Tak działa opium i morfina, kiedy wraz z krwią dostanie się do płuc. Coś mnie jednak niepokoi. W ciele pańskiego bratanka jest bardzo dziwny rodzaj opium.

Mock spojrzał na probówki, na retorty, palniki gazowe, na cały ten uporządkowany świat nauki, w którym – o dziwo! – znalazło się miejsce dla młodego i wrażliwego poety Erwina Mocka.

– Wspaniale! – Mock czuł narastającą wściekłość. – Ciało mojego bratanka było katalizatorem, który wyizolował czy też uwolnił pańskie „dziwne opium"! Niech pan napisze na ten temat habilitację i podaruje ją mojej bratowej!

– Problem w tym, drogi panie radco – uśmiechnął się smutno Lasarius – że opium to jest bardzo zanieczyszczone.

– Nie rozumiem – Mock powoli się uspokajał.

– Opium, jak pan z pewnością wie, jest produktem, z którego na początku dziewiętnastego wieku uzyskano morfinę. Każdy gram opium także zawiera morfinę. To w ciele nieszczęsnego Erwina również, lecz jest jej wyjątkowo mało. Dlaczego? Bo zawiera mnóstwo innych substancji, które zwykle usuwa się w procesie oczyszczania. Ktoś nafaszerował denatów nieoczyszczonym opium. Tylko skąd je wziął?

– Po co pan mi to wszystko mówi? – Mock oparł nogę na dużym palcu, przez co wprawił ją w nieskończone drganie.

- Na wrocławskim, a może nawet ogólnoniemieckim, czarnym rynku – Lasarius stuknął w probówkę odbarwionym przez kwasy paznokciem – opium nie jest zbyt popularne. Narkomani wolą wstrzykiwać sobie morfinę, która jest tańsza i mocniejsza. Morderca pańskiego bratanka musiał sprowadzić to opium z daleka... Ale skąd? Przecież nawet w Chinach się je oczyszcza... To prawdziwa zagadka...

- Czyli ten bydlak musiał sam je wyprodukować – mruknął Mock. – Nie ma innego wyjścia...

- Jest – zadumał się Lasarius. – To opium może być stare. Bardzo stare...

- Jak stare? – zapytał Mock.

- Wie pan co – Lasarius z przyjemnością wystawiał swoją łysinę na działanie przecinającego szybę słońca – nie jestem dobrym historykiem, ale wydaje mi się, że gdzieś w połowie dziewiętnastego wieku Anglia i Francja toczyły z Chinami tzw. wojny opiumowe. Po tych wojnach znacznie poprawiła się jakość tego narkotyku. Zawierał on około dwudziestu, a nie trzydzieści, czterdzieści alkaloidów, jak ten w ciele Erwina. Jest to dość absurdalne, ale może to opium, które spowodowało śmierć Erwina, pochodzi sprzed 1850 roku?

*Nowy Jork, poniedziałek 21 listopada 1960 roku, kwadrans na szóstą rano*

Mock podniósł się na łóżku i skierował palec w stronę mapy.

- W tym mieście, w Wigilię 1927 roku – krzyknął – nastąpiła demonstracja zła, rozumiesz, Herbercie? Ja to zło uwolniłem, wywołałem je moim złem. Tym, które chciałem zadać tej nieszczęśliwej znarkotyzowanej kobiecie.

W mieście Wrocławiu pojawił się diabeł, a ja go tam wezwałem.

Mock opadł na poduszki i ciężko oddychał. Guzowate palce skubały pościel.

– Spowiadałem się z tego, Herbercie – powiedział Mock.

– Nie dawało mi to spokoju i musiałem o tym komuś powiedzieć. Komuś, kto walczy z diabłem – odkaszlnął sucho.

– Było to na początku lat trzydziestych. Mój spowiednik miał dla mnie tylko jedną radę. Musiałem przebaczyć wszystkim, którzy mnie skrzywdzili i na których chciałem wywrzeć zemstę. Czyli baronowi von Hagenstahlowi i Sophie...

– I co, przebaczyłeś im?

– Baronowi – tak, ale Sophie gdzieś zniknęła i nawet rozwód wziąłem z nią *per procura*.

– Posłuchaj, Eberhardzie – Anwaldt trzepnął się gazetą po udzie. – Muszę...

– Niczego nie musisz, oprócz jednego – Mock skręcił się z bólu, który przecinał jego zgruchotane nowotworem piszczele. – Musisz mi obiecać, że znajdziesz Sophie i wręczysz jej ten list – podał Anwaldtowi białą podłużną kopertę. – To moje przebaczenie. Wybaczam jej wszystko. Obiecujesz, że znajdziesz ją i jej to dasz?

– Obiecuję – odparł Anwaldt i wbił wzrok w kopertę.

Mock podniósł się, aby uścisnąć Anwaldta, lecz porzucił tę myśl. Uświadomił sobie, że w tej chwili jego ciało wydziela taką woń jak przed laty ciała Hockermanna i barona – w starym adlerze na rynku miasta, którego nie ma.

– Dziękuję – powiedział Mock z uśmiechem. – Idź już i zawołaj tego księdza. Mogę umierać...

Anwaldt podał choremu rękę i wyszedł z pokoju. Zszedł po schodach i minął śpiącego w fotelu księdza Cupaiuolo. Włożył palto i kapelusz i opuścił dom. Ruszył wolno w stronę najbliższej stacji metra. Na rogu zauważył ogromną śmieciarkę, która mełła odpady. Wyjął z kieszeni wczorajszą „Süddeutsche Zeitung" i jeszcze raz przeczytał informację o śmierci znanej berlińskiej aktorki teatralnej Sophie von Finckl. Pod nekrologiem znalazł się wywiad ze słynną skrzypaczką Elisabeth Körner, serdeczną przyjaciółką zmarłej. Pani Körner po raz pierwszy ujawniła w tym wywiadzie tajemnicę Sophie: otóż była ona już wcześniej zamężna, a jej mężem był wysoki funkcjonariusz wrocławskiej policji, Eberhard Mock. Anwaldt przeczytał to wszystko raz jeszcze i pomyślał o wybaczeniu. Potem wrzucił gazetę do trybów śmieciarki i zszedł w dół betonowymi schodami.

*Indeks nazw topograficznych*

Alexanderstrasse – nieistniejąca obecnie ulica, przebiegająca przez dzisiejszy plac Społeczny

An der Klostermauer – ul. Pola

An der Viehweide – ul. Starogroblowa

Antonienstrasse – ul. Antoniego

Augustastrasse – ul. Szczęśliwa

Bischofstrasse – ul. Biskupia

Blücherplatz – plac Solny

Briegerstrasse – ul. Brzeska

Brockauerstrasse – ul. Świstackiego

Burgfeld – ul. Cieszyńskiego

Claasenstrasse – ul. Gwarna

Dom handlowy braci Baraschów – dzisiejszy SDH „Feniks"

Dom Koncertowy – obecnie na tym miejscu znajduje się filharmonia

Dom Towarowy Messowa i Waldschmidta – nie zachował się

Dom Towarowy Wertheima – dzisiejszy Dom Towarowy „Renoma"

Drabitziusstrasse – ul. Zegadłowicza

Dworzec Fryburski – dzisiejszy Dworzec Świebodzki

Dworzec Odrzański – dzisiejszy dworzec Nadodrze


Eichenallee – ul. Dębowa

Einbaumstrasse – ul. Kraszewskiego


Friedrich-Wilhelm-Strasse – ul. Legnicka


Gabitzstrasse – ul. Gajowicka

Gartenstrasse – ul. Piłsudskiego

Gimnazjum św. Elżbiety – dzisiejszy Instytut Psychologii Uniwersytetu Wrocławskiego

Gimnazjum św. Macieja – dzisiejsza siedziba biblioteki Zakładu Narodowego im. Ossolińskich

Gräbschenerstrasse – ul. Grabiszyńska

Grünstrasse – ul. Dąbrowskiego

Gustav-Freitag-Strasse – ul. Dyrekcyjna


Höfchenstrasse – ul. Zielińskiego

Hohenzollernstrasse – ul. Zaporoska


Kamienica „Pod Dwoma Polakami" – dzisiejszy antykwariat im. Żupańskiego

Keiserstrasse – dziś główna oś pl. Grunwaldzkiego

klasztor Norbertanów – dzisiejsza siedziba Instytutu Filologii Polskiej Uniwersytetu Wrocławskiego

Kletschkauerstrasse – ul. Kleczkowska

Klosterstrasse – ul. Traugutta

Koci Zaułek – nieistniejący dziś zaułek w okolicy placu Dominikańskiego

Königsplatz – plac 1 Maja

Krullstrasse – ul. Psie Budy


Lehmgrubenstrasse – ul. Gliniana

Fabryka Liebchena – nie istnieje


Malteserstrasse – ul. Joannitów

Margareten Damm – Żabia Ścieżka

Maxstrasse – ul. K. Marcinkowskiego

Mehlgasse – ul. Rydygiera

Menzelstrasse – ul. Wiśniowa

Messerstrasse – ul. Nożownicza

Moritzstrasse – nieistniejące dzisiaj przedłużenie ul. Lubuskiej, sięgające aż do ul. Powstańców Śląskich

most Cesarski – dzisiejszy most Grunwaldzki

most Różański – dzisiejszy most Trzebnicki

Muzeum Mineralogiczne – dzisiejszy Wydział Farmaceutyczny Akademii Medycznej

Muzeum Starożytności Śląskich – dzisiaj nie istnieje


Neue-Graupner-Strasse – ul. Sądowa

Neumarkt – dzisiejszy Nowy Targ

Neuweltgasse – Nowy Świat

Nicolaistrasse – obecnie ul. św. Mikołaja

Ofenerstrasse - ul. Krakowska

Ohlau Ufer - dzisiejsza aleja Słowackiego i jej nieistnie-jące przedłużenie do mostu Grunwaldzkiego

Ohlauerstrasse - ul. Oławska

Palmstrasse - ul. Kniaziewicza

Pałac Hatzfeldów - dzisiejsze BWA przy ul. Oławskiej

Poczta Główna przy Neumarkt - nie istnieje

Prezydium Policji przy Schuhbrücke - dzisiejsza siedziba Instytutu Historycznego i Instytutu Filologii Klasycznej i Kultury Antycznej Uniwersytetu Wrocławskiego

Prezydium Policji przy Schweidnitzer Stadtgraben - dzisiejsza Komenda Wojewódzka Policji na Podwalu

Regencja Śląska - dzisiejsze Muzeum Narodowe

Rehdigerplatz - plac Pereca

Rehdigerstrasse - ul. Pereca

Restauracja „Residenz" - nie istnieje. W tym miejscu stoi dziś kawiarnia „Tutti Frutti" przy pl. Kościuszki

Reuscherstrasse - ul. Ruska

Restauracja Sängera - dzisiejszy Empik przy placu T. Kościuszki

Resursa - dzisiejszy Teatr Lalek

Ritterplatz - plac Nankiera

Rossmarkt - ul. Szajnochy

Sandstrasse - ul. Piaskowa

Schlossstrasse - ul. Gepperta

Schweidnitzer Stadtgraben – Podwale
Schmiedebrücke – ul. Kuźnicza
Schuhbrücke – ul. Szewska
Siebenhufenerstrasse – ul. Tęczowa
Sonnenplatz – plac Legionów
Stockgasse – ul. Więzienna
szpital „Bethanien" – dzisiejszy szpital im. Marciniaka

Taschenstrasse – ul. Skargi
Tauentzienplatz – pl. Kościuszki
Teatr Miejski – dzisiejsza Opera Wrocławska
Tiergartenstrasse – ul. Skłodowskiej-Curie
Topfkram – Przejście Garncarskie
Trebnitzerstrasse – ul. Trzebnicka

Ursulinenstrasse – ul. Uniwersytecka

Vorwerkstrasse – ul. Komuny Paryskiej

Wachtplatz – plac Solidarności
Webskystrasse – ul. Zgodna
Weissgerbergasse – ul. Białoskórnicza
Wzgórze Holteia – Wzgórze Polskie
Wzgórze Liebicha – Wzgórze Partyzantów

Yorckstrasse – ul. Jemiołowa

Zbór luterański przy Kaiserstrasse – nieistniejący dziś zbór pomiędzy pl. Grunwaldzkim a mostem Grunwaldzkim

Zietenstrasse – ul. Żytnia

Zwingerplatz – plac Teatralny

Zwingerstrasse – ul. Teatralna